2017年教育部国别与区域研究基地项目“德国金融政策研究”成果

欧元区统一货币政策下的德国金融政策

蒋远胜 臧敦刚 等著

中国社会科学出版社

图书在版编目（CIP）数据

欧元区统一货币政策下的德国金融政策/蒋远胜等著．
—北京：中国社会科学出版社，2023.3
ISBN 978-7-5227-1854-5

Ⅰ.①欧… Ⅱ.①蒋… Ⅲ.①金融政策—研究—德国
Ⅳ.①F835.160

中国国家版本馆 CIP 数据核字(2023)第 076132 号

出 版 人 赵剑英
责任编辑 李庆红
责任校对 王佳玉
责任印制 王 超

出 版 中国社会科学出版社
社 址 北京鼓楼西大街甲 158 号
邮 编 100720
网 址 http://www.csspw.cn
发 行 部 010-84083685
门 市 部 010-84029450
经 销 新华书店及其他书店

印 刷 北京君升印刷有限公司
装 订 廊坊市广阳区广增装订厂
版 次 2023 年 3 月第 1 版
印 次 2023 年 3 月第 1 次印刷

开 本 710×1000 1/16
印 张 16.75
插 页 2
字 数 275 千字
定 价 89.00 元

目　录

第一章 引言

一 研究背景和意义

（一）研究背景

德国是当今世界最重要的发达国家之一，经济总量居世界第四位，德国在经济一体化的全球经济中拥有越来越重要的地位。德国也是欧洲联盟（European Union）和欧洲货币联盟（European Monetary Union）的主要创始国、第一经济大国和领袖国之一，在欧盟政治经济中具有举足轻重的地位。德国的社会市场经济制度是发达资本主义国家中较为成功的经济范式。现代金融是现代经济的核心，金融体系对资源配置而言至关重要。德国的金融体系是当今发达国家最具特色的金融体系之一，与美国的金融体系相比可视为两种极端情形。美国是竞争性、市场主导型的金融体系，有不稳定倾向、大量信息在公众扩散导致“搭便车”的问题，公司股权市场强加给企业外部约束等特征。德国的金融体系是另一个极端，是集中性的、银行主导的金融体系，提供了风险分担机制和稳定性，没有太多信息在公众扩散，不会产生“搭便车”问题，私人有很强的激励去收集信息，对企业的外部限制要弱于美国，而其他发达国家如英国、日本、法国等介于这两种情况之间（艾伦、盖尔，2002）。在欧洲货币联盟第三阶段也即实施统一的欧洲货币以前，德国的金融制度和货币政策为稳定德国货币并促进经济发展发挥了很好的作用；而在欧洲货币联盟进入第三阶段后，在联盟国家实现统一货币“欧元”（Euro）、统一的中央银行和统一的货币政策，德国金融制度特别是货币政策发生了重大的变化，由过去独立的国家货币政策转变为欧洲统一的货币政策，德意志联邦银行成为欧洲中央银行体系一个不可分割的组成部分。

由于19世纪中期德国工业化转型模式的塑造，德国金融体系的发展有两个重要的特征。德国金融体系的第一个重要特征是以银行为主的间接融资体系。德国在19世纪中期作为“追赶型”国家，需要快速积累大量资本以适应国家快速工业化的目标，因此德国金融体系在发展之初就呈现以银行为主的间接融资模式，随后这种模式被不断地继承和发展。德国金融体系的第二个重要特征是混业经营和监管制度。德国混业经营制度是依托以全能银行为主体、专业性银行和特殊信贷机构为补充的商业银行体系，德国的商业银行体系分为三部分：综合银行、专业银行和其他银行性金融机构。其中综合银行又包括信贷银行、储蓄银行和合作银行三类，这就是所谓的“三支柱架构”。信贷银行也叫全能银行（universal banken），是构成其银行体系的主体，它以储蓄信贷为核心业务、可提供所有合法金融服务（如证券、保险和金融衍生品）。储蓄银行（öffentlichebanken）和合作银行（genossenschaftsbanken）是不以利润最大化为唯一目标的金融中介，分别是公共存款银行和合作银行。此外，德国银行体系还存在一些被赋予特定功能，且常依附于全能银行的专门银行（spezialbanken），如复兴信贷银行（kreditanstaltfür wiederaufbau）、各类房屋储蓄银行（bausparkassen）和不动产信贷银行（realkredit institut）。“二战”后德国的综合银行在战后重建过程中起到了举足轻重的作用，而储蓄银行和合作银行则对德国的中小企业发展起到了显著的促进作用。德国与中国的金融体系具有较多的共同点，德国以银行业为主导的金融体系和对农村与中小企业有重要意义的合作金融，以及信贷政策、农村金融政策和中小企业融资政策对中国现行的金融制度改革有重要的借鉴意义。因此，德国的金融制度与金融政策本身具有较高的研究价值。

进入21世纪后，中德两国高层互访频繁，双边政治关系稳定和可预测，经贸关系发展尤为突出。2004年5月，双方宣布在中欧全面战略伙伴关系框架内建立具有全球责任的伙伴关系，并建立两国总理年度会晤机制。2010年7月，双方发表《中德关于全面推进战略伙伴关系的联合公报》，并同意建立政府磋商机制。2014年3月，中德关系进一步提升为全方位战略伙伴关系。中德的双边经贸关系也非常紧密。多年来，德国一直是中国在欧洲最大的贸易伙伴。2002年，中国超出日本成为德国在亚洲最大的贸易伙伴。2017年，中国超过美国成为德国最大的贸易伙伴，双边贸易额为1800亿美元[①]，2020年，中德贸易总额达到2121亿欧元，同比增长3.0%，连续五年成为德国最大贸易伙伴[②]。中国从德国主要进口机电设备，铁路、汽车及船舶等运输设备，化学品，光学、医疗仪器等；对德主要出口电器、机械设备、纺织原料及制成品、化学品和玩具等。德国是对华直接投资最多的国家之一，截至2016年底，中国累计批准德国企业在华投资项目9394个，德方实际投入累计281.8亿美元；经中国商务部核准的中国对德国非金融类投资累计88.3亿美元；同时，中国也是德国的第二大投资国。

中德在金融行业和领域的合作也在不断深化。中国银行、中国工商银行、中国建设银行、交通银行、中国农业银行5家中资银行已在德设立12家分行，中国人民银行在德设立代表处。中国人民银行和国家外汇管理局在2011年6月首轮中德政府磋商期间宣布在中国人民银行驻法兰克福代表处内设立外汇交易室。2014年3月，中国人民银行与德意志联邦银行签署《关于在法兰克福建立人民币清算机制的谅解备忘录》。6月，中国银行法兰克福分行被指定为人民币法兰克福清算行。7月，默克尔访华期间，中方宣布向德方提供800亿元的人民币境外合格机构投资者额度（RQFII）。两国保险业监管机构于2001年9月签署保险监管合作备忘录。2014年10月举行的第三轮中德政府磋商达成的《中德合作行动纲要》确定，两国正式启动中德高级别财金对话机制，中方由主管金融、经济事务的国务院副总理马凯主持对话，德国联邦财政部长和央行行长代表德方共同主持该对话。两国财政部各自牵头，两国央行及金融监管部门参加对话。2015年3月，马凯副总理率团赴德举行首轮对话。

尽管中德经贸关系日益紧密，在金融行业和领域的合作不断深化。但中国国内对德国的金融制度和金融政策的基本情况介绍和分析研究却不多。目前最系统的介绍和研究是何广文（2000）著、中国劳动社会保障出版社出版的《德国金融制度研究》，该著作系统地介绍和分析了德国

---

① 《2017年中国蝉联德国第一大贸易伙伴》，中国日报网，2018年2月23日，http：//www.chinadaily.com.cn/interface/zaker/1142822/2018-02-23/cd_35728685.html；“China overtakes U.S. as Germany’s main trade partner：German data”，新华网，2017年2月24日，http：//www.xinhuanet.com/english/2017-02/24/c_136083370.htm。

② 中华人民共和国商务部和中国驻法兰克福总领事馆经济商务处网站，http：//frankfurt.mofcom.gov.cn/article/xgjg/202103/20210303044239.shtml，2021年11月访问。

的金融制度和主要的金融政策，主要涉及金融制度概况、中央银行、商业银行、信用合作银行、金融市场、存款保险与信贷保险制度、农村信贷市场、银行对中小企业的融资管理、金融监管制度及欧元启动和运作下的德国金融等内容，内容丰富、系统而深入，是目前中国读者了解和分析德国金融制度的最有价值的著作。但是，2000 年以后欧洲货币一体化成功，欧元进入流通，欧洲中央银行作为欧元区的央行，德意志联邦银行转变为欧洲央行体系中的执行机构，其重要性和独立性大幅下降，货币信贷政策受制于欧洲央行，德国的金融政策从制定到实施发生了巨大的变化。近期，张晓朴等（2020）出版了《金融的谜题：德国金融体系比较研究》，该书是一部介绍和分析德国金融制度谜题的重要著作，共有十二个专题，采用的是“总—分—总”结构。其中，第一章、第二章和第十二章为“总”，分别为德国金融基本事实和内在逻辑的概括，对 200 年德国金融史的梳理，对德国金融体系启示意义的总结。第三章至第十一章为“分”，其设定原则是问题导向，包括金融与实体经济的关系、银企关系、经济去杠杆、货币政策、住房金融、中小企业融资、政策性银行、合作金融和股票市场等中国建设现代金融体系必须处理好的议题。

尽管如此，当前对德国金融制度和政策的研究远不及美国和英国等的市场化模式，在欧元区统一货币政策后，德国的金融制度与政策更是少之又少，因此，笔者希望通过系统地介绍、分析和评价欧元区统一货币政策后的金融制度和政策，为中国的金融制度和政策改革提供有益的经验借鉴。

（二）研究意义

20 世纪中期以来，德国经济得到了飞快的发展，金融体制与行业不断完善健全，银行与企业的金融联系不断密切，各个行业的经济状况不断改善，政府对整个经济金融体制的监管不断加强，通过对德国金融体系的研究，我们可以从中借鉴有益的发展模式，具有一定的理论与现实意义。

第一，随着 1998 年欧洲中央银行在德国法兰克福的设立，德国作为欧洲经济和金融中心的地位愈显重要，研究德国的金融政策及相关问题对中国今后的金融政策制定和金融改革有积极的借鉴作用。

第二，在大多数发达国家经济衰退、低迷的大背景下，德国经济表现出稳健增长的态势，研究其金融政策等经济问题能为中国经济宏观调控提供有益经验。

第三，德国有一些基础体制与中国类似，例如都重视社会秩序、都是由国家统一立法、都注重改革等，研究德国的金融体系改革能为中国提供借鉴，适用性更高。

第四，德国是“一带一路”沿线重要国家，历来对中国经济发展战略比较支持和理解，因此加强对其以金融政策为主的经贸政策研究，对中国制定对欧政策和对德政策有重要意义。

二 德国金融体系的发展特点

第一，德国的金融化（financialization）趋势加剧。德国金融深化过程从 1991 年开始，20 世纪 90 年代，德国金融资产占 GDP 比重以平均每年 6%的速度增长，这一阶段金融资产的高速增长，主要归因于银行贷款的爆炸性增长以及 1995 年后股票市值的大幅攀升。2000 年以后，德国金融资产占 GDP 比重的增速呈现不稳定态势，这与德国经济纳入全球经济的进程有关。总体而言，德国金融资产占比由 1991 年的占 GDP 的 10%，迅速攀升至 2011 年的 70%以上。相关文献从银行业资产负债规模、银行存贷款、银行持有债券规模等，公共和私人债券市场的发行规模、代偿还规模等，股票市场的上市公司数量、总市值、年交易量、年度换手率等维度与同期的美国、英国、法国、意大利等发达国家进行了横向对比，各类数据显示德国银行业金融资产规模占 GDP 比重呈现稳步攀升的态势，与美国相比，德国银行业整体规模、存贷款规模、持有证券规模显著高于同期美国银行业；在公共债券领域，德国与美国呈现趋同的态势，而在私人债券领域美国大幅超越德国并且呈现两国差距扩大的态势；在资本市场领域，在主要发达国家中，德国资本市场发展相对落后，资本市场在德国整个金融体系中的重要性较低。

第二，德国银行主导的金融结构仍未改变。世界各国的金融体系可分为“银行主导”和“市场主导”两种类型。与日本和中国一样，德国可被视为“银行主导”金融体系的典范（Allen & Gale，2001）。这个分类仍然适合今天的德国，尽管德国的金融体系作为一个整体不像 2000 年那样明显了。银行的优势体现在银行是非金融公司的投资资金的重要来源，是比其他金融中介机构（如养老基金和保险公司以及有组织的资本市场）更重要的家庭储蓄的营业分支。此外，在银行主导的金融体系中，银行和它们的企业客户之间的关系倾向于按照所谓的“主办银行模式”[①]（housebank model）而紧密。银行通常也对金融部门的许多其他机构产生强烈的影响，例如，投资基金往往是大型银行集团的一部分。银行在非金融企业的公司治理中也扮演着重要的角色。在所有这些方面，至少在世纪之交期间德国的银行优势地位十分明显（Schmidt & Tyrell，2004）。

运转良好的金融体系往往由相互补充的要素组成，并在“配合良好”的意义上是稳定发展的。多年来，如同英国和美国的资本市场主导的金融体系，德国的银行主导金融体系稳定发展。在德国，过去银行在金融部门的主导作用是补充银行对非金融公司的融资、上市公司的控股权的盛行、银行监管的放松和不依赖积累资金的现收现付养老金制度。此外，传统德国金融体系的另一个因素是三大私人银行在德国大型公司的公司治理中的强大作用。但是，自20世纪80年代以来，投资和企业借贷下降，银行开始推广证券市场发展，从而导致在90年代证券市场的作用不断强化。在非银行金融机构中，保险公司历来都是最主要的，当然投资基金在90年代发展迅速，现在已基本达到保险业的规模了。养老基金、对冲基金和私募基金等仍然作用有限。

第三，德国金融市场的欧洲一体化和国际一体化加快。德国在20世纪80年代废除了对国际资本流动的所有管制，该国的国际金融一体化稳步增长，但基数较低。在20世纪90年代末到2008年间，德国产生了巨额经常账户盈余，国际金融一体化加剧，组合投资和从德国向其他国家提供贷款显著增长。银行贷款主要贷给其他欧洲国家，并在欧元区国家中占最大份额。在此期间，德国银行将其贷款扩大到美国，除了来自德国的资金，德国银行也广泛利用美国本土筹集的资金。结果，当2007年美国金融危机爆发时，德国银行也遭受了巨大的风险暴露。随着危机的急剧深化，2008年9月德国国际金融一体化部分缩减，同时德国银行减少了它的海外信贷。然而，随着国际金融不确定性的增加，大量资金从其他国家流入德国。

20世纪80年代，德国银行向其他国家的贷款增加，但相当有限，只

① 有的文献也翻译成“管家银行”，如冯兴元《德国的管家银行制度及其意蕴》，《银行家》2019年第1期。

有不到一半的贷款流向了欧盟国家。然而，从 20 世纪 90 年代后半期开始，德国银行向其他国家的贷款增长强劲，尤其是对欧盟国家的贷款，从 1990 年的占德国国内生产总值（GDP）的 12%上升到 2008 年的 78%。向欧盟国家提供的贷款大约有 2/3 流向欧元区国家，其余的大部分流向英国，反映了伦敦作为国际金融中心的作用，德国银行在那里从事其国际业务。从德国到其他欧元区核心国家的银行贷款在 20 世纪 90 年代中期到 2008 年增长强劲，但随着金融危机的到来和加深，它停止了进一步增长，并保持在同一水平直到 2012 年。与此形成对比的是，到 2008 年为止，欧元区外围国家的贷款增长更为强劲，紧接着是 2010 年欧元区债务危机首次爆发，到 2012 年向欧元区外围国家的贷款下降了近一半。

第四，更加严格的金融市场监管。由于德国的金融业是典型的混业经营模式，因此德国的金融监管也是央行支持下的一体化监管模式（integrated model with central bank support），监管主要由两个组织实施，一是联邦金融监督局（BaFin），二是德意志联邦银行（Deutsche Bundesbank）。

三 研究综述

（一）货币政策研究综述

目前学术界对德国货币政策的研究大致分为德国货币政策目标、欧洲中央银行危机应对期间货币政策工具的发展、德意志联邦银行的独立性、欧元区统一货币政策和成员国财政政策之间的冲突与协调四部分。2020 年新冠疫情在欧洲暴发和传播后，一部分学者开始关注欧元区受到的影响及为应对新冠疫情所采取的货币政策和财政政策等措施。

德国的货币政策目标是单一地维持币值稳定。由于德意志联邦银行采取了强有力的措施控制货币，联邦德国的物价才得以保持在比较稳定的水平上（林进成，1994）。1975 年，德意志联邦银行开始使用中央银行货币增长率作为货币政策的中介目标，其目的是发出稳定导向的信号（von hagen，1998），中国学者也对使用此中介目标的有效性进行了检验，如魏曼等（2013）以德国 1974—1990 年的时间序列数据为基础，运用误差修正模型得出德意志联邦银行通过控制中央银行货币增长率来调控物价效果明显，但对产出的影响不显著。1986 年和 1987 年中央银行货币量的失控使德意志联邦银行将货币量的控制重点转移到货币总量 M3，并自 1988 年起将 M3 作为正式目标持续至今。

另一个研究主题是欧洲央行危机应对期间货币政策工具的主要发展，在全球金融危机（2008 年 9 月至 2010 年 4 月）、欧债危机（2010 年 5 月至 2013 年 6 月）、低通胀复苏阶段（2013 年 7 月至 2018 年 6 月）和探索退出宽松措施（2018 年 6 月至今）四个阶段中，欧洲央行从第二个阶段起开始引入非常规货币政策工具、在第三个阶段中发展扩大了非常规货币政策的类型（苏醒桥等，2019），这些政策包括负利率、定向长期再融资操作、拓展的资产购买计划、前瞻性指导等（彭芸，2017）。如果没有这些措施，欧元区的发展会更弱（伊莎贝尔等，2020）。

国内外还有一些学者对德意志联邦银行的独立性、欧元区统一货币政策和成员国财政政策之间的冲突与协调展开了研究。德意志联邦银行是德国的中央银行，1957 年的《中央银行法》明确规定，不允许德意志联邦银行向联邦政府或州政府贷款，从而在法律上确保了其“信贷独立性”。艾芬格、德・汉（2003）通过测度央行独立性强弱的阿勒辛那指标和艾芬格-沙林指标，发现德意志联邦银行均高于欧洲中央银行以及以独立性强著称的美联储。欧元区统一货币政策之后，由欧洲央行负责货币政策的制定，各成员国根据自身情况具体实行，使用单一货币固然可以消除德对外贸易的支付、结算和汇兑成本，有效规避经济交易引发的汇率风险，但同时意味着货币发行主权向欧洲央行让渡，货币政策自主性受到削弱（刘兴华，2008）。德国的财政政策和货币政策掌控在不同的决策者手中：联邦政府是财政政策的制定者，在实现经济增长的同时需考虑欧盟的财政标准要求；德意志联邦银行是德国货币政策的具体实施者，在运用货币政策工具时不能与欧洲央行共同的货币政策相抵触（刘兴华，2009）。此外，多位经济学家认为欧元区统一货币政策与各成员国独立财政政策存在冲突（陈志昂，1998；傅丽，2003；黄立新，2003；蔡云，2009；孟艳，2010），主要的研究结论有：（1）在危机时期，欧元区成员国严重的财政赤字背后也反映出欧洲央行统一的货币政策存在不对称效应，欧洲央行统一货币政策下，经济实力较强的成员国从中受益，而经济实力较弱的成员国却得不到理想的发展，这些成员国只能依靠财政政策来促进国内经济的增长；（2）欧元区的货币政策在实施过程中需要各成员国财政政策的配合，随着欧元区成员国货币政策不对称性问题的加剧，再加上没有得到足够的财政纪律的约束，各国政府为了获得最大利益有可能忽略了财政纪律，加强财政政策调整的力度；（3）在应对非对称性冲击的问题上，财政政策和货币政策的协调是难以奏效的。欧洲中央银行没有考虑成员国财政政策的实际情况，在宏观经济政策不对称的结构下，欧元区货币政策与财政政策的配合是单一的，即各国央行配合欧洲中央银行实施统一的货币政策，而统一的货币政策却无法惠及各成员国的财政政策。

欧洲是疫情暴发的重灾区之一，目前学者对此方面的研究主要集中在疫情给欧元区带来的经济影响及欧元区的应对政策、疫情对中欧经贸关系的影响两方面。德国时任总理默克尔指出："新冠疫情给欧盟带来了前所未有的挑战。"疫情带来的挑战远远超出了公共卫生领域，对欧洲经济产生了全方位的负面影响（丁纯、纪昊楠，2020）。2020 年 5 月发布的欧盟春季经济预测报告预计，欧盟经济将在 2020 年收缩 7.4%，欧元区的经济衰退将达到 7.7%。[①] 作为欧元区货币政策的制定者，欧洲中央银行在疫情暴发后迅速响应，采取一系列综合举措[②]稳定市场信心，维持信贷供给。欧元区各成员国也纷纷采取扩张性财政政策以刺激市场，但是由此引发的欧洲债务风险随之开始凸显。徐肖冰和陈庆海（2021）研究发现，目前欧元区内政府债务杠杆率高企，企业部门债务风险持续上升，债务货币化特征突出。在疫情背景下，中国继续保持欧盟第一大贸易伙伴、第一大进口来源地、第三大出口市场的地位，中欧贸易占欧盟对外贸易总额的 16.0%。[③] 疫情强化了欧盟"摆脱对中国严重的经贸依赖"的认知，疫情下欧盟形成的保护性政策对中欧经贸合作构成障碍，抗疫过程展现出中欧政治经济体制的差异以及欧洲媒体对"中国威胁"的渲染，使欧盟对中国的发展更加警惕，一定程度上损害了中欧互信，对中欧经贸合作也会产生负面作用（丁纯、纪昊楠，2020）。中国需密切关注新冠

---

① European Commission, "European Economic Forecast Spring2020", https: //ec. europa. eu/info/sites/info/files/economy-finance/ip125_ en. pdf.

② 在资产购买领域，3 月 18 日欧央行在原有量化宽松举措的基础上出台总额 7500 亿欧元的疫情紧急资产购买计划（PEPP），6 月又将资产购买总规模追加至高达 1.35 万亿欧元。贷款项目方面：欧盟放宽定向贷款项目的条件，增加额外再融资操作，放松抵押品规则。在互换协议领域，欧央行与美联储重启美元互换协议，与克罗地亚、保加利亚等多个中东欧国家达成欧元互换协议，为市场提供美元和欧元流动性。在监管方面，欧洲央行还放松了部分监管政策，放松资本、流动性和操作方面的监管要求。面对第二波疫情的冲击，欧洲央行继续维持三大关键利率不变，主要再融资利率、存款机制利率和边际借贷利率分别为 0.00%、-0.50%和 0.25%。

③ 《前 8 个月欧中贸易额增长 2.5%》，中华人民共和国商务部网站，http: //www. mofcom. gov. cn/article/i/jyjl/m/202010/20201003011008. shtml。

疫情对欧洲经济的影响及后续复苏状况，加强宏观经济协调，确保中欧产业链供应链稳定，为欧盟积极参与中国“双循环”新发展格局建设创造条件（余元堂，2020）。

（二）信贷政策研究综述

目前，学术界对于德国信贷政策的研究主要集中在德国复兴信贷银行的绿色信贷政策、德国信贷政策支持金融发展的路径及中德信贷政策的差异三个方面。

对于德国信贷政策的研究最早可追溯到关于德国复兴信贷银行的相关研究，作为德国政府为重振第二次世界大战后经济、配合欧洲复兴计划成立的一家国家政策性银行，德国复兴信贷银行在不同历史阶段，对德国的发展均发挥了极其重要的作用（吴琪等，2020）。随着德国环境污染的加重，学术界的研究重点逐渐转移到绿色信贷的方向。学者们研究发现，德国银行业较早参与到国际绿色信贷中，不仅规范了行业在环保领域的发展准则，促进了银行业绿色发展和国家可持续发展战略，而且为银行业赢得了全球发展先机（李华友等，2010）。其中，德国复兴信贷银行在整个绿色信贷政策体系中发挥着重要的作用，其通过信贷手段调控环境污染主体的信贷供给和资金价格，同时为清洁能源技术发展和节能降耗行为提供信贷支持，从而达到利用金融杠杆实现环保调控的绿色信贷政策（李瑞民，2007）。与此同时，德国政府对农村信贷实行利息补贴。其一，限制农村贷款最高利率或降低金融机构农业贷款利率，对参与农业贷款的金融机构实行利息补贴，减少其存款准备金比例。其二，通过州立银行提供优惠贷款，对政府发起的重要开发项目、技术创新、农业、区域发展及环境保护等公共项目提供贷款、贴息及无偿拨款。除此之外，由国家政策性金融机构安排长期低息贷款，以优惠利率保证农村经济各领域的长期信贷资金需求（陈武，2006）。

从已有研究成果来看，德国信贷政策支持经济金融发展的路径主要有绿色信贷产品、中小企业融资等。史世伟（2010）通过对德国应对国际金融危机的措施研究后发现，德国政府通过信贷政策影响实体经济的实践主要是参与开发绿色信贷产品。德国政府对德国复兴信贷银行在国际资本市场上的融资资金贴息后，包装成绿色信贷项目转售，其他商业银行获得绿色信贷项目后，可以降低利率增加贷款期限，从而作用于终端客户。除此之外，也有学者研究发现德国信贷政策通过促进中小型企业融资实现对金融发展的支持（薛宇择等，2020）。从资金可得性和融资成本的数据来看，近年来德国中小企业几乎不存在融资难、融资贵的问题，堪称国际上缓解中小企业融资困境的典范。从外源融资来看，德国中小企业融资结构主要以银行信贷为主，信贷支持体系、担保体系、融资促进体系为中小企业提供了丰富的融资渠道，共同对中小企业进行资金支持。

对中国与德国信贷政策差异的研究表明，中德两国在信贷征信制度、政策性银行机制等方面存在差异。德国的信贷征信模式体现了实行公共信贷与民营信贷分工共存，公共征信负责大额信贷的征信，而民营征信则针对小额贷款展开，德国的信贷征信模式最能体现该特征（马敏，2011）。机制上，德国复兴信贷银行始终坚持以政策性业务为主体，而中国的三大政策性银行兼营政策性业务和商业性业务，且业务实行分账经营难以厘清边界（于晓东，2015）。具体类型上，中国绿色金融起步晚，欠成熟，而德国通过十几年发展建立起来的完善成熟的绿色金融体系，其经验值得中国借鉴（李怡佳，2017），基于这些差异，可以进一步加强金融组织和国外机构的交流与合作，引入先进做法，更好地促进金融服务发展。

（三）外汇政策研究综述

目前学术界对于德国外汇政策的研究大致分为德国外汇市场的发展历程、外汇市场管制政策、德国外汇储备政策及德国外汇政策对我国的经验启示几个部分。

德国的外汇市场从形成到发展成熟主要经历了三个阶段，一开始是由与外国交易产生的需要，再到“二战”后德国跨国交易的需求，在欧洲引入单一货币之后，德国外汇市场趋于成熟。20 世纪末期德国外汇市场主要是一种没有外汇管制，允许自由进行国际资本交易和外汇买卖的有形的外汇市场（肖丽平，1998）。刘斌（2007）从德国外汇市场的监管制度、组织形式、交易主体、交易产品、交易方式、交易系统和清算安排等方面，系统地介绍和回顾了德国外汇市场日趋成熟，逐渐成为国际化外汇市场和欧元的定价中心的过程。

德国外汇市场管制政策方面，从 1961 年 3 月德国货币当局选择了独立货币政策和资本自由流动，即允许马克汇率自由浮动，到 20 世纪 90 年代逐步建立起均衡化的市场汇率水平（杜晓郁、路明，2015），辛淇

（1993）运用最小二乘法估算了在德意志联邦银行干预下德国汇率的变化，印证了德意志联邦银行的外汇政策主要是以浮动的汇率政策来保护国内就业，只要汇率的波动不利于就业就进行干预。再到20世纪末期，西方央行对外汇市场的干预政策分为实际干预和口头干预，德意志联邦银行对外汇市场采取以口头干预为主的政策，其减少公众对市场未来方向不确定而造成的汇率波动，有效地控制了外汇市场，维护了货币币值的稳定（刘湽，2009）。

早在20世纪60年代，经济学者们就开始研究德国外汇储备问题，包括国际储备流动性（Balogn，1960），对外汇储备的需求（Kenen，1965），外汇储备的政策调整（Claassen，1974），德国国内外资本流动与外汇储备的关系（Obstfled，1980），汇率政策对外汇储备的影响（Black，1978），以及联邦德国政府采取积极措施减少外汇储备（Thorn，1976）等。后来杜晓郁、路明（2015）将德国的外汇储备政策总结为“藏汇于民”政策，实施从放松外汇管制的相关政策到鼓励民间持有外汇资本的政策，再通过OLS回归模型验证了“藏汇于民”政策的实施效果。2017年，欧洲央行将价值5亿欧元[①]（合5.6亿美元）的外汇储备从美元转换成了人民币。欧洲央行和德意志联邦银行将人民币纳入外汇储备，反映出人民币的使用增加以及中国作为欧元区最大贸易伙伴之一的重要性。近年来，人民币的国际地位显著提升，2018年1月，德意志联邦银行执委安德烈亚斯·多布里特（Dombret）在中国香港举行的亚洲金融论坛上表示，德意志联邦银行董事会已经决定，在完成组织和技术筹备工作后，把人民币纳入外汇储备。2015—2018年，德国的外汇储备总额分别为364亿美元、369亿美元、374亿美元、364亿美元。[②]

德国外汇政策对中国外汇市场有许多值得借鉴的启示与经验，不少学者都给出了自己的见解。刘斌（2007）总结了德国外汇市场的发展经验，指出应在借鉴国外经验的基础上，从形成互补的多层次市场体系、强化市场系统风险防范和市场主体的内控机制、规范市场主体交易行为和提升中国在系统研发上的核心竞争力等方面来进一步培育和发展中国外汇市场。此外，也应该根据各个国家政治、社会和文化等实际情况建

① 《约5亿欧元！欧洲央行将部分美元外汇换成人民币》，搜狐网，2017年6月14日，https://www.sohu.com/a/148704275_123753。

② 数据来源：《中国财政年鉴2019》，中国财政杂志社2020年版。

设国家金融行业（陈小五，2007），同时在汇率升值过程中坚持中国货币政策的独立性，将物价与产出稳定放在政策目标的首位（刘淄，2009）。

（四）证券市场政策研究综述

多数学者对德国证券市场的研究集中于德国证券市场的发展脉络、市场结构、监管框架与证券化担保体系几个主题，还有小部分学者关注到了土地证券化这一问题。

16 世纪德国皇室发行政府公债后，德国证券市场开始萌芽，“一战”“二战”的爆发给德国证券市场造成了强烈打击，其证券市场的扩大要归功于“二战”后银行从事的国债和金融债券承购包销业务，国债市场更是成为世界上最大、最具流动性的政府债务交易市场（刘诗瑶，2018）。德国政府在加入欧盟前后均颁布制定了管理证券市场的法律法规，其中《证券交易法》《证券收购与合并法》《证券公开法》《公开说明书法》构成了其证券管理的法律基础，《银行法》与《投资法》构成了其资产管理的法律基础（陈晗、蔡征，2018）。

由于德国是联邦制国家，根据《基本法》要求，其证券立法属于联邦权力，而对证券市场的管理、监督和执法则归各个州。虽然德国证券市场产生于 16 世纪，但政府对证券市场进行监管的历史尚不久远，其官方认为：“证券监管是德国最年轻的监管领域，它的起源可追溯至《第二部金融市场促进法案》。”① 在 1994 年以前，德国证券市场具有以下三个特点：一是没有建立统一的证券法体系，证券法无论是在实践上还是在法理上都从未被认为是一个统一的、独立的法律部门，有关证券的法律规定散见在民事、商事、金融等多种法律之中；二是没有一个对证券市场进行监管的中央性机构，各州行使着对证券市场的监管权，法律规定的监管在全国难以统一和协调；三是自律管理是市场管理的基本形式，市场运作、风险控制和投资者保护等方面的规范大部分属于自律管理性质，不具有法律约束力。因此，德国证券市场的监管以前一直受到国内外的批评，它给市场参与者所提供的保护是与其证券市场的发展程度不相称的（高基生，2005）。直到 1994 年，为整合证券及期货市场，以达成资源有效利用，德国颁布了《次级金融发行市场法案》，这一法案也是

---

① 见德国联邦金融监管局官方资料“Geschichte der Wertpapieraufsicht”，www. bafin. de/bafin/historie-wa. htm。

促成德国证券管理体制从自律型向中间型转变的重要标志（中国证监会，2015），使得德国证券市场发生了一场根本性的改革。《证券交易法》的通过更是至关重要，正是根据《证券交易法》的规定，德国才成立了联邦证券交易管理局（中国证监会，2015）。在后续十多年，德国也出台了多项法律法规，不断完善对证券市场的监管。

德国的证券交易市场由德国各地的证券交易所组成（Myers，2001）。作为证券市场的信息中枢，证券交易所需要向市场投资者提供及时、准确、完整的关于挂牌证券的信息，特别是上市公司公告。目前，德国已经形成了“一主多辅”的证券交易所格局，主要有法兰克福证券交易所、斯图加特证券交易所等多家证券交易所（陈晗、蔡征，2018）。每个交易所可经营管理市场和开放市场两种市场，进入不同的市场要满足不同的咨询揭露透明度。具体来看，德国股票市场发行制度将各个层次资本市场的股票发行分类管理，不同层次采取不同的管理体制，形成立法管理与行业自律的双重监管体制（陈晗、蔡征，2018）。证券化担保方面，李淑静等（2015）通过研究德国裕利安怡旗下的赫尔梅斯担保产品，为中国促进对外贸易、增加金融支持“走出去”的手段提出了建议。

德国土地证券化的历史要追溯到18世纪70年代成立的“土地抵押信用合作社”，这是德国第一家土地银行。合作社的社员开始主要是农民，合作社通过省级政府部门的指引来发行农村土地债券，将筹集到的闲散资金贷给合作社成员，助其发展农业经济。19世纪初，土地改革运动纷纷而起，农地合作银行等融资机构也大量出现，土地融资渠道进一步拓宽。德国的农村土地证券化组织机构，由农地抵押合作社与农地合作银行构成，农民以土地入股加入抵押合作社，农地合作银行则以抵押的农地为担保在资本市场上发行土地债券，以获取农业再生产所需资金（刘博，2015）。

（五）金融监管政策研究综述

学术界对德国金融监管体系的研究主要集中在德国金融监管体系的历史沿革、德国金融监管体系的转型以及2008—2009年金融危机后的危机监管等方面。

德国于1934年推出的金融事业管理法案（kreditwesengesetz，KWG）主要针对1930年经济大萧条提出了一系列管制规定，该制度首次在德国引入了银行业经验牌照和强制监管的规定，同时将资本充足率、单个借款者放贷规模、机构投资者房地产投资规模等指标纳入了监管体系，成立了信用监管局（Aufsicht Samtfürdas Kreditwesen）对银行业风险进行系统监管。直到20世纪80年代这部法案一直都是德国金融监管的重要法案。相对于成熟且详尽的银行业监管体系，德国资本市场的监管制度相对缺乏透明性，德国的资本市场缺乏对中小股东的保护以及对内部交易的惩治措施。1990年和1994年德国金融监管局为适应全球化的竞争，先后颁布了《第一资本市场促进法案》（Erstes Finanzmarkt förderungsgesetz）和《第二资本市场促进法案》（Zweites Finanzmarkt förderungsgesetz），《第一资本市场促进法案》是德国历史上第一部有关资本市场的法案，将保护投资者纳入整个证券监管体系的目标。1994年颁布的《第二资本市场促进法案》是德国金融监管自由化的体现，该法案确立了风险投资的市场主体地位，同时积极打击内部交易，组建了联邦证券监督局。在企业出现股东价值管理趋势之后，自1995年开始，德国金融中介持有股份出现大幅度降低（Kellermann，2005），银行和保险公司主要基于其核心业务进行发展。1997年，德国针对高科技初创企业融资设立新市场（Neuer Market），金融体系显现出由银行导向转向市场导向的发展趋势。而2000年的股市泡沫危机后，德国关闭了新市场。

对于2008—2009年的金融危机后监管是近年来研究的热点。危机后欧洲央行下设欧洲系统性风险委员会（ESRB），负责发布预警和提出建议，而德国宏观审慎监管受ESRB影响较大，2013年德国通过金融系统稳定法案，将宏观审慎监管职责授予单独成立的金融稳定会（FSC），由德意志联邦银行、财政部、联邦金融监管局、金融市场稳定局四个部门组成，其宏观审慎监管措施主要包括“软措施”“警告和建议”“硬措施”等。同时德意志联邦银行也对FSC起到协同作用，危机后德国从关注单个机构倒闭转为关注金融市场稳定，采取设立处置基金，颁布重组法案，建立不良资产处理机构等各种措施，增强金融体系的稳定性。德国还先后成立了风险处置专项基金，为金融市场提供流动性。目前，德国的金融监管体系由德意志联邦银行、德国金融监管局、联邦审计院、审计师事务所构成（王宇，2016）。

另有研究聚焦于金融危机及欧债危机后德国政府的金融救援政策。与其他发达国家相比，2008—2009年金融危机对德国GDP的负向冲击更大。德国2009年的GPD增速下降至-5.1%，而这次金融危机发源地的美国仅为-3.6%，同期的法国仅为-3%，虽然危机当年 GDP 增速下降幅度很大，但是德国就业率的下降以及对应的失业人口的上升幅度却并不显著。这归因于德国政府在金融危机期间采取的用以减少失业人口的各项政策，主要包含 2008 年底启动的短期工作制度（short-timework）、政府高强度补贴培训计划以及向企业推广工作时间账户计划（working-time accounts）。2009 年初推出了第二轮经济刺激计划，100 亿欧元用于公共投资、旧车报废补贴计划、所得税征收门槛提升计划、企业失业保险缴费降低计划等一揽子计划。

相关研究在对 2008—2009 年金融危机反思的过程中，强调金融政策对虚拟经济及实体经济的调节作用。国际金融危机的发生，其中一个很重要的原因是实体经济和虚拟经济没有平衡发展，而各国给出的解决危机的药方大多是以振兴实体经济为主导方向。过度的金融自由化使得衍生金融服务产品过度虚拟化，美国和德国在危机前都不同程度地呈现出虚拟经济背离实体经济的现象。关于虚拟经济与实体经济的相互关系，大量的国内外文献进行了论述，主要观点如下：（1）金融部分发展与实体经济增长存在比较强的正向关系；（2）资本市场对实体经济的增长具备水平效应与增长效应；（3）房地产作为虚拟经济的重要组成部分通过财富效应、资产负债表效应对实体经济产生影响；（4）从实证角度表明实体经济与虚拟经济存在“需求追随型”和“供给领先型”两种模式，而实证结果表明，实体经济与虚拟经济长期存在双向因果的关系。（5）虚拟经济中资产品的价格通过托宾 Q 效应作用于经济主体的投资行为，从而影响实体经济。

在金融结构理论对实体经济的影响研究中将金融结构划分为银行主导型和市场主导型两类，通过经验研究法对大量国家的金融结构与经济发展进行了深入的探讨。主要研究结论如下：（1）实体经济对金融机构具有强烈的依赖，不同产业发展与金融体系之间具有显著的相关关系。（2）实物资产密集的经济结构更倾向于银行主导的金融结构，而知识密集型经济结构更倾向于市场主导的金融结构。

四　数据来源与研究方法

本书的数据来源主要有世界银行（WB）、世界卫生组织（WHO）、世界实时统计数据（Worldmeter）、经合组织（OECD）、环亚经济数据（CEIC）、国际清算银行（BIS）、欧洲环境署（AMECO）、欧盟统计局

（EUROSTAT）、欧盟中央银行（ECB）、欧盟国家中央银行（NCBs）、联储经济数据（FRE）、CESiFo 数据库、德国联邦统计局（FSOG）、德意志联邦银行（Deutsche Bundesbank）、德国联邦金融监管局（BaFin）、德意志联邦银行法案（Bundesbank Act）、Wind 数据库、德国资本投资公司联邦协会（BVI）、欧洲证券交易与市场监管局（ESMA）、巴塞尔协议Ⅲ（BaselⅢ）、中泰证券研究所、《中国财政年鉴》（2019）等。

本书的研究方法主要有理论分析法、文献研究法和比较分析法。本书主要研究德国金融政策，在界定相关概念后，运用经济学理论并结合有关学者的研究，对欧洲共同经济政策下国别金融政策的决定机制、金融政策的传导机制、金融政策对经济的作用机制展开规范分析，而后运用官方统计的数据，对德国的经济发展特征与趋势、体系及转型、货币政策、信贷政策、外汇政策、证券市场政策及金融监管政策进行了具体论述，紧接着对中德的金融政策进行了对比分析，研究了两者的异同，最后总结出德国金融政策对中国的影响和启示。

第二章　关于金融政策的理论分析框架

一　金融政策的界定与框架

金融政策是金融体系五大要素中的一个，要界定金融政策必须先界定金融体系。

（一）金融体系的界定

金融体系（financial system）的概念在学术界并没有绝对统一的定义。贝塔朗菲（1987）率先从系统论的观点，将金融体系看作一个由多种类型的金融组织有机组成的开放的复杂系统。在长期演化过程中，这些金融组织通过相互作用形成内生规则，并且外部也会引导和施加某些强制性规则，整个体系中的金融组织在这些规则中活动，实现金融体系作为整体所应具有的经济功能。Shanley（1999）认为，在金融体系的理论阐释中应当将银行等金融机构和金融市场视为最重要的组成部分。国内学者结合中国的金融发展情况也给出了较多释义。马宇（2006）认为，金融体系是各种金融资产、各方参与者、各类交易方式和政府金融监管形式的综合体。张跃文（2010）等学者将金融体系定义为相互联系着的金融机构、金融市场、金融产品和相关政府组织的总称，是市场参与者（金融机构，包括交易主体和监管主体）、交易场所（金融市场）、交易工具（金融产品）、交易制度等各种金融要素构成的庞大综合体。陈雨露和马勇（2013）认为，金融体系已经形成一个非常复杂的系统，既包括体系内部的金融工具、金融中介和金融市场，也包括与体系外部不同的经济主体（包括市场主体和监管主体）之间的各种往来关系。黄达（2012）认为，现代金融体系包括货币流通、金融机构、金融市场、金融工具、金融制度和调控机制五个方面。基于对国内外对金融体系定义的梳理，本书认为，金融体系是指一个经济体中有关资金流通的基本体系与系统，是各种金融要素的综合体。现代金融体系包括五个构成要素：一是货币；二是金融机构，是金融服务的供给者；三是金融市场，表现为各种金融主体具体发生金融关系的场所或空间；四是金融工具，是金融机构中或金融市场上交易的对象；五是金融主管机构及制度，是国家或国际范围对金融运行的管理和调控的机构及制度，金融主管机构有中央银行、金融监管部门等，金融制度包括货币、利率、汇率、信用、支付、清算和监管等各种制度，这些制度主要在一国范围内，也有世界范围内的制度。

金融体系最早出现于欧洲。一般认为，以英国的南海泡沫事件和法国的密西西比泡沫事件为标志，不同的长期应对措施导致了两种不同类型的金融体系出现（何国华，2006）。一是以法国、德国为代表的银行主导型金融体系，中央银行占据主导地位，控制着绝大部分信用，金融市场较不发达（Terberger，2003）；二是以英国、美国为代表的市场主导型金融体系，金融市场规模大，对资源配置起着重要作用，而银行的集中程度较小（Sellon，2002）。位于德美两国极端之间的其他国家，日本与法国是以银行为主导的体制，银行持有大部分的股票份额，英国和加拿大金融市场较为发达，但是银行的集中程度高于美国（Fischer，2003）。

金融体系具有以下基本功能：交易与支付、资金融通、配置资源、风险管理和提供财务信息。为保证国家经济长期健康运行，一国金融体系必须保持稳定，否则会引起汇率、股价、利率等变动，影响社会信用进而影响企业融资和投资，破坏金融市场的正常运行。同时，随着经济环境的不断变化，金融体系应当在保持基本功能正常运行的情况下适应变动环境，进行自身创新，构建风险分散和防范系统，平衡市场运行中行业企业冲突，确保经济持续稳定发展。

（二）金融政策的界定

1. 政策的概念和特征

目前学术界对“政策”没有形成统一的定义。从国外较早研究公共政策的学者观点来看，政策科学创始人 Harold Lasswell（1958）认为，政策是包括目标、价值和策略的大型计划。Wordrow Wilson（1957）指出，政策是由立法者制定并由行政人员执行的法律法规。Andrews（1956）提出，政策是行动者为解决相关问题或实务所采取的具有目的性和相对稳定性的一系列行动。Easton（1975）认为，政策是对全社会价值所做的权威性分配。从国内学者的观点来看，谢明（2009）认为，政策是社会公共权威在一定情境下，为达到政策目标而制定的行动方案或准则，包括法律法规、政府规划、行政规定、相关策略等。陈振明（2003）认为，政策是国家相关机关和政党以及其他团体为实现一定的政治、文化、经济目标所采取的行为准则。

通过对诸多学者观点的梳理，本书认为，政策是政府、政党或其他组织团体为了实现政治、经济、文化及社会上的特定目标而制定和实施的一系列准则和行为，包括法律、法令、措施、方法、条例等。

政策具有以下基本特征：首先，拥有明确的主体和客体，政策主体是指直接参与到政策制定、执行和评估过程的个人或团体，政策客体是指政策发生作用的对象；其次，政策具有特定的需要实现的目标，作为政策制定的基础；再次，政策在一定的程序下运转，政策涉及多方利益的协调和社会价值的权威分配，其制定和实施需要按照一定制度框架和工作流程进行；最后，政策具有强制性和权威性，这来源于政策的法理地位和约束力。政策的基本构成要素主要包括政策的对象、政策的目标以及实现目标的手段或工具等。

2. 金融政策

金融政策并非一个在主要发达国家常用的术语，而是一个在中国经常使用的术语，特别是在20世纪八九十年代的文献中比较常见，往往与财政政策相对应。盛慕杰（1983）是较早界定金融政策的学者。他认为，金融政策是一国及国家银行为了发展国民经济相应采取的货币及信用政策的总称。广义的金融政策与国家的财政政策、物价政策等有密切的联系，涉及宏观经济的各个方面，研究的范围较广；狭义的金融政策，一般指货币政策。在中国，金融政策概念是1983年中国人民银行行长会议上首次官方提出的。金融政策有时也被理解为政府为实现金融业的发展目标而制定的金融产业发展方向、产业结构安排、产业技术手段等有关金融业发展的一系列重大问题提供明确指引的政策。从构成要素看，金融政策由金融产业组织政策、结构政策、布局政策和技术政策等组合而成。但在我国的实务和理论文献中，两者混用的情况很多。

黄达的《金融学》教材（2012）和吴晓灵的《中国金融政策报告》（2020）等也对金融政策进行了一些界定，综合前面学者和金融业领导的观点。本书认为，金融政策既包括宏观金融政策，如货币政策、利率政策和汇率政策，又包括金融业发展的政策，如银行、证券、保险、基金、货币等行业的发展政策，也包括金融监管政策。金融政策的实施主体通常是中央银行、金融监管机构，客体是金融业相关机构和组织。

（三）金融体系与金融政策

金融体系包括金融部门、融资模式与公司治理以及金融监管体系等金融要素，金融体系中的各金融机构和金融市场相互协调、相互作用。而金融政策是金融体系治理的关键，是国家为了实现宏观经济调控目标利用各种金融工具制定的措施和方针的总称。金融体系中的重要主体是货币当局和其他金融监管机构，它们促成了金融政策的制定和实施；而金融政策的制定与实施同样会反作用于金融体系中的其他主体发展，如金融机构和金融市场等。两者共同组成开展金融活动可持续的有机整体，相辅相成，所以，不能分而论之。金融体系和金融政策的关系如图 2-1 所示。

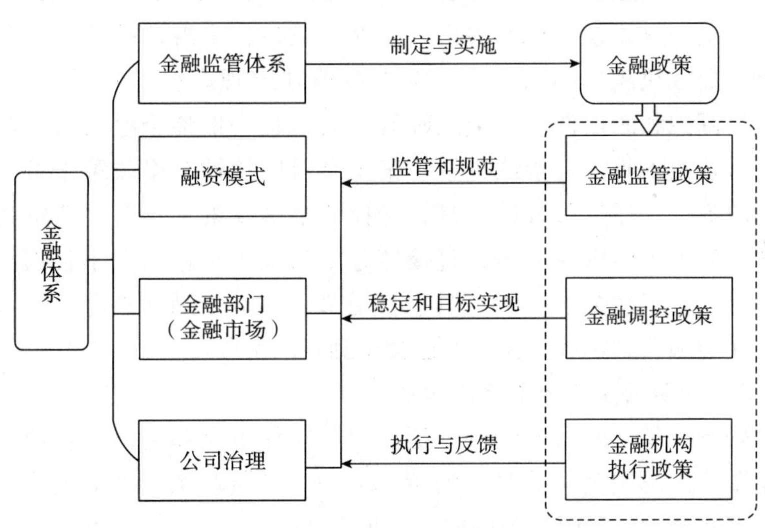

图 2-1　金融体系和金融政策的关系

（四）金融政策与货币政策

货币政策有广义和狭义之分。从广义上讲，货币政策包括政府、中央银行和其他有关部门所有有关货币的规定和所采取的影响货币供给数量的措施（黄达，2012）。从狭义上讲，货币政策是指中央银行为实现一定经济目标而采取的各种调节和控制货币供应量或信用量的方针和措施的总称（伍海华，2002）。一般而言，货币政策是狭义的概念，包括政策目标、政策工具和预期达到的政策效果三个方面。

由于各国金融体系的差异，各国货币政策的目标有所不同。美国国会规定，美国联邦储备银行的货币政策目标是“实现充分就业并保持币值的稳定，创造一个相对稳定的金融环境”①，其实，就是三个目标：促进充分就业、稳定物价和稳定金融。欧洲央行对货币政策的目标是：保持价格稳定，即努力维持欧元的价值，为生活在欧元区的人们服务。② 与美联储（FED）不同的是，欧洲央行只有稳定价格的单一使命，而不是“最大就业和稳定物价”这两个同等重要的双重使命。而中国人民银行的货币政策目标是保持货币币值的稳定，并以此促进经济增长。③

货币政策与金融政策之间有着紧密的联系，金融政策包含货币政策，而货币政策是金融政策中最基础和最重要的部分。相较于货币政策而言，金融政策是金融体系治理的关键，金融政策包含金融调控政策、金融监管政策、金融机构执行政策等。金融政策在宏观调控中起了重要作用，分为直接调控和间接调控。金融政策工具包括一般性金融政策工具、选择性金融政策工具、直接性金融政策工具及间接性金融政策工具。一般性金融政策工具即货币政策工具，选择性金融政策工具包括消费者信用控制、证券市场信用控制等，直接性金融政策工具包括汇率管理、利率最高限等，间接性金融政策工具包括道义劝告、金融检查等，除了上述工具，在金融政策宏观调控中，也会用到行政手段。

（五）德国的主要金融政策构成

金融政策包含的内容十分广泛，为了抓住重点和突出主要内容，本研究主要聚焦德国金融政策中的货币政策、信贷政策、外汇政策、证券市场政策和金融监管政策等内容，详见图 2-2。

---

① 美联储网站，https：//www. federalreserve. gov/monetarypolicy. htm，2021 年 10 月访问。

② 欧洲央行网站，https：//www. ecb. europa. eu/mopo/html/index. en. html，2021 年 10 月访问。

③ 参见《中华人民共和国中国人民银行法》，2003 年 12 月 27 日发布，2004 年 2 月 1 日生效。

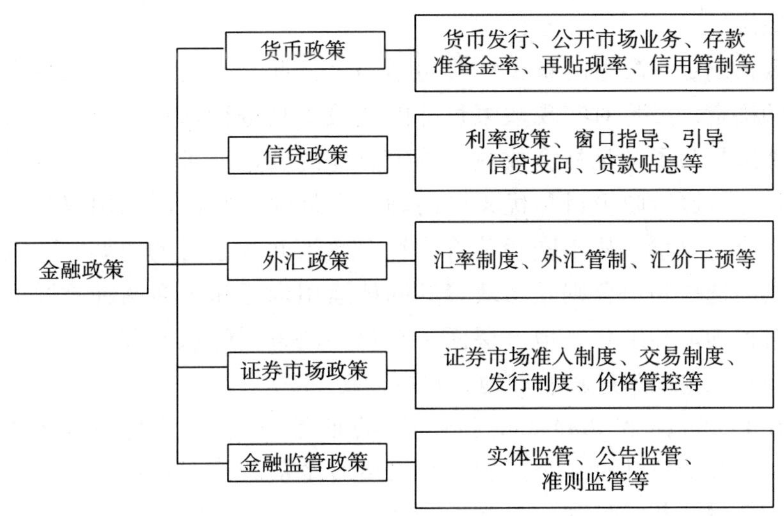

图 2-2 德国主要金融政策构成

二 欧洲共同经济政策下的国别金融政策决定机制

（一）政策制定的决策机制

政策制定和决策过程首先要确定的是行动主体，对于政策制定的不同阶段，涉及的行动主体在职能和数量上具有差异。在政策议程的制定阶段，行动主体可能包含所有的潜在政策行动者。在政策制定的前期阶段，政策参与者的范围依然广泛，包括政策方案设计的政府部门以及相关社会行为主体等。在政策规划和评估阶段，政策参与者可能包括一些介入政策制定过程的政治家和压力集团代表等。到了政策的决策阶段，只有小部分赋权参加的政治家、行政官员和法官等参与决策（Howlett，2012）。

政策决策模式中通常具有水平和垂直两个维度。在垂直维度下，政策决策层的权威性作用更加突出，决策层主要负责制定政策，再将政策自上而下传递到下属机构进行执行和实施，但在政策决策层之间还存在权威决策者对其他决策者的支配作用，其他决策者对政策制定的反应和反馈信息可能会成为权威决策者制定政策时的考虑因素。在水平维度下，政策参与者之间的协调和关系构建被更加重视，决策层之间不存在显著的支配作用或者这种支配作用并不对政策制定起主要影响，政策决策过程中不仅存在参与者之间的协商与沟通，还包括各个组织内部垂直的权威性决定。

政策制定和决策的重要性质包括两个方面，一是进行政策目标及优先序的确定，二是对实现政策目标的政策工具进行选择和组合。政策目标的确定是为了满足社会成员和国家整体的利益需求，分为公共目标和特定目标。进行政策目标优先序的确定即是政策共同体利用权威和专业知识等决定要素，从不同相关方面针对政策问题进行的协调和均衡。政策工具的选择和组合则是由政策共同体运用沟通和协商两种重要的决策方式进行确定和细化，地方层面再在核心决策层的认同和倡导下，进一步完成政策再制定过程，即地方政策创新。

在 Lindblom 和 Bimbaum（1983）的研究中，西方多党分权政治体制下，一个政策只针对一个问题，政策决策者从若干个相似的方案中进行选择，通过不断的尝试、调整、再尝试和再调整，最终实现政策的变迁。

（二）欧洲货币一体化

在欧洲共同经济政策下，欧洲央行建立起稳健的货币政策框架，旨在维持欧元区的价格稳定。2003 年，通过对货币政策战略进行评估，理事会确认了价格稳定的定量定义，其目标是保持欧元区通货膨胀率在中期低于并且接近 2%。欧元体系下货币政策工具主要包括公开市场操作、最低准备金制度和常设工具（the standing facilities），央行通过利用这些政策工具和程序，决定主要利率和管理货币市场流动性，来表明其货币政策立场，从而指导短期货币市场利率。

公开市场操作分为再融资操作（MRO）、长期再融资业务（LTRO）、微调操作（FTO）和结构性操作。其中 MRO 是欧元体系开展的最重要的公开市场操作，它通过标准招标执行，欧元体系可以以固定利率或可变利率投标的形式执行其投标。在前者中，欧洲央行预先规定了利率和参与交易对手的投标；在后者中，交易对手提出他们希望交易的金额以及他们希望进入交易的利率。交易对手可以提交不同利率水平的多个出价，在每次投标中，他们必须说明愿意以各自的利率进行交易的金额，理事会可以通过设定可变利率投标的最低投标率表明货币政策立场。最低准备金制度是指欧洲央行要求欧元区的信贷机构在国家开发银行的账户上持有强制性存款，即最低准备金的制度，用以维持货币市场利率和降低银行体系的流动性风险。欧洲央行对储备基数中包含的大部分项目实行统一的正面存款准备金率，在欧洲货币联盟第三阶段开始时，这一准备金率定为2%。

此外，理事会还采取了一些临时非标准措施。欧元体系采取的非标准措施主要针对银行业，包括增强信贷支持和证券市场计划。

增强信贷支持。美国金融机构雷曼兄弟（Lehman Brothers）于2008年9月15日倒闭，导致货币市场“陷入困境”。如果没有解决，这将会使许多银行资产不可能实现再融资，从而导致信贷机构出现大规模无序的去杠杆化，给实体经济和价格稳定带来严重后果。欧洲央行的强化信贷支持是一套非标准措施，于2008年10月通过，并于2009年5月得到补充。考虑到欧元区的金融结构，这些措施主要以银行为基础，有助于确保货币市场正常运作。措施主要包括：延长流动资金提供的期限；金融危机期间所有再融资操作采用固定利率全额分配的招标程序；制定货币互换协议等。

证券市场计划。根据该计划，对欧元区公共和私人债务证券市场进行干预，以确保细分市场的深度和流动性，并恢复货币政策传导机制的正常运作。根据《欧盟运作条约》的规定，欧元体系购买政府债券严格限于二级市场，为确保流动性状况不受影响，所有采购都通过流动性吸收操作完全抵消。

（三）欧洲货币一体化框架内德国金融政策决定机制

在经济政策的制定上，欧洲经济体与一般国家存在一定的差别。因此，在这种欧洲共同经济政策的背景下，欧元区国家的金融政策制定的决策机制也存在一定的特殊性，一方面要执行欧洲共同的经济政策，同时在制定金融政策时自己国家也有一定的制定空间。

德国属于欧元区主要国家，一切货币政策统一由欧洲央行制定，在欧洲央行的共同货币政策下，就德国自身而言具有其独自的政策决定机制。《联邦银行法》规定，联邦银行作为德国中央银行，有权参与欧洲中央银行的货币政策决策，同时有权决定德国自身的业务政策，包括银行的再贷款、在欧洲中央银行公开市场政策管辖下的债券回购业务、现金和非现金结算业务、银行监管、外汇储备管理等。联邦银行商讨货币政策的含义，不得侵害银行行长作为欧洲中央银行理事会一员的独立决策权和相应保密条款。在欧洲中央银行体系赋予联邦银行的任务不受侵犯的情况下，联邦银行应当支持联邦政府的一般经济政策，就重大的货币政策问题为联邦政府提供建议并且应其要求提供有关信息。

德意志联邦银行业务政策决定的首要目标是保证价格稳定，避免长期通货膨胀和通货紧缩。对于业务政策目标即价格稳定的决定，第一是出于增加社会家庭福利和提高经济生产潜力的考虑，价格的稳定使得社会个体更能从总体价格水平变化中了解到个体商品或服务的相对价格变化，从而引起社会商品需求和供给的改变，使得市场更能够有效分配资源。第二是考虑到实现价格的稳定能够使得债权人不再考虑对通货膨胀溢价的需求，通过降低实际利率的风险溢价，提高资本市场资源分配效率，增加了投资动机，反过来又促进了经济福利。第三是为了避免金融资产受到通货膨胀或通货紧缩的冲击，削弱银行业资产负债表的稳健性，以及降低家庭和企业的财富，促进价格的稳定有利于金融体系的稳定。此外，在不影响价格稳定目标的情况下，德意志联邦银行业务政策决定的最终目标是实现充分就业和经济的均衡增长。

联邦银行的领导机构由中央银行理事会、执行理事会以及州中央银行管理委员会组成。中央银行理事会决定联邦银行的业务政策，中央银行理事会会议由联邦银行行长或副行长主持，其决议由投票数的简单多数通过，当中央银行理事会成员因故长期不能出席理事会会议时，可指派代表出席。

关于德国的金融监管政策，2011 年，德国联邦议会通过了关于加强德国金融系统监管的法案，创立了德国国家宏观审慎机构——德国金融稳定委员会（FSC）。FSC 由德意志联邦银行（Bundesbank）、德国财政部（FMF）与德国联邦金融服务业检察署（BaFin）这三个投票成员以及德国联邦金融市场稳定机构这一非投票成员组成，负责对金融系统稳定性进行风险评估并对相关风险提出警告与建议。在 FSC 中，德意志联邦银行占主要地位，在宏观审慎管理中发挥重要作用。它负责识别和评估金融稳定风险，评估宏观审慎政策的实施效果，向金融稳定委员会会议提交讨论报告和初步政策建议，同时，德意志联邦银行拥有对金融稳定委员会发布警告或否决建议决策的权力，相关的建议和政策在最后需要由它来监控及评估实施情况并向委员会汇报。如果 BaFin 发布与收购有关的命令，例如禁止提议的官方命令，参与该收购的各方有权向异议委员会提出异议。异议委员会由六名成员组成，BaFin 主席或由主席任命的常任公务员担任委员会主席，并且 BaFin 主席任命两名公务员担任准会员。此外，BaFin 主席任命三名荣誉准会员。异议委员会必须就两周内提出的任何异议进行重新审核与决定。如果投票中出现僵局的话，异议委员会主席有投票权（见图 2-3）。

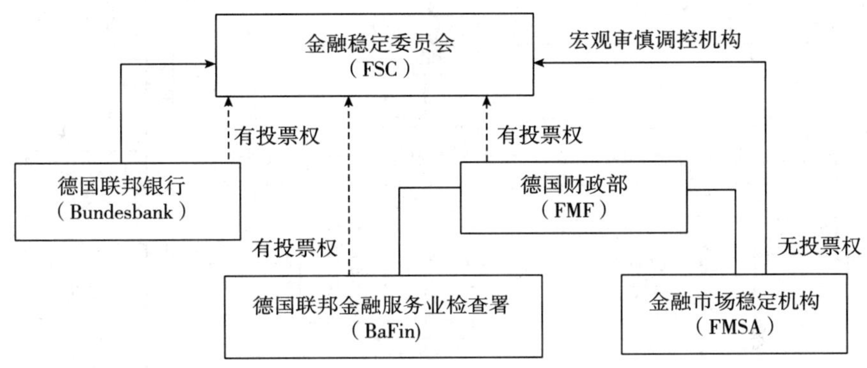

图 2-3　德国的金融监管框架

三　金融政策的传导机制

（一）货币政策传导机制

货币政策的决定过程通常影响着整体经济，货币脉冲向实体部门的转移涉及经济主体在此过程各个阶段采取的多种不同的机制和行动。货币政策的传导机制比较复杂，因为在实践中，经济发展不断受到各种来源的冲击影响，并且世界经济的发展可能会影响总需求，从而影响价格水平。除了货币政策外，其他因素还会影响金融资产价格和汇率。因此，货币政策必须监控传导链，以避免受到金融结构的外生冲击干扰。货币政策传导有若干渠道（见图 2-4）。

连接货币政策决定与价格水平的连锁因果关系始于中央银行对其自身业务设定的官方利率的变化。在这些业务中，中央银行通常向银行提供资金，银行系统要求中央银行发行基础货币以满足公众对货币的需求，同时满足存入中央银行的最低储备金要求。鉴于其对创造基础货币的垄断，中央银行可以控制运营利率。央行因此影响了银行流动资金的融资成本，银行在向客户贷款时需要转嫁这些成本（利率渠道）。通过这个过程，中央银行可以对货币市场状况施加主导性影响，从而引导货币市场利率，货币市场利率的变化反过来影响其他利率，两者的影响程度可能不同。此外，对未来官方利率变化的预期会影响较长期的市场利率，

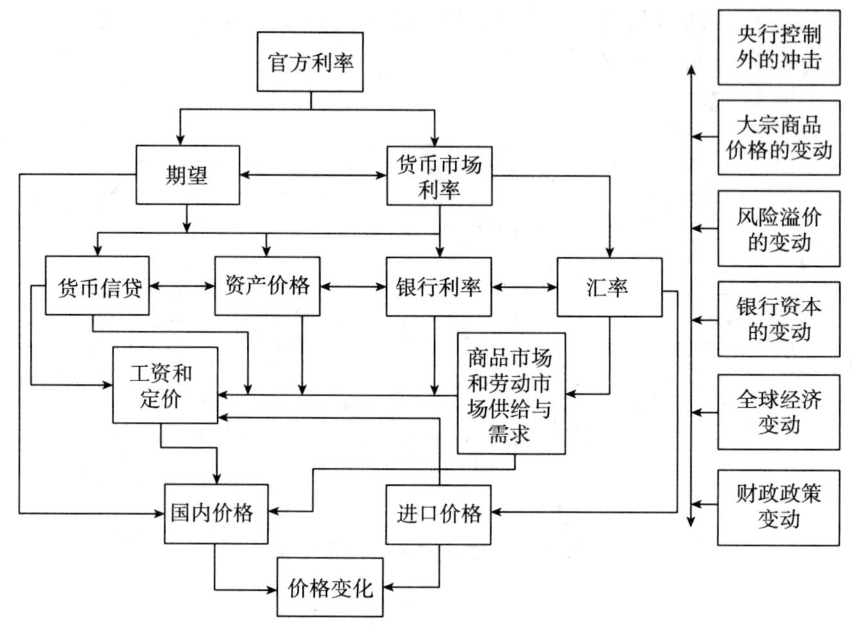

图 2-4　货币政策传导机制

因为这反映了对短期利率未来演变的预期。然而，货币市场利率变化对长期利率的影响不那么直接。这些利率在很大程度上取决于市场对经济长期增长和通胀趋势的预期。也就是说，中央银行官方利率的变化通常不会影响这些长期利率，除非它们导致市场对长期经济趋势的预期发生变化。

官方利率的变化也可能影响信贷供应（“信贷渠道”）。随着利率的提高，一些借款人无法安全偿还贷款的风险可能会降低银行为其贷款的意愿（信贷渠道的“银行贷款渠道”）。结果，这些借款人、住户或公司被迫推迟其消费或投资计划。利率变化也会影响企业的资产负债表。利率上升导致企业净资产减少，这意味着抵押品价值下降，因此借款能力下降（信用渠道的“资产负债表渠道”）。

除了传统的银行贷款渠道（重点关注所提供贷款的数量）之外，还存在风险承担渠道。风险承担渠道主要通过两种机制运作，首先，低利率提高资产和抵押品价值，这与资产价值增长是可持续的观点相结合，导致借款人和银行都接受更高的风险。其次，低利率使风险较高的资产更具吸引力，因为代理商会寻求更高的收益率。就银行而言，这两种影响通常会转化为信贷标准的软化，可能导致贷款供应过度增加。

（二）外汇政策传导机制

外汇政策传导机制是指外汇政策变化引起汇率变动以及汇率与其他经济变量相互关系变动，从而实现既定经济目标的过程。汇率政策传导机制可以通过汇率变动将一国涉外经济活动情况传递到各经济单位，为企业与政府实现既定目标调整决策方向。在经济开放的条件下，一国国际收支出现逆差，本币贬值，一方面，降低了该国商品的出口成本，进出口企业可获得更多的外汇收入和利润，提高国民总收入，另一方面，贬值使得本币净值减少，非金融部门的外债加重，非收益群体的生活成本增大。为调节经济和平衡国际收支，一国通常会保持一定量的外汇储备，当汇率出现波动时可以利用外汇储备进行干预，减少汇率风险。汇率变动通常会以三种方式影响整体经济。首先，汇率变动会直接影响国内进口商品的价格，如果汇率升值，进口商品的价格往往会下降，从而有助于直接降低通货膨胀。其次，如果这些进口品被用作生产过程的投入品，那么随着时间的推移，较低的投入品价格可能会导致最终产品的价格降低。最后，汇率的变动也可能对国际市场上国内生产商品的竞争力产生影响，如果汇率升值使得国内生产的商品在世界市场上的价格竞争力下降，外部需求也会随之下降，从而减少经济中的总体需求压力，在所有其他条件相同的情况下，汇率升值将会降低通胀压力。汇率效应的强弱取决于经济对国际贸易的开放程度（见图 2–5）。

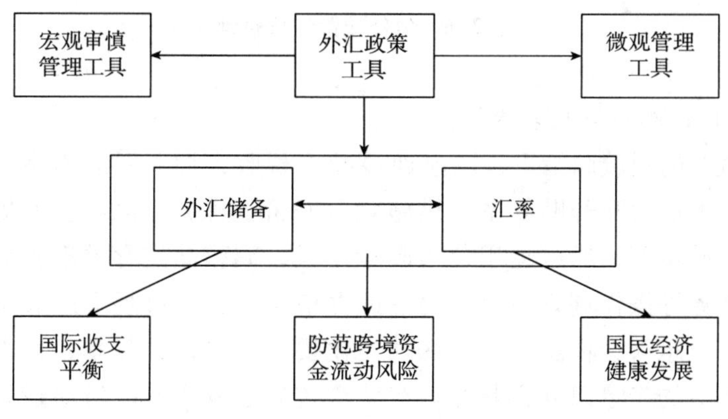

图 2–5　外汇政策传导机制

（三）信贷政策传导机制

信贷政策传导机制主要通过引导信贷投向、调整信贷结构和规模影响经济发展。在国家其他金融政策调节下，信贷政策以贷款贴息、“窗口引领”、调整授信额度等方式引导信贷投向需要扶持的产业和地区，避免过度流向某些行业或地区，造成经济发展不平衡。同时，国家通过宏观调控控制信贷结构和规模，限制金融机构的贷款金额，影响企业资金流动情况，从而影响社会投资。

信贷政策传导机制根据信贷市场的市场化程度高低分为两种：一种是在完全市场条件下的信贷政策传导机制，信贷政策通过多种手段直接引导银行的信贷投放，并不对信贷市场进行过多干预，银行通过自主决定信贷投向，实现信贷资源在各产业之间的分配。另一种是在不完全市场条件下，针对市场机制无法有效配置信贷资源的情况，信贷政策需要对信贷市场进行直接干预，促进经济结构调整（见图 2-6）。

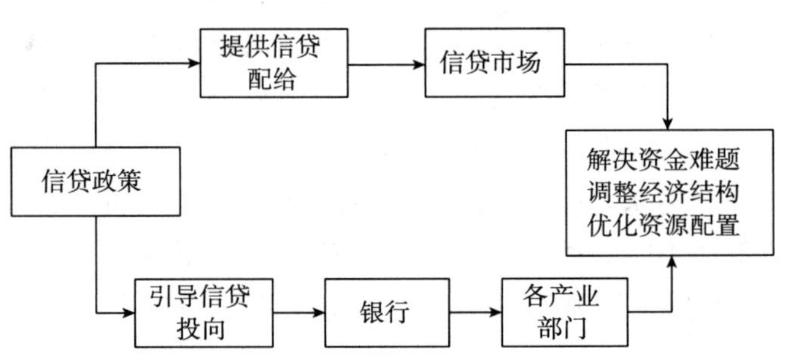

图 2-6　信贷政策传导机制

（四）证券市场政策传导机制

在宽松的财政政策下，国家通过减少税收，加大财政赤字，减少国债发行，增加财政补贴等系列措施刺激股价上涨，刺激经济发展。在扩张的货币政策下，通过运用货币政策工具，调整法定存款准备金率，公开市场业务等操作利好股价，促使证券市场走强。市场上的股票价格发生波动，股东就会根据股价的涨跌变化要求不同的回报率，使得企业随之调整相应的产量以获得收益。在整个传导过程中，政府通过金融政策影响整个社会物价水平和通货膨胀程度，市场上金融资产价格的变化会影响股东的购买选择行为，而股东的购买行为一定程度上决定了企业的行为，最终影响投资和总产量。

（五）金融监管政策传导机制

金融监管包括监督和管理两个方面的内容，金融监督是监督机构通过对金融机构和金融市场进行全面的检查与督促，以保证金融体系的正常运行，金融管理是指管理机构对各种日常的金融活动进行的组织与协调，现代意义上的金融监管不再区分两者差别。金融监管过程以整个金融体系为监管对象，通过对金融机构的设立、资产负债业务，金融市场的准入、交易活动、利率、银行业、证券业、保险业、信托业、外汇外债等行业或活动进行监督和管理，防范和化解金融风险，维护金融市场的稳定，保持国民经济健康平稳发展（见图 2-7）。

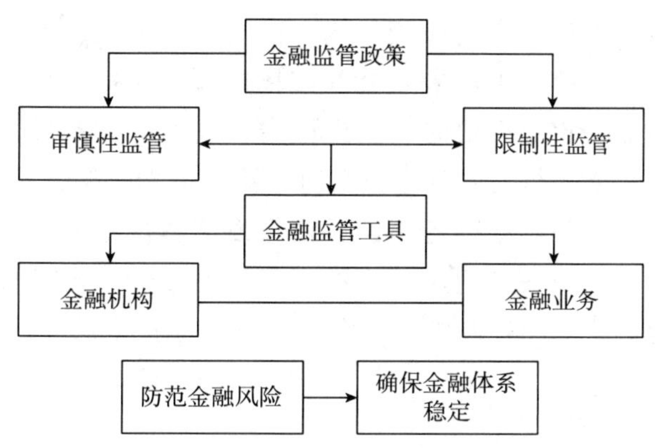

图 2-7　金融监管政策传导机制

四　金融政策对经济的作用机制

（一）货币政策对经济的作用机制

货币政策对经济发展的作用机理主要通过货币供应量实现，一方面货币供应量应当满足经济发展的客观需要，避免由于供应不足引起经济衰退，另一方面货币供应量不能过大，防止物价剧烈上涨，造成通货膨胀，使得经济过热。一国中央银行通过改变存款准备金率、调整再贴现率、公开市场操作等货币政策工具控制货币供给量。中央银行调整商业银行的法定准备金率，其可提供放款及创造信用的能力就会改变，从而改变整个商业银行体系创造信用、扩大信用规模的能力，影响社会的贷款总量和货币供应，对企业投资、居民储蓄和消费产生拉动或抑制作用，最终影响既定目标，实现物价稳定、增加就业和经济增长。中央银行调整再贴现率是向商业银行和社会公众公布其货币政策的取向，改变商业银行的信用规模，使货币供应量发生变化，进而影响市场利率的升降。长期的再贴现政策包括抑制和扶持两种，抑制政策即央行较长期地采取再贴现率高于市场利率的政策，提高再贴现成本，减少资金需求，从而降低市场的货币供应量；扶持政策即央行较长期地采取再贴现率低于市场利率的政策，放宽贴现条件，刺激资金需求，增加市场货币供应量。短期的再贴现政策即央行根据市场实际情况制定高于或低于市场利率的再贴现率，以影响商业银行的借贷成本和超额准备金，影响市场利率，从而改变市场的货币供应。市场货币供给适度增加，市场利率就会降低，投资成本减少，促进投资者投资行为，同时物价上涨，促进消费者消费行为，经济增长加速。央行采取公开市场操作，根据经济形式买卖有价证券。当央行需要收缩银根时，卖出证券，收回部分基础货币，减少市场货币供应量，当央行需要放松银根时，买入证券，扩大基础货币供应，增加市场货币供给量。根据各国证券市场发展程度不同，公开市场业务发挥着不同程度的作用，通过政府的债券买卖活动，可以直接影响银行储备和信贷能力，从而控制市场利率，影响总需求（见图 2-8）。

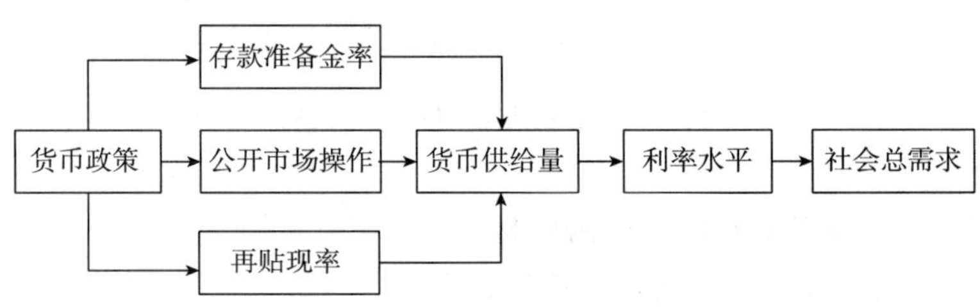

图 2-8　货币政策对经济的作用机制

（二）信贷政策对经济的作用机制

信贷政策通过调整银行信贷投向，改善信贷结构，促进信贷资金合理配置和经济结构优化升级。信贷政策配合其他国家宏观经济政策，直接运用于银行机构，影响其信贷投向和规模，促进信贷资金流入边际效率最高的产业和地区，有效避免市场失灵，实现产业和经济结构合理化。

兼顾经济效益与社会效益，通过贷款贴息等手段，鼓励银行将信贷资金投向需要扶持的地区和产业，缓解该地区或产业资金不足问题，促进经济长期均衡发展。信贷政策通过引领银行信贷投向和结构，避免信贷资金过度流入高风险产业，引起逆向选择和道德风险，在防范市场危机和银行信贷风险中发挥着重要作用。中央银行根据银行提供给企业的信贷资金情况，结合货币政策与信贷政策控制信贷规模，影响市场货币用量和其流动性，进而控制企业融资和投资规模。

（三）外汇政策对经济的作用机制

在开放经济条件下，一国外汇政策与其他国家紧密相关，外汇政策不仅会影响国内经济发展，也会影响国际经济（见图 2-9）。

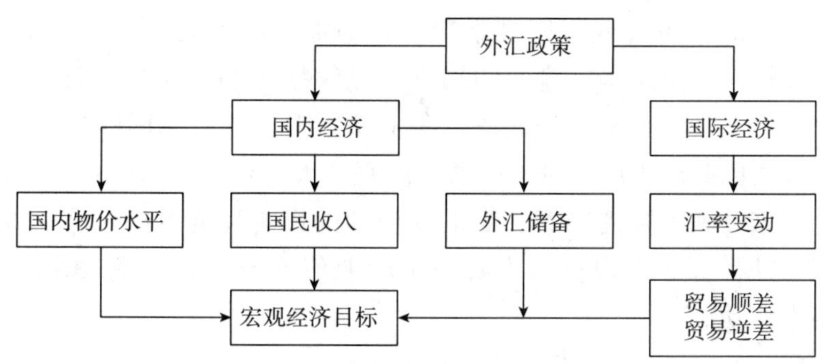

图 2-9　外汇政策对经济的作用机制

（1）对国内经济的作用机制

影响国内物价水平。一国汇率变动，会立即引起进出口商品价格发生波动，也会引起国内其他非贸易商品价格水平变化。若一国货币贬值，外币购买力提高，国外进口商增加对本国出口商品的需求，在该国出口商品供应规模维持不变的情况下，国内出口商品价格上涨，引起该商品原材料和其他类似品国内价格上升，最终推动其他非贸易商品成本增大，价格普遍上涨，国内物价水平上升，引起通货膨胀。

影响国民收入。一国货币贬值，往往可以改善该国贸易收入。汇率下降，该国商品进出口成本降低，国际市场上商品竞争力增强，利于该国商品出口，可以获得更多的外贸收入和利润，同时该国对外开放程度提高，能够提供更多的就业岗位，缓解国内就业压力，增加国民收入。

政府金融宏观调控的过程中，放松保护性或限制性的贸易措施，降低资源配置的扭曲，通过本币贬值能够增加国民收入，平衡国际收支。

影响外汇储备。开放经济下，一国为平衡国际收支和分散外汇风险，会维持一定的外汇储备。选择的储备货币应当保持长期的稳定，避免出现该货币汇率持续下跌或者发行国国际收支长期恶化的情况。当该国本币汇率发生变动时，外汇储备的实际价值也会发生改变，因此，外汇储备应当保持多样化来分散汇率变动风险。适量的外汇储备能够调节经济，实现内外平衡，当国际收支出现逆差时，动用外汇储备可以促进国际收支的平衡；当国内宏观经济总需求大于总供给时，利用外汇增加国内进口，平衡宏观经济。

（2）对国际经济的作用机制

一方面汇率持续或者剧烈下降，容易加剧国家间矛盾，本币贬值，本国出口扩大，商品国际竞争力增强，能够扭转贸易逆差。而相关的其他国家汇率上升，经济增长放缓，失业率上升，会引起国际市场的销售争斗，加剧国家间矛盾。对于一国开放程度大，对外贸易的依赖程度深，与其他国家关联度强的国家，受汇率变动的影响程度更广。另一方面本币汇率下跌，部分国内资本为防止国内贬值价值损失，流入其他国家，引起资本移动。

（四）证券市场政策对经济的作用机制

证券市场政策则是指证券监管部门制定的，旨在规范资本市场秩序、维护市场参与主体利益的决定或安排。证券市场政策来自政府的各个层面，根据所调整的对象不同，可分为以下几种：第一，资金供给和证券供给调整。该类政策通过直接调整证券和资金间的供求关系影响证券市场。资金供给调节包括融资融券的发展、养老资金、保险资金入市、放宽引入海外资金的限制等。证券供给包括新股发行速度与规模调整、增发、配股等再融资行为以及限售股解禁后大股东减持等行为。第二，税费调整。税费调整通过直接改变交易成本的方式影响证券市场，主要包括证券交易印花税、交易佣金等税费的调整。第三，交易规则调整。在成熟稳定的市场较少对交易规则进行调整，但在中国，调整交易规则成了限制做空，稳定市场的常用方式。最常见的如涨跌停板制度、交割制度、新股发行制度、融资融券制度、大宗交易制度的变化和调整。第四，制度创新。如 QFII、QDII 制度的实施，股指期货的推出以及其他金融产品的创新。第五，证券市场监管。包括监管部门对违规事件的处理、处罚通告，对某些上市公司紧急停牌，以及相应法律法规的颁布。这里所指的法律法规是指上述内容以外的旨在规范证券市场运行、维护市场秩序的一般性法律、法规。

证券市场政策的制定、实施与调整意味着直接影响证券市场，而证券市场政策通过证券市场影响经济则可以分为对经济运行中多个经济主体的不同作用。

第一，证券市场政策通过上述多个政策的施行，可以提高企业的管理能力以及经济活力。首先，通过不同上市板块的设定以及 IPO 政策的调整，准入门槛等的调整使得资金需求量大但资金回收期长的高科企业获得更充足的资金支持，从而为科学技术水平的长远发展带来较大助力。其次，证券市场政策通过对再融资政策和配股等内容的规定，使得证券市场拥有了通过对上市公司经理的股权激励机制，一定程度上解决了委托—代理问题。以上途径都能提高资本产出率，推动经济增长。最后，证券市场政策中对于企业的管理作出了一系列的监管规定，这在较大程度上可以规范企业的管理制度，督促其提高管理水平和经济效益。

第二，证券市场政策的调整可改变投资者对于经济形势的预期，以及优化整体的投资环境，从而作用于经济环境。证券市场政策中包含的资金供给调节等内容，使得广大投资者能做出对于国家经济政策和经济形势的预判，从而影响到企业的融资状况，间接来说，会通过证券市场政策的调整影响到投资者的储蓄率以及收益率。

第三，证券市场政策可以通过激发证券市场发挥优化社会资金配置和分散风险的作用，促进社会资金向经济效益好、有发展前途的企业流动，从而实现社会资金的优化配置，对产业结构和产品结构起到自动调节的作用，提高经济效率。

第四，证券市场政策中对于国外资金准入等的规定，契合了中国经济发展的整体需求，对于中国的金融安全以及经济安全有着决定性的作用。与此同时，也可以通过调整政策扩大中国在国际上的融资渠道和提高利用外资的经济效益。以此达到“用外资而无外债”的效果。

第五，证券市场政策的正确制定与施行对于中国的整体经济环境起着积极的作用。首先，诸多的监管政策可以促进企业的长期可持续发展，特别是对于实体经济中的企业，使得中国经济在快速发展的过程中有着更为扎实的运行基础，为国家经济建设服务，为推动经济发展提供动力。其次，证券市场的调整可在促进证券市场发展的同时，充分发挥市场机制，促进资金的横向融通和经济的横向联系，提高整体的经济效率。

（五）金融监管政策对经济的作用机制

金融监管政策是一国政府对金融交易行为主体的监督和管理，在维持国家金融市场稳定中发挥重要作用。对于银行业，实行金融监管能够保障信贷的合理投向，确保资金流向合理，防止金融欺诈和行业风险，最大限度地维护投资者利益，同时可以避免资金过度集中于某一行业而无法分散金融风险和抵御危机，这对于维持国民经济的健康运行有着重要意义。金融监管也包括对证券市场的监管，通过加强对证券、期货、股票市场的监督和管理，维持正常的市场秩序，避免过度投机引起金融市场紊乱，特别是在全球经济一体化的背景下，必须加强金融监管以防范系统性金融危机的发生。

第三章　欧洲共同经济政策与德国经济发展特征与趋势

一　引言

众所周知，经济制度与金融制度有密切关系，并且宏观经济发展水平在很大程度上与金融业和金融政策之间相互影响，因此本章将通过详细介绍和回顾欧洲货币一体化经济体系下，德国经济的发展特征和趋势，主要以不同历史阶段的经济发展为基础，重点归纳总结所对应的经济政策及其政策效果。

德国的金融制度与欧元区的经济发展密不可分，因此本章将首先探讨欧洲，特别是欧元区建立之后的经济发展历程。而其中政策是衡量经济发展最重要的风向标，本章将从政策变化解读欧元区整体经济特征。随后，本章聚焦到德国经济发展上。德国是欧盟最大的经济体，德国虽然受到欧元区的影响，但是其经济、政治、文化方面又相对独立，特别是在 2008 年国际金融危机中，德国的经济体系相对其他欧盟国家并未受到严重的破坏，其得益于有效的应对危机的政策和坚实的实体经济（张寒、娄峰，2015）。最后，本章将基于前两节的介绍，进一步归纳德国经济发展的趋势，以及德国经济政策与中国经济发展的关联。

德国是欧洲最大的经济体，是世界第四经济大国。如图 3－1 所示，德国与欧盟两者人均 GDP 总体均呈上升趋势，但德国人均 GDP 始终高于欧盟。表现出其强大的经济实力。

二　欧洲经济发展及政策评介

（一）欧洲中央银行的建立

2000 年以前的大部分发达国家经济体都陷入了通货膨胀和经济停滞，然而应对经济停滞的扩张性财政政策和货币政策会进一步加剧通货膨胀，而抑制通货膨胀的紧缩政策又会进一步加剧经济的衰退。两次世界大战造成了欧元区国家价格不稳，通货膨胀问题显著。正是这段历史让欧洲

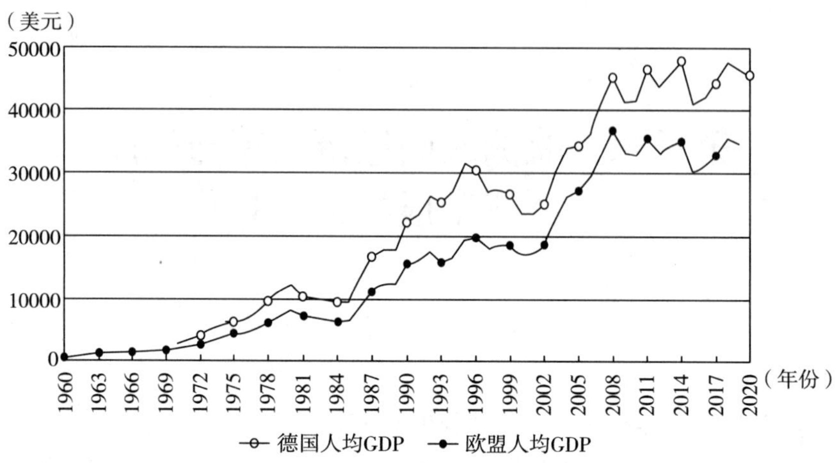

图 3-1　欧盟人均 GDP 与德国人均 GDP

资料来源：笔者根据 Wind 数据库绘制。

主要国家（以德国为代表）逐渐认识到严格的货币纪律的重要性，广泛接受了货币主义学派货币中立的思想，把价格稳定而不是经济增长和充分就业作为货币政策目标（何为，2010）。

同时，欧盟要建立统一大市场，固定汇率和资本自由流动是必须坚持的。因此，成员国就必须牺牲自己的货币政策，将货币政策的制定权统一交给欧盟的货币当局，在欧盟范围内实行统一的货币只有使欧元取代成员国的货币，成为各国唯一合法流通的货币，才能确保欧洲经济与货币联盟的顺利运行（杨蓓，2002）。在此背景之下，欧洲中央银行（European Central Bank，ECB，中文简称欧洲央行）得以建立。

ECB 的职能是维护货币稳定，管理主导利率、货币的储备和发行以及制定欧洲货币政策。它的建立为货币一体化提供了可能。

（二）欧元区成立以来的经济政策

2001 年后，同此时的美国经济情况一样，欧元区经济衰退开始出现，大多数国家 GDP 增长速度大幅下降。进入 2004 年后，GDP 增长速度加快，但运行尚算平稳，基本维持在季增长速度 2%左右，消费者物价调和指数（HICP）依旧在 2%上下波动，2005 年下半年，受益于全球经济的迅速增长，欧元区出口增加。同时，市场信贷条件宽松，私人消费及企业盈利强劲增长，HICP 在三季度末时达到 2.6%，通胀风险增加。为缓解通胀压力，ECB 从 2005 年 12 月 6 日开始上调主导利率，至 2008 年 7 月，连续 9 次上调利率计 225 个基点，将主导利率上调至 4.25%，HICP 自 2006 年下半年至 2007 年第三季度一直以略低于 2%的水平运行，同时 GDP 也以 3%左右的速度增长。

欧元启动以后，ECB 在欧元区统一发行货币并独立地行使货币政策，欧元参加国失去利率汇率等货币政策手段。但政府预算政策仍继续留在欧元国家政府的手中，由于欧盟自身的财政预算规模十分有限，按照规定，欧盟通过各种渠道从成员国筹集的自有财源不能超过欧盟各国总量的一定比例，财政资金主要集中在各个成员国政府手中。所以欧洲经济货币联盟（Economic and Money Union，EMU）中出现统一的货币政策和分散的财政政策并存的局面。由于欧元区没有一个集中的共同财政政策，欧盟作为一个“类似于联邦制国家的联邦政府”其宏观经济调控的职能就只得依靠货币政策来完成。而从理论上说，欧盟为了保持欧元区的经济稳定，手中不仅要有货币政策，而且还应当掌握有效的财政预算政策，不能靠货币政策来唱“独角戏”。货币政策与财政政策搭配上的矛盾成为导致欧盟宏观调控效率难以提高、经济和货币不稳定的重要因素。

欧盟在统一货币的同时，在欧元区内实行集中统一的财政政策也是完全必要的，不过鉴于在近期内欧盟本级的预算规模不可能发生实质性的变化，欧盟目前只得通过协调成员国的预算政策来提高其对整个欧元区财政预算政策的控制力以尽量避免发生分散的财政政策与统一的货币政策相冲突的局面，欧盟在《欧洲联盟条约》所附的关于过量赤字程序议定书中对政府赤字以及债务应达到的标准作了明确的规定。

ECB 在 2008 年的国际金融危机中出现了利率政策失灵的现象。与美国相比，作为国家联盟的欧元区在应对经济金融危机时面临的形势要更为复杂，ECB 的货币政策选择相对较少，如担心量化宽松政策将带来通胀预期，与 ECB 维护价格稳定的首要职责冲突而无法像美联储一样及时采取“扭转操作”计划。同样，在金融危机及经济衰退中，ECB 也不断下调其关键利率，但是却无法如美联储一样实施近似零利率的政策，因为欧元区内各国虽然拥有共同的货币政策，但只要求一致而非共同的财政政策。这意味着，如果利率政策陷入流动性陷阱或者量化宽松政策短期内不起作用，缺乏财政政策的配合，ECB 将没有其他的货币政策可以选择。因此，为保持政策弹性，ECB 将其主导利率降至 1%时便不再下调。利率政策效果极为有限，加之主权债务危机恶化，其经济前景更不明朗，经济复苏的步伐会更慢，货币政策的选择及操作更加困难（庞奕奇，2017）。

（三）欧洲共同农业政策

共同农业政策（The Common Agricultural Policy，CAP）是欧盟整个区域一体化所实施的一项共同农业政策。该政策旨在稳定欧洲农产品市场，确保市场在合理的价格下正常供应，同时保证农民的收入水平，具体而言有以下几方面：提高农民的生产能力；使生产者有小康的生活水平、稳定的市场、食物保障以及合理的零售价格。CAP 从 1960 年开始实施至今，随着社会经济变化不断发展、完善，其发展过程大致可以分为六个发展阶段（娜仁图雅、蓝志勇，2017）。

（1）六个国家组织形成共同市场雏形（1960 年）。该阶段欧盟委员会就如何实现欧盟六个创始国之间的 CAP 提出了法律建议，该建议提出不断推进农产品的自由流通，消除贸易壁垒和建立一个共同市场组织。

（2）CAP 的诞生（1962 年）。在该阶段，CAP 正式诞生，欧盟理事会批准为六种农产品建立共同市场组织，引入竞争规则，制定时间表并建立了欧洲农业指导和担保基金（EAGGF）。

（3）欧洲农场现代化（20 世纪 70 年代）。在这一阶段，CAP 的主要任务是推动欧洲农业现代化发展。欧盟通过立法促进农场现代化和对农民的职业培训，并通过鼓励农民提前退休来更新农业劳动力，同时采取其他措施帮助困难条件下的农民，以此来提高农民生活水平。在一系列政策支持下，欧洲农业现代化程度飞速提高，但是在 70 年代末期开始出现了农产品生产剩余的问题。

（4）处理永久性粮食剩余（20 世纪 80 年代）。共同的农业政策成功地使欧盟实现了粮食自给自足，却达到了必须与永久性粮食生产盈余作斗争的程度。这些盈余一部分在补贴的帮助下出口，一部分作为欧盟内部储存。针对粮食生产过剩的问题，1984 年，欧盟引入了牛奶配额，扩大了已经应用于食糖的生产配额制度。1988 年，引入了 CAP 预算的最高限额，规定了主要农产品获得补贴支付的最高产量。这些措施的预算成本很高，对世界市场造成影响，同时并不总是服务于农民的最佳利益，变得不受消费者和纳税人的欢迎。

（5）MacSharry 改革时期（20 世纪 90 年代）。20 世纪 80 年代，欧盟虽然采取了一系列措施来应对粮食生产过剩问题，但是也带来了一系列弊端，财政不堪负荷，成员国之间利益冲突，外部摩擦加剧，以及农村环境恶化等。1992 年，名为“MacSharry”的改革开始，改革不再盲目强调产品供给，而是将重心转移到对农业结构的调整上，同时环境保护和乡村发展问题开始得到重视（王锐，2012）。在这一时期，共同农业政策开始从注重规模和速度转型为注重质量和效益。

（6）欧盟《2000 年议程》改革时期（21 世纪初至今）。随着“MacSharry 改革”不断深入，农业生产过剩等一系列问题基本得到解决，同时欧盟成员国数量不断增加。在此基础上，欧盟通过了《2000 年议程》，该议程的主要目的是推动欧洲农业政策更加注重与推动农业生产向集约化、规模化发展，推进环境友好型农业发展方式，进一步提高农产品质量，保障农产品安全，提高欧洲农民生活水平。2010 年，欧盟又在此基础上发布了《走向 2020 共同农业政策——应对未来粮食、自然资源和区域挑战》公报，提出了 2013 年后欧盟共同农业政策改革的方向，这项改革巩固了生产者支持，将更多基于土地的方法和可持续农业与“绿色”直接支付结合起来（尹显萍、王志华，2004）。

就整个发展历程而言，欧洲共同农业政策目标从强调农业发展转向强调农业发展与农村居民生活水平、农村生态环境；政策由最初的价格支持发展为价格支持、农村发展支持、收入补贴等并重的全面性政策；CAP 的框架逐渐从封闭型转变为开放型，欧洲农产品市场全球一体化程度不断提高。

通过一系列的改革和完善，CAP 对促进欧洲农业发展、稳定农产品市场和欧洲经济一体化建设做出了重要贡献。其具体表现在，欧洲共同农业政策的诞生，保证了欧洲共同体成员在战后农业产品的稳定供给，而且长期以来，农业作为第一产业，农业政策对欧洲共同体的经济政策产生着巨大影响，整个欧洲共同体的财政预算都与共同农业政策息息相关，CAP 对促进欧洲共同体成员国化解经济分歧起到了巨大的调节作用。同时，CAP 为成员国的经济结构变迁和欧盟的扩大奠定了稳定的基础。CAP 是推动欧盟在世界农业经济中占据重要地位的不可或缺的因素。

（四）2008 年以后欧元区的经济与政策

2008 年之后，受美国次贷危机的影响，全球经济下滑，需求下降，欧元区通胀压力上升。经济增长已明显疲弱，为了应对国际金融危机带来的经济深度衰退，ECB 自 2008 年 10 月开始实施了力度较大的降息政策。

2009 年 10 月 20 日，希腊政府宣布当年财政赤字占国内生产总值的比例将超过 12%，这一比例远高于欧盟当初设定的 3%的上限，被认为是欧债危机的开端。2009 年底希腊财政危机爆发，然而这场危机非但没有以希腊主权信用评级下调为结束，反而拉开了欧洲主权债务危机的序幕。欧洲的货币一体化政策加快了希腊危机向欧元区其他国家和地区扩散的速度，最终蔓延至整个欧元区，债务危机之下，边缘国家债务沉重、就业率低迷、流动性严重紧缺（庞奕奇，2017）。

2008 年国际金融危机在欧洲演变为 2009 年的欧债危机，造成了欧盟各主要成员国的经济衰退，加之美国的军事干预，造成伊斯兰国家内部长时期的战乱，致使来自西亚和北非的难民外逃，引发了 2015 年大规模的欧洲难民潮。来自叙利亚等国的难民在欧盟国家内部流动，给各主要欧盟国家添加了社会不稳定性因素。因此英国于 2016 年 6 月 23 日进行全民公投，51. 9%的英国民众选择脱离欧盟（王也，2017）。

国际金融危机爆发后，欧洲的货币政策不同于国际金融危机之前，ECB 为了控制通货膨胀不断调高基准利率，到 2008 年 10 月基准利率达到高点。但是，国际金融危机的爆发使 ECB 迅速与其他主要国家的中央银行协调行动，在 10 月 8 日下调利率，到 2009 年 3 月累计下调 275 个基点，使存款基准利率于 2009 年 1 月落入 1%的历史最低水平以内，到 2014 年甚至进入负利率区间；同期贷款基准利率基本是同步变化，并于后期以更快的速度下降。另外，ECB 还宣布自 2012 年 1 月 18 日起将法定准备金率降至 1%，以增加市场的流动性。由于金融危机和欧洲债务危机的加重，ECB 先后以不同方式进一步实施了量化宽松的货币政策，以期释放更多的流动性来缓解经济风险和压力，推动实体经济复苏。但是由于各成员国在财政政策上不一定会去协调量化宽松政策，使其政策效果可能受到影响。欧元区近年来的宏观经济表现得还相当疲软，恐怕就有这方面的原因（任康钰、曾辉，2015）。

2008 年 11 月，法国总统与德国总理联合发表署名文章，呼吁灵活执行《稳定和增长公约》，以便更好地推出符合自身国情的刺激经济增长措施而不受到欧盟程序迟滞的影响来应对金融危机。本次产生广泛影响的金融风暴不仅在金融领域影响到欧盟，也在实体经济领域影响到成员国。由于各国所受到的冲击程度不同，出台刺激性政策措施的力度也有很大不同，因而，可能扩大各国财政政策协调的差异。尽管不会导致欧元区的破裂，但是对欧元区产生了严峻的考验。考验的核心一方面，从一体化角度看，高度的货币政策一体化，要求高度的财政政策一体化，另一方面，从成员国角度看，高度的货币政策一体化，要以成员国财政政策的一定程度的自主权为补充，才能体现欧盟一体化的渐进性（宁立强，2013）。

在经济危机中，德国认为，解决债务危机的唯一方案只能是德国式的，即财政紧缩高于一切，作为德国社会市场经济基础的秩序自由主义理念，拒绝在经济衰退过程中使用扩张型财政与货币政策来应对危机，相反，它认为财政紧缩才是建立可持续经济增长的基础，而且德国战后至今所取得的经济成就更增强了德国人的这一信念（郑春荣，2012）。于是德国多次上调利率，严重增加了边缘国家债务负担。一方面，欧元区景气进一步冷却；另一方面，欧洲央行所担心的通胀不但没有出现，欧元区反而滑向了通缩的边缘。2014 年以来欧元区通胀率远远低于 2%，甚至屡次跌至负值。不少经济学家认为这是一个悲剧性的失误，根源于主流的新保守主义经济学对市场功能不可动摇的迷信。2011 年底，ECB 新行长德拉吉上任后力排众议，尤其是顶住德国的强烈反对改弦更张，顶着通胀风险多次下调利率，更是在 2014 年 6 月引入了跨时代的负利率；推出一系列国债购买政策，并逐步放宽可购国债，实质上为重债国政府融资；向市场大量注入流动性，向商业银行提供长期低息贷款，在事实上起到了部分最后贷款人的作用；直到 2015 年 3 月正式推出欧洲版量化宽松政策，可谓彻底违背了其自身独立性的规定。而欧元区经济在此期间逐渐走出危机低谷，呈现复苏迹象，债务国也幸免于国家破产，退出欧元区的厄运（徐曼语，2016）。

2009 年欧债危机爆发至 2017 年，欧元区和欧盟经济增长率分别降至 0. 9%和 1. 2%，不仅远低于危机前的平均水平 2. 8%和 2. 7%，也低于同期全球年均 2. 5%的增长率。然而，伴随着近两年来世界经济的持续温和复苏与欧洲内部需求的强劲增长，欧洲经济正逐步走出危机的阴霾。

当前欧洲经济面临复苏的可持续性、逆一体化倾向挑战欧盟稳定性并加剧国家间政策协调难度两大风险；中长期，欧洲经济将重新回到应对长久以来所面临的包括人口老龄化、技术进步缓慢、部分国家财政赤字恶化与公共债务高企并存、欧盟与欧元区内部货币和财政政策协调机制的改革与完善等挑战的努力上来（闫斐，2017）。

三　德国经济发展特征

（一）背景介绍

“二战”结束后，作为战败国的德国进入了艰难的经济恢复与重建。1949 年，东、西占区分别成立了德意志民主共和国和德意志联邦共和国。著名经济学家路德维希·艾哈德（Ludwig Wilhelm Erhard）成为德国经济事务的最高决策者并全面主持德国的经济工作，而后德国的经济得以迅速恢复和发展，并逐步建立起了富有德国特色的以“竞争秩序”为核心的“社会市场经济”，走上了所谓的“第三条道路”（傅道忠、汤菲，2003）。其间，德国坚持以私有制为基础、坚持自由竞争原则、实行国家有限干预、建立相对完善的社会保障制度并出台了相关的货币政策与财政政策。

1999 年欧元区建立前后，德国处于外贸滑坡、经济政策实施对立、科研经费不足、失业率居高不下、德国东部的经济明显滞后于其他区域这样一个尴尬期。德国甚至一度挣扎在经济衰退的边缘，被媒体称为“欧洲病夫”。如图 3-2 所示，德国和欧盟的就业率总体呈下降趋势，但始终高于欧盟就业率；2008 年以前大致同步变化，2005 年两者差别最小，为 0.26%。2008 年以后两者之间的差距增大，2013 年达到最大值 5.9%。

就两者经济发展情况来看，图 3-2 中，德国与欧盟人均 GDP 总体均呈上升趋势，但德国人均 GDP 始终高于欧盟。

经济增长需要劳动力的投入，也需要生产率的提高，而教育是提升劳动者技术水平和生产率的关键所在。德国本身有着极为优质的教育资源，虽然德国的教育水平排名不高，但是，由于其奉行的具有德国特色的双元制教育模式，为市场提供了大量拥有熟练技术且薪资较高的高级蓝领，为处于债务危机下的德国经济发展提供稳定的竞争力（关海霞，2014）。

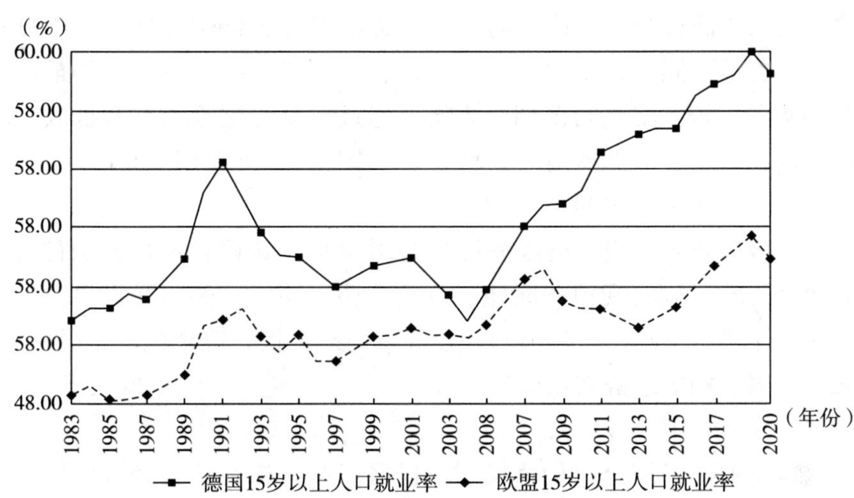

图 3-2　欧盟与德国的就业率

资料来源：笔者根据 Wind 数据库绘制。

（二）欧元区建立后的德国经济政策

德国的财政政策主要包括税收政策和财政支出政策等方面的内容。格哈德·施罗德（Gerhard Fritz Kurt Schroder）新政府上台后，提出并实施了改革税制、调整经济结构、改革福利制度及改善劳动力市场、实施环境保护政策等一系列举措。

1. 税制改革

1998 年 10 月，格哈德·施罗德上台执政，开始进行税制改革，提出从 1999 年开始到 2002 年，分三个阶段下调个人所得税和公司营业税税率，逐步将最低税率降到 19.9%，最高税率降低至 48.5%，免税额提高到 14000 马克。这些措施有效地刺激了内需，促进了德国投资和经济的增长。

2. 东部地区经济振兴

格哈德·施罗德政府将“振兴东部”放在与“反失业”同样重要的位置，1999 年德国将首都迁至柏林，工作重心更多地放在了东部地区，甚至设立了“东部未来处”的这样一个部级中央部门，力求缩小东西部地区的经济发展差距。

3. 福利制度完善和全面就业改革

德国社会保障制度的核心在于社会保险，包含失业保险、医疗保险、养老保险、事故保险等。德国的大部分失业工人都能领到1000—1500马克的政府补贴。同时，新政府上台后，制定了诸多改革方案，如最引人注目的哈茨一号方案至哈茨四号方案，通过对就业困难人群和低收入人群的援助，力求全面提高国内就业水平（李国强、娄毅翔，2012）。

4. 国际范围的经济政策协调

德国政府要求欧盟成员国央行及ECB共同实施降低利率、制订就业计划等经济政策以实现税务联盟和社会联盟。同时，德国在世界范围内开展了关于经济、技术、环境和社会等方面的会议，改革国际金融机构，加强与世界各国的经济文化交流。

5. 产业结构调整

德国企业在经济全球化背景下，根据产业结构调整与经济发展一致性的原则，选择合适的产业结构模式与有未来前景的产业进行扶持。使金融保险、冶金化工、交通和电信等行业内加快实施兼并收购以达到重组企业集团。最终使德国的第二产业带动第三产业，第三产业在第二产业的基础上成为主导产业（刘永焕，2014）。

（三）2008年后的德国经济政策

近些年来，经济全球化趋势不断加深，随着经济全球化向纵深方向发展，世界经济贸易往来日趋频繁，全球经济发展呈现出高度依存的状态。2008年，一场全球性经济危机来袭，导致全球各经济体均受到了不同程度的打击。在此次经济危机中，2009年德国经济遭受重创，经济增速下降4.7%。德国受到的金融危机的冲击比整个欧元区受到的影响要大得多。这是因为在德国这样的出口导向型经济下，德国经济因为金融危机所导致的全球发展缓慢化和全球对于出口贸易需求的紧缩而受到了很大的冲击。面对此种境况，德国及时调整其财政政策与货币政策措施来应对经济危机，以便尽快摆脱危机给德国经济带来的强烈冲击和毁灭性影响，其中主要是以稳定金融和资本市场、促进经济复苏的财政税收政策措施为基础（杨亚琴、高楠，2017）。此后，德国经济强劲反弹，2010年和2011年的增长率分别达到了3.6%和3%。经过连续两年的增长，国内生产总值已经超过危机前2008年的水平。德国经济平衡和稳定增长的重要原因在于德国在危机面前及时制定和实施了科学化的经济政策，该政策涵盖经济领域的多个方面，包括财政政策、货币政策、就业政策、产业政策、福利政策等。

1. 财政政策

在全球经济危机下，各个国家经济采取措施来应对经济冲击和社会震荡，其中通过财政政策进行干预是最为直接的手段。在欧元区内，ECB使用了一系列协整性的、快速有效的经济手段阻止经济系统进一步崩溃。对于利率政策，和美联储相比，ECB选择遵循常规。在2008年7月时面对严峻的经济危机和可能导致通胀的危险，ECB甚至把基准利率提高了25个基点至4.25%。因为油价和食物价格的强劲增长，2007年秋季以后，HICP价格指数强劲增长。ECB不得不在油价上涨后宣布降低利率，这才使HICP停止上涨。

在德国国内方面，德国政府也及时作出反应，制定了短期、中期政策。下面针对财政政策所涉及的几个主要方面进行论述。德国政府财政主要支出在社会保障领域，其中包括失业社会补助、养老补贴、劳动力就业补贴、健康医疗保险、子女补贴以及其他生活补贴（张东明，2013）。在经济危机爆发后的短期时间内，社会保障领域财政支出急剧增加，其中2009年与2008年相比，增幅为3.1%，2010年与2009年相比，增幅为23.4%，强有力的社会保障很快稳定了经济社会。随着经济危机逐渐缓解，从2010年下半年开始，社会保障领域财政支出开始逐步下降，逐渐维持在正常水平。在基础设施建设方面，从经济危机开始后的短期政策可以看出，德国政府大力促进基础设施建设，在这方面的财政支出，2011年与2008年相比增加了34.9亿欧元。从中期来看，2012年开始，平均每年基础设施建设支出相对于2011年降低了20亿欧元，但在随后的时间里总体保持在210亿欧元左右的水平，可以看出德国基础设施建设在平稳发展之中。通过强有力的财政政策干预，德国经济在经济危机后出现了平稳回升态势。

2. 税收政策

在税收政策方面，从2008年经济危机开始以后，德国先后实施了三套刺激性税收政策。在第一阶段，为了配合国家扩展性财政政策和货币政策，德国政府对固定资产的购买和生产按余额递减法计提折旧，同时扩大享受税收优惠的中小企业范围，鼓励和支持新型产业发展，以减轻科技创新压力。在第二阶段，为了进一步扩大国内需求，拉动生产，德国政府在第一阶段的基础上，加大了税收减免力度，其中个人所得税税率下降，从15%降至14%，各档次个人所得税起征点相应提高。同时降低了个人失业保险和医疗保险税率，2008 年 12 月议会（下院）通过降低失业保险税税率草案，草案要求：个人失业保险税税率于 2009 年 1 月 1 日下调 0.3%；于 2010 年 6 月 30 日再下调 0.2%（罗秦、龚辉文，2011）。为了拉动消费增长，降低了环保型汽车购置税等一系列的消费税率。第三阶段，德国通过《经济增长加速法案》进一步减轻企业重组、企业不动产转让等方面的税收。值得注意的是，德国作为工业化强国和进出口大国，为了引导环保型的能源消费和减少大气排污，推动新能源产业发展与高污染工业转型，德国对生态能源的使用同样给予税收优惠。为了更好地推动国内产品“走出去”，德国相应地加强税制激励，完善境外收入抵免制度，提高对外竞争力。

根据图 3-3 所示，德国税收占 GDP 总量受就业率下降的影响而在 2000 年至 2004 年下降，在实行哈茨方案[①]后逐渐回升，但由于欧债危机导致再次下降，在这之后，德国的税收逐年增长。

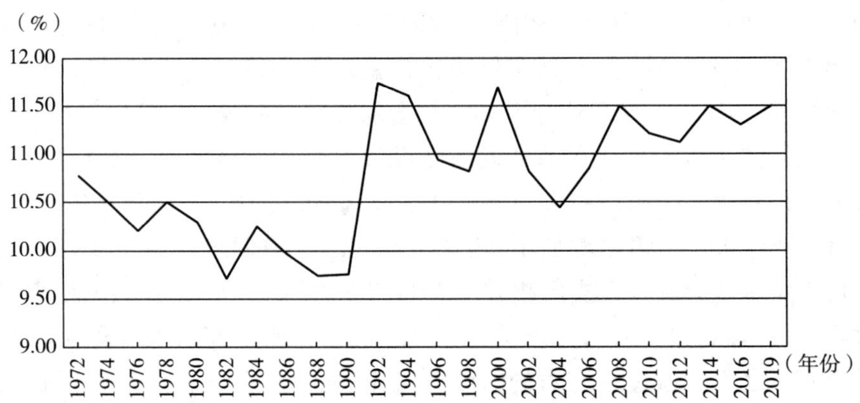

图 3-3　德国税收占 GDP 比重

资料来源：笔者根据 Wind 数据库绘制。

3. 货币政策

在进入经济危机后，德国在扩展性财政政策下，同时实施积极的货币政策。从 2008 年开始，ECB 先后六次下调主导利率，在一年内，利率

① 哈茨方案是德国政府于 2002—2005 年逐步推行的，针对失业人口调整救济内容、培训和促进再就业的社会改革方案。

飞速下降到了1%的历史最低水平。2009年6月，德意志联邦银行为了激活信贷市场、拉动生产、推动物价稳定，采取“输血”式货币政策，向德国银行体系注入了500亿欧元的贷款（刘兴华，2009）。同时，德国让渡了一部分货币主权与货币政策的自主权以换取欧元区的参与权，通过欧元区分散部分货币风险（Dauderstädt，2013）。虽然在经济危机中采用扩张性的货币政策会同时面临巨大的通货膨胀压力，但是在与财政政策的密切配合和调控下，扩张性货币政策初见成效。在后经济危机时期，德国逐渐由扩展性货币政策转为稳健性货币政策，注重实体经济发展，稳定的物价水平、稳定的通货膨胀率给市场提供了稳定的价格预期，为实体经济发展创造了良好的经济环境。

4. 产业政策

德国坚持第一、第二、第三产业“三位一体”协调发展。在第一产业方面，德国坚持国家财政和市场竞争机制相结合，通过“土地调整”，扩大农户的经营规模，通过引进现代化技术，增强农户竞争力。德国积极提倡和强调大力发展生态农业种植，采用生态农业的经营方式，在可持续发展的前提下，注重质量和效益。德国财政加强对农业基础设施建设投入，加大农业技术创新的支持力度，为农业稳定发展提供强有力的保证。同时德国政府还积极推动农业结构改革，推行集约化、规模化的新型现代农业，提高农业生产效率和农业产品附加值。对于第二产业，2008年金融危机后，德国大量制造业外迁造成了产业空洞化，基于此，德国提出了“后工业化战略”。在这过程中，德国积极推动传统产业升级调整，逐渐降低高能耗、高污染、低附加值的产业比重，进一步优化生产结构。德国研发和创新活动主要集中于资本密集型、技术密集型、规模经济效应明显的产业，同时产业集群政策的实施调动了整个国家的创新资源流动，使生产过程更加高效，德国高新技术产业与新能源产业随之得到了迅速发展，并拥有了强大的竞争力，如新能源汽车制造业、飞机精密仪器制造业等都处于世界领先地位（Foders & Vogelsang，2014）。第三产业作为德国支柱性产业，在2008年金融危机以后，第三产业结构也得到不断优化升级调整，第三产业重心开始逐渐转向生产性服务业和高端服务业，随着德国经济不断恢复，第一产业和第二产业的生产效率不断提高，劳动力人口逐渐释放，转型到第三产业中，商务服务、金融、信息服务等产业飞速发展。其中值得关注的是，德国作为高端机械设备出口大国，依赖于其制造业优势，其机械设备培训、售后、调试等服务产业成为新的经济增长点。

5. 就业政策

2005 年德国颁布移民法，规定在特殊情况下可给拥有高级专业水平的外国人“落户许可”，为德国引进高级技术管理人才奠定了法律基础（周建、李晓云，2013）。

从国际金融危机爆发开始，德国政府针对弱势群体，对劳动力市场进行大规模投入与补贴，通过大力发展第三产业、开发就业岗位、进行职业技能培训、鼓励弱势群体自主创业、完善社会保险计划等措施促进弱势群体就业和再就业。缓解了弱势群体的就业压力，降低了失业率，使多数弱势群体重新就业并融入社会（柳清瑞，2009）。针对劳动力市场的财政支出从 2008 年的 430 亿欧元左右激增到 2010 年的 590 亿欧元左右，及时稳定了劳动力市场，有效防止了各行业生产波动（Ahearn & Belkin，2010）。在政府的干预下，失业人数从 2011 年开始基本恢复到危机前水平。

在 2008 年欧洲深陷危机之时，德国之所以能够一枝独秀，与其采取的一系列计划密不可分。为促进就业，20 世纪 70 年代以来，德国颁布《就业促进法》，以支持失业者再就业，而在 20 世纪 80 年代，德国先后颁布一系列促进就业政策，如《职业教育促进法》《青年人劳动保护法》等一系列保障青年就业率的法律法规，同时，德国还向雇用失业者的雇主发放补贴以提升就业率（丁建定，2003）。与此同时，德国的短时工作制也开始发挥作用，这一系列措施为德国创造就业奇迹打下了基础。

此外，德国还采取了一揽子振兴计划来缓冲金融危机的负面影响，如刺激私人投资，提高手工业服务的减免税额，免去新购轿车机动车税，延长“短时工作补贴”的领取期限等。德国服务业持续走热，就业率连年上升，GDP 贡献率均维持在高水准，从 1991 年的 64%平稳提升至 2018 年的 71%。服务业的就业率也保持较高的水平，从 20 世纪 90 年代年均 60%的就业率，至 2018 年时已经超过 70%。而工业的就业率则呈明显下降趋势，1991 年 40%左右的工业就业率，到 2018 年时，仅维持在 28%左右。占 GDP 的比重也有所下降，从 1991 年 48%的贡献率微降至 2018 年 44%的比重，而工业在就业率和 GDP 比重上变化的差异性主要得益于工业机械化的发展，使得人均 GDP 贡献率得到大幅提升，同时相对减少了就业率。

德国之所以在 2008 年以后靠着其制造业实现经济复苏，与其对科技的重视是分不开的。为了留住本国人才、吸引外国人才，德国开展大量全国性竞赛，激发青少年对科学的兴趣，并设立了大学英才资助机构，为在校大学生提供奖学金，培养科研后备力量。此外还实行了“青年教授席位”，降低了博士升教授的难度，并于 2011 年 3 月批准了有关实施欧盟外国人居留法的法规草案，使留德从事科研工作的外国科学家及其配偶都能享有充分的就业权（佚名，2011）。从而使德国相对于其他国家更具有竞争力。同时，实施“赢取大脑”等工程，并设立了“国际研究基金奖”，用丰厚的薪水以及顶级的实验设备，吸引了各国的高水平研究员。从 2008 年开始，科研教育财政支出一直保持着增长态势。故其大企业可以依靠自己的科研部门从事应用科研，中小企业依靠应用型科研机构来满足其科研需求，为工业界提升科技上的竞争力。

6. 福利政策

德国是世界上第一个用法律形式确立社会保障制度的国家，也是当今世界上知名的高福利国家，德国社会保障制度的核心在于社会保险，包含失业保险、医疗保险、养老保险、事故保险等。

德国的社会保障、劳动力市场政策和就业保护主要依赖于国家立法（Ebbinghaus & Eichhorst，2006），德国的失业保险制度使失业者能领取到一定时期的失业金，其金额为上一份工作月薪的 60%（有未成年子女者 67%），并提供相关的职业培训以使失业者能够再次就业（Jacobi，2006）。通过哈茨法案的实施，建立联邦劳动局对就业困难人群和低收入人群进行援助，力求促进国内的全面就业水平（李国强，2012），并最终使失业人数从 400 万降低至 200 万人，失业保险金的费率从 6.5%降至 3%。使德国福利制度的稳定性得到保障。

德国的养老保险制度也是世界闻名，但其人口老龄化问题却日益显著。德国公共退休保险为 60 岁及以上的工人提供养老金；60 岁以下的工人享有残疾福利，最迟在 65 岁时转为老年退休金（Börsch-Supan et al.，2004）。近年来，德国 65 岁以上老年人口的比重趋于上升，由 2008 年的 20.48%增长到 2018 年的 21.45%，而新生儿的出生率却常年维持在一个较低的水平，且德国民众预期寿命的增长①，为应对劳动力短缺以及人口老龄化，德国在近 20 年间施行紧缩性的养老金改革，并在 2007 年养老保险改革法案中决定将退休年龄从 65 岁延长至 67 岁。后又于 2014 年通过《法定养老保险改进法案》，将 67 岁退休提前至 63 岁，并提高部分参保人的养老金待遇水平。由于此举与德国之前的政策相悖，所以引起了广泛的争论。

7. 区域经济政策

德国地区经济发展不平衡经历了以下三个阶段。

第一阶段：南方相对落后阶段。德国工业化起源于北方，以鲁尔为中心的老工业区依靠资源优势成为德国工业化早期的主要动力。此时德国主要实施了借助工业企业迁入农村地区，安置大量难民，以低息贷款吸引工商企业进入农村地区等区域政策。

第二阶段：北方相对落后阶段。第二次世界大战前后，德国新兴的机械工业在南方兴起，北方老工业区结构转变缓慢，成为经济萧条的老工业区。此时的区域政策主要依据中心地原理。1969 年后，区域政策主要依据对危机地区的经济援助。

在德国统一以前，民主德国实施计划经济体制，注重重工业，轻视轻工业和服务业，带来基础设施较差，居民实际生活水平不高等问题。此外，其企业管理落后，对市场供需缺乏了解，在对外贸易上取向封闭。其生产率只有联邦德国的 1/3。而联邦德国实施市场经济体制，主要通过财政、货币、信贷、投资、关税等经济政策适度干预经济政策。其生产率远超民主德国。

第三阶段：1990 年民主德国、联邦德国统一以后，联邦政府采用了传导式区域经济政策。1969 年 10 月颁布的《改善区域经济结构共同任务法》规定了联邦和各州共同实施区域政策的任务，为各级实行区域政策提供法律保障（唐明义，1998）。

为了实现东部地区经济转型，联邦政府采取了三个部分的重要措施（赵美明，2014）。第一是 1990 年 7 月 1 日两德签署的《国家条约》正式生效，统一了两德货币。第二是推进国有资产私有化，完成了计划经济体制向社会市场经济体制过渡的首要任务。第三是向东部地区输入大量

---

① 经济合作与发展组织官网，https：//data. oecd. org/pop/population. htm，2019 年 6 月访问。

的援助资金，通过经济手段改善落后地区居民生活条件，对其基础设施投资实行倾斜的鼓励扶持政策，并向企业提供各种优惠贷款。

在东部地区经济重建阶段，联邦政府继续对东部地区提供资金；完善了东部地区的投资促进政策，鼓励西部、国外的企业和个人到东部投资；并强化东部地区社会环境软实力，加大对东部地区科技的扶持力度。

这些政策产生的效果是明显的，1992 年联邦政府对东部地区经济重建政策的实施以及大量资金的注入使东部地区 GDP 开始回升。1991 年到 1995 年，东部地区 GDP 年平均增长率约为 8%，成为整个欧洲经济增长速度最快的地区（李晓辉，2013）。之后其经济在波动中不断增长，在此期间，东西部地区初步实现了地区经济一体化，东部地区经济结构得到优化，社会保障制度、基础设施也得到完善。

德国各地区 2015 年的 GDP 如表 3-1 所示，从表中我们不难发现，德国的 GDP 走势大体呈由西到东，由南至北逐渐下降的趋势。16 个联邦州中 GDP 最高的为北莱茵—威斯特法伦州，达到 6460 亿欧元，占全国的 21. 3%，超过全国总量 10%的州还有两个，分别是巴伐利亚州和巴登—符腾堡州，分别达到了 5490 亿欧元和 4610 亿欧元，三个州合并占到全德 GDP 总量的 54. 6%。

表 3-1　　德国各地区 2015 年 GDP

排名	地区	GDP（十亿欧元）	占全国 GDP 的比重（%）
1	北莱茵—威斯特法伦州	646	21. 3
2	巴伐利亚州	549	18. 1
3	巴登—符腾堡州	461	15. 2
4	黑森州	263	8. 7
5	下萨克森州	259	8. 5
6	莱茵兰—普法尔茨	132	4. 4
7	柏林	124	4. 1
8	萨克森	113	3. 7
9	汉堡	109	3. 6
10	舍勒苏益格—荷尔斯泰因州	86	2. 8
11	布兰登堡	65	2. 2
12	图林根	57	1. 9

续表

排名	地区	GDP（十亿欧元）	占全国 GDP 的比重（%）
13	萨克森—安哈尔特	56	1.9
14	梅克伦堡-前波美拉尼亚	40	1.3
15	萨尔	35	1.2
16	不来梅	32	1.1

资料来源：《德国统计年鉴》。

两德统一后，政府为将东部地区快速纳入市场经济体系采取了急剧扩张型财政政策，用于体制改造和经济重建的支出大量增加，造成了德国政府严重的债务负担。由于统一货币以及国有资产私有化等经济转型政策，东部地区的失业率迅速上升，导致德国失业率居高不下。

东西部地区初步实现了地区经济一体化以后，德国实施的财政平衡政策包括纵向平衡和横向平衡。《德意志联邦共和国基本法》规定，财力薄弱的州，可通过横向财政平衡机制获得拨款。纵向平衡即上下层级政府间的财政转移支付，主要是联邦对州的转移支付，包括调整销售税分享比例和提供预先补足、实施返还性转移支付、对某些贫困州或根据需要拨付补助金、使“德国统一基金”成为广义的纵向财政平衡的一部分、帮助贫困州和有经济发展需要的州进行投资等渠道（殷醒民、刘婍，2007）。

住房政策上，德国西部地区大力发展社会住宅和住房金融体系，在1950 年颁布建筑法，鼓励居民自己建房买房。而由于东部地区居民收入较低，住宅公司历年债务较重，德国联邦政府鼓励东部地区居民购买公房。为了促进居民购房，东部地区大幅度提高了房租。

四　德国经济发展趋势及其对中国经济的影响

（一）德国经济发展趋势

德国经济在整个欧洲乃至世界经济中占有重要地位，但是德国经济发展并不是一帆风顺的。德国经济发展从“二战”以后至今，总体可以分为战后恢复起飞时期、统一过渡时期、欧债危机时期、工业 4.0 转型时期（杨晓杰，2009）。

1949—1989 年，德国经济处于战后恢复起飞时期，在这一时期，由于“二战”的影响，德国经济体系遭到了巨大的破坏，但是德国在两年内就实现了经济恢复，同时将经济发展从粗放型转向集约化，加强要素结构的优化和资源配置效率的提高，通过币制改革、反垄断等一系列措施推动德国经济飞速发展，并奠定了深厚的工业基础。

1990—2007年，这期间民主德国加入联邦德国，德国实现了统一，德国进入统一过渡时期，在这一时期，德国经济不断发展。受民主德国加入的影响，经济增速迅速下降并进入停滞阶段，但由于政府及时干预，进行区域协调和产业调整，鼓励创新，将充分发挥市场作用的手段和国家适度干预的手段结合起来，德国经济开始重新呈现出温和发展的趋势。

2008—2010年，德国经济进入欧债危机时期，在这一时期德国经济因为欧债危机和金融危机影响，受到了沉重的打击。在此情况下，德国充分发挥拉动出口和内需对于经济增长的作用，加快产业结构升级，通过发展高度现代化、科技化的产业，有力地拉动了德国经济复苏，德国经济开始重新腾飞。

德国的自然资源匮乏，经济类型是外向型经济，它的经济发展的主要动力来自对外贸易。在对外贸易中，中高科技本身存在的技术性贸易壁垒为德国制造业带来了更大的利润空间。在德国主要出口产品中，中高科技产品为德国的经济增长提供了强有力的保障。

依照图3-4，德国中高科技产品出口占比在两德合并之后持续缓慢增长，并于2015年达到73.3%的高出口占有率，除2008年国际金融危机来临前此比例下降幅度大，之后两年缓慢回升，其他年份的波动幅度较小，呈稳定的态势。

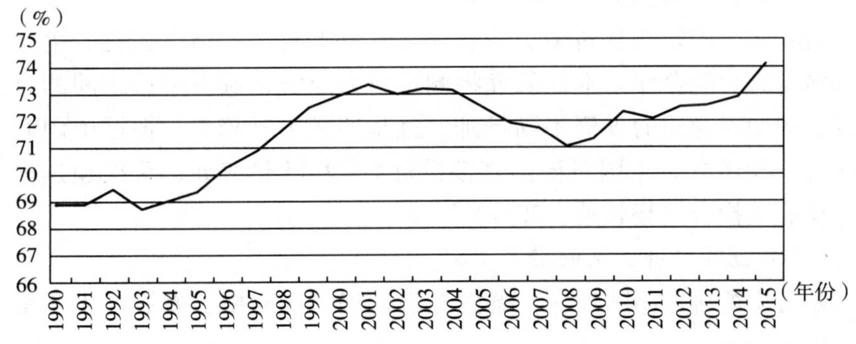

图3-4　德国中高科技产品出口占比

资料来源：笔者根据世界银行数据绘制，参见 http：//www. shihang. org/。

2011 年至今，德国进入工业 4.0 时期，在这一时期，德国专注于制造业的科技创新与研发，继续发挥制造业在全世界的领导作用，使德国成为新一代工业生产技术的供应国和主导市场，德国经济呈现出平稳上升的态势（丁纯、李君扬，2014）。

（二）中德经济合作概况

德国作为欧洲最大经济体和世界第四大经济体，其经济发展对于整个欧洲乃至世界有着巨大的影响力。近年来，随着全球经济一体化趋势的不断增强，中国在全球化趋势中，始终采取积极的“走出去、引进来”战略，加强与世界各大经济体之间的贸易合作，其中，德国是中国对外合作中重要的伙伴。中德两国之间的合作有着重要的现实意义，双边经贸合作的领域不断扩大、深化，体现了中德双边关系的高水平发展。

从 1985 年开始，德国就成为对中国发展提供最多援助的国家之一，两国政府签订了财政合作协定。财政合作主要涉及自然资源可持续开发与利用、医疗、扶贫、轨道交通及金融等领域。从 21 世纪初到现在，中德双方经济合作不断加深，双方签订了《两国政府关于在经济、工业和技术领域合作的协定》《中华人民共和国商务部与德意志联邦共和国经济与技术部关于便利和促进中德双向投资的联合声明》《中德合作行动纲要》等一系列相关合作性文件，并逐步推进“中国制造 2025”与德国“工业 4.0”等相关战略的对接，共同促进双边发展。① 长期以来，中德双方坚持可持续经济发展和金融领域合作。多年来，德国一直是中国在欧洲最大的贸易伙伴。2016 年，双边贸易额为 1512.9 亿美元，其中中国对德国出口额为 652.1 亿美元；进口额为 860.8 亿美元，逆差 208.7 亿美元，中国首次成为德国第一大贸易伙伴。

近年来，中德为促进双方合作关系，在政治、经济、文化、生态等多领域均有交流合作。本次研究将侧重研究经济领域下中德之间的合作情况。中国对德国的投资不断增加，且呈明显上升趋势，根据中国商务部统计，2016 年，中国对德国直接投资为 29.45 亿美元，首次超过德国对中国直接投资（杨长湧，2017）。

（三）德国经济发展的借鉴意义

随着中德合作不断加深，德国经济发展情况对中国发展产生了重大

---

① 中国政府网，http://www.gov.cn/guowuyuan/2014-10/11/content_2762677.htm，2021 年 6 月访问。

影响。在中国与联邦德国建交初期，联邦德国对中国进行了大量经济技术援助，1982 年，两国签订技术合作协定。援助形式包括技术合作项目、粮食援助和紧急援助等。德国是欧洲对华技术转让最多的国家，截至 2016 年底，中国从德国引进技术累计 22817 项，金额 744 亿美元（杨长湧，2017）。这一系列的经济技术援助，有力地弥补了中国在改革开放初期基础薄弱、技术落后等缺陷，为中国经济高速发展起到了推动作用。同时，中德双方的经贸往来不断增加，交流合作不断加深，双方合作方式逐渐由最开始的单方面援助转变为互利共赢的双向合作，这一系列的合作对中国经济产生了重大影响。

首先，中德经贸往来促进了工农业生产的发展和经济结构的调整，弥补了中国建设资金的不足，加强了重点项目和国民经济薄弱环节的建设，引进先进技术和经营管理经验，填补了中国某些技术的空白，使一些重要产品的生产技术日趋现代化，如中国汽车制造业、高铁技术等方面。其次，德国对中国投资增加了中国财政收入，积累了资金。吸收外商直接投资办企业，扩大了中国的利税来源，同时促进就业，对解决就业问题和提升劳动力素质起到了积极作用。最后，中德贸易往来直接拉动了中国国内需求，刺激了消费，激发了市场活力。

在第一产业方面，中国的农业主要是细碎化的小农户经营模式，而在德国却是规模化、机械化、组织化的大农场经营模式（刘英杰，2004）。总的来说，德国农业生产效率高，农业科技含量高，产品附加值高，农业生产结构多元化，机械化程度和集约化程度高（陈新田，2005）。德国还使农业发展与城市化协同发展，注重环境保护和发展生态农业。我们可以借鉴德国的农业发展模式，使中国农业在政府的鼓励和支持下向科技化、规模化、集约化、机械化发展，并大力发展多种生态农业模式，推动第一产业现代化发展。

在第二产业方面，工业是德国的经济支柱，德国的汽车工业、机器和设备制造业、化学工业、电气工业均在国际市场占有重要地位。特别是 2008 年金融危机以来，世界各国均意识到制造业对宏观经济运行的重要性。德国制造业呈现出产业高端化、制造智能化、生产集约化的特征，这主要得益于德国政府从技术创新、教育体制以及非政府组织等多个方面支持制造业快速发展。其中技术创新对于中国目前处于制造业大国而非制造业强国的现状有着重要的指导意义。德国在新时代发展的压力下，为进一步增强国际竞争力，提出了“工业 4.0”概念，而中国在经济新常态下，为了向制造业强国迈进，也提出了“中国制造 2025”战略，中德两国战略有着异曲同工之妙，中国应以此为契机，加强“中国制造 2025”与“工业 4.0”之间的对接，促进资源共享，推动高端产品创造能力（罗文，2014）。

在第三产业方面，德国在目前世界经济增速减缓时期，加快产业结构升级调整，推动第三产业发展，不断提高第三产业在经济发展中的比重，坚持创新驱动发展，持续提高产业创新能力。同样，中国在新常态下，可以借鉴德国产业结构升级经验，推动产业结构调整，为中国经济发展提供新动力，创造新的经济增长点。

德国和中国虽然国情有所不同，但是在经济全球化不断加深的今天，两国关系日益密切，对于经济发展中的问题，可以通过互相交流借鉴加以解决，并促进经济健康稳定发展。

第四章　欧洲货币一体化背景下德国的金融体系及其转型

一　欧元区金融体系与金融政策

（一）欧元区金融体系构成

第一，金融机构（Financial Intermediaries）。欧元区①的金融机构分为货币金融机构（Monetary Financial Institutions，MFIs）和非货币金融机构（Other Financial Intermediaries，OFIs）两大类。其中 MFIs 包括信贷机构（Credit Institutions）、中央银行、货币市场基金以及其他类似机构，OFIs 包括投资基金公司、金融中介公司、保险公司和养老基金公司等。信贷机构的狭义概念是银行业金融机构，投资基金公司和金融中介公司属于证券业金融公司，因此，欧元区的金融机构又可以分为银行金融机构、证券业金融机构和保险业金融机构三类。

第二，金融市场。欧元区金融市场可分为以货币市场、债券市场和股票市场为主的基础金融市场和以期货市场、期权市场和大宗商品交易为主的衍生金融市场。

第三，金融监管体系。2008 年国际金融危机重创欧洲金融市场，并引发欧洲主权债务危机。2010 年欧盟成员国财政部长通过《泛欧金融监管改革法案》，拟建立一套全新的泛欧金融监管体系，进一步明确欧盟将

---

① 欧元区（Eurozone or the euro area）由已采用欧元的欧盟国家组成（The euro area consists of the EU countries that have adopted the euro）。目前欧元区国家包括奥地利（Austria，AT）、比利时（Belgium，BE）、塞浦路斯（Cyprus，CY）、爱沙尼亚（Estonia，EE）、芬兰（Finland，FI）、法国（France，FR）、德国（Germany，DE）、希腊（Greece，GR）、爱尔兰（Ireland，IE）、意大利（Italy，IT）、拉脱维亚（Latvia，LV）、立陶宛（Lithuania，LT）、卢森堡（Luxembourg，LU）、马耳他（Malta，MT）、荷兰（Netherlands，NL）、葡萄牙（Portugal，PT）、斯洛伐克（Slovakia，SK）、斯洛文尼亚（Slovenia，SI）和西班牙（Spain，ES）。此外，安道尔、摩纳哥、圣马力诺和梵蒂冈同欧盟的正式协定允许这些国家使用欧元作为官方货币并自行发行硬币。黑山和科索沃两国单方面采用欧元，但并非欧元区正式成员。

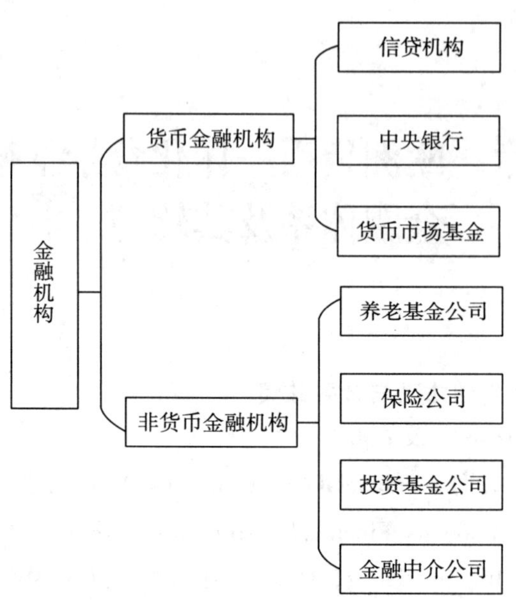

图 4-1　欧元区金融机构

表 4-1　欧元区货币金融机构的数量

年份	中央银行	信贷机构	货币市场基金	其他	合计
1998	12	8320	1516	8	9856
2000	13	7521	1651	8	9193
2002	13	6906	1620	5	8544
2004	13	6406	1670	6	8095
2006	13	6130	1470	3	7616
2008	16	6570	1721	3	8310
2010	17	6334	1474	3	7828
2012	18	6019	987	35	7059
2014	19	5516	722	215	6472
2016	20	5054	641	218	5933
2018	20	4600	514	209	5343

续表

年份	中央银行	信贷机构	货币市场基金	其他	合计
2020	21	4349	421	235	5026

资料来源：笔者根据 https：//www. ecb. europa. eu/stats/ecb_ statistics/escb/html/table. en. html? id=JDF_ MFI_ MFI_ LIST 整理。

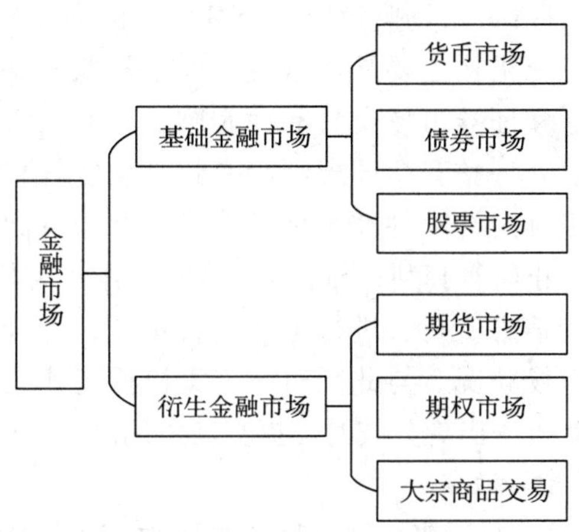

图 4-2　欧元区金融市场

设立一个主要由成员国中央银行行长组成的欧洲系统性风险委员会（European Systemic Risk Board，ESRB）负责检测、预警系统性风险。2010 年 12 月 16 日欧洲系统性风险委员会正式成立，2011 年开始运转和履行其职责。此外，欧盟《关于赋予欧洲中央银行在欧洲系统性风险委员会中的特定任务》的提案，明确了欧洲中央银行在宏观审慎监管的特殊作用，具体包括对 ESRB 提供分析、统计以及管理、后勤等方面的支持，代表 ESRB 收集并处理包括统计数据在内的有关信息，为 ESRB 的任务做准备，从管理层面上支持国家间宏观审慎监管机构的合作等。欧洲中央银行的职能从单一的货币政策扩展至金融稳定和金融监管。欧洲中央银行负责对位于欧元区和参与非欧元区成员国的信贷机构进行审慎监督，保证欧元区银行系统的安全和健全，以及欧盟和每个参与成员国的金融体系的稳定。

欧盟的金融监管分为三个层次：最高层欧盟委员会，负责金融法律、法规的制定；中间层欧洲中央银行，负责欧元区货币政策的制定和执行；最底层欧盟各成员国内部的监管委员会，负责对本国金融机构的监管。ESFS 的核心是宏观和微观两个层次的金融监管。（1）宏观层面：欧洲系统性风险委员会为宏观审慎管理机构，负责检测整个欧盟金融市场上可能出现的宏观风险，及时发出预警，并在必要情况下向各国或者欧盟相关机构提出警告或建议应采取的措施。（2）微观层面：欧洲银行业监管局（EBA）、欧洲证券和市场监管局（ESMA）、欧洲保险与职业养老金监管局（EIOPA）三家机构主要是从微观层面上控制金融风险。分别负责对银行业、保险业和证券市场交易活动实施监管。三大监管机构具有以下职责和权利：建立一整套趋同规则和一致性监管操作制度，按照共同性条约的有关规定制定约束性技术标准；确保欧盟共同的监管文化和一致性监管操作，防止监管套利；与 ESRB 紧密合作，为其行使早期风险预警职能提供必要的信息支持；进行主管同行审查，加强监管结果的一致性；监测和评估市场状况。与此同时，三家机构还作为协调类机构而存在，各成员国监管机构出现分歧时可提交其协调。

（二）欧元区金融政策

自 1999 年 1 月 1 日以来，欧元区成员国放弃本国货币和货币政策制定权利，由欧洲央行（ECB）统一制定欧元和政策。欧洲央行的法律基础是《欧洲联盟运作条约》（Treaty on the Functioning of the European Union）和《欧洲中央银行制度和欧洲中央银行章程》（Statute of the European System of Central Banks and of the European Central Bank）。欧洲央行和欧元区各国中央银行一起构成欧元体系（Eurosystem）。[①] 欧洲央行在国际公法下具有法人资格（legal personality under public international law）。欧洲央行的在组织结构上，包括理事会（Executive Board）、总服务处（Chief Services Office）和监管委员会（Supervisory Board）。欧洲央行的决策机构由理事会（Executive Board）、管理委员会（Governing Council）、常务理事会（General Council）和监管委员会（Supervisory Board）组成，其中，理事会是欧洲央行的最高权力机构。

1. 货币政策

欧元区货币政策由欧洲中央银行统一制定，操作由欧元区各成员国

---

① 在欧盟还有欧洲中央银行体系（ESCB，European System of Central Banks）。欧洲中央银行体系由欧洲中央银行和欧盟所有成员国包括尚未加入欧元区的成员国中央银行组成。

执行。欧洲央行网站 Legal framework 专栏有关于其货币政策框架的正式文本介绍。①

（1）目标及任务

最主要目标：保持物价稳定。保持物价稳定即保证欧元的价值。在保持物价稳定的前提下，欧元体系也负有推进成员国经济均衡增长、提高居民生活水平、促进经济和社会协调发展的责任。目前，欧洲央行关于物价稳定的定义为："从中期来看，合成消费物价指数年增长率低于但接近2%的水平"。这表明，欧洲央行设定的物价稳定目标不仅包括避免通货膨胀，还包括避免通货紧缩。

维护物价稳定的具体任务：欧洲央行理事会对维护物价稳定的具体任务表述为："通过影响短期利率水平确保中期物价保持稳定"。为此，欧洲央行有三项具体任务：阐释宏观经济运行情况，分析宏观经济发展对未来物件稳定的潜在影响，研究欧洲央行政策向实体经济的传导过程。

（2）三种货币政策工具

欧洲央行货币政策工具包括公开市场操作、常备借贷便利、最低存款准备金。

公开市场操作。它是欧洲央行实施货币政策的最主要工具。通过公开市场操作，欧洲央行得以引导市场利率，管理市场流动性并传递中央银行的货币政策信号。欧洲央行的常规公开市场操作有两种类型：一是一周期限的主要再融资操作（Main Refinancing Operations，MRO）；二是三个月期限的长期再融资操作（Longer - Term Refinancing Operations，LTRO）。主要再融资操作用来引导短期利率、管理市场流动性。它是欧元区的货币政策立场的信号，而长期再融资操作则提供对金融部门的长期再融资。国际金融危机后，欧洲央行将 LTRO 的期限增加到 3 年，币种包括欧元和美元。而定向长期再融资操作 TLTROs（The Targeted Longer-Term Refinancing Operations）为鼓励银行向实体经济的信贷，将期限提高到了 4 年。具体操作工具及其期限和特征见表 4-2。

---

① 具体法律文件为 GUIDELINE（EU）2015/510 OF THE EUROPEAN CENTRAL BANK of 19 December 2014 on the implementation of the Eurosystem monetary policy framework（ECB/2014/60）。

表 4-2　　　　欧元体系货币政策操作的特征概览

货币政策操作种类		工具类型		期限	频率	流程
		提供流动性	吸收流动性			
公开市场业务	主要再融资操作（MRO）	逆向交易	—	一周	每周	标准招标程序
	长期再融资操作（LTRO）	逆向交易	—	三个月	每月	标准招标程序
	微调操作	逆向交易	逆向交易	非标准化	非标准化	招标程序
		外汇掉期交易	外汇掉期交易	—	—	双边程序
			收取定期存款	—	—	
	结构操作	逆向交易	逆向交易	非标准化	非标准化	标准招标程序
		—	发行欧洲央行债务凭证	少于 12 个月	非标准化	
		直接购买	直接销售	—	非标准化	招标程序 双边程序

资料来源：ECB 官网，http：//www. ecb. europa. eu/。

常备借贷便利。在前述的公开市场操作中，欧元区国家中央银行（National Central Bank，NCB）占有交易的主动性；而常备信贷便利业务中，作为欧元区国家中央银行（NCB）的交易对手的货币信贷机构掌握着交易的主动性。共有两种工具：一是边际借贷工具（marginal lending facility），即货币信贷机构通过抵押的方式从欧元体系的中央银行获取隔夜贷款。操作方式为反向交易操作；二是存款工具（deposit facility），即信贷机构向欧元体系的各国中央银行存款，期限为隔夜。根据不同金融市场状况，这种隔夜存款的利率可以是正的、负的或者为零。信贷机构可根据自己的需要使用上述两种工具。具体操作工具及其期限和特征见表 4-3。

表 4-3　　　　欧元体系货币政策操作之常备便利

货币政策操作种类		工具种类		期日	频率	流程
		提供流动性	吸收流动性			
常设设施	边际借贷工具	逆向操作	—	一夜	由交易对手自行决定访问	
	存款工具	—	存款	一夜	由交易对手自行决定访问	

资料来源：ECB 官网，http：//www. ecb. europa. eu/。

最低存款准备金。欧洲央行要求欧元区信用机构必须在各国中央银行开立最低存款准备金账户，并通过管理这些账户达到稳定货币市场利率和调节结构性流动性短缺的目的。欧洲央行对信用机构最低准备金采取平均额度管理的方法，不要求每天达到最低准备金的要求。

（3）国际金融危机后的欧洲央行货币政策

第一阶段（2008 年 9 月至 2009 年末）：国际金融危机爆发期间，货币政策的重点是保持币值稳定，大规模财政刺激的目的是避免经济增速大幅下挫。欧元区财金政策的重点在于维稳——确保币值稳定和经济稳定。财政政策的核心是促进经济复苏。

第二阶段（2010—2013 年）：欧元区统一货币政策与分散财政政策的固有矛盾集中爆发。货币政策以金融稳定为主要目的，银行联盟的方案被提出来；而财政政策重心转移到了救援债务危机国和建立安全网。

第三阶段（2014 年至今）：财金政策的主要目标是应对通缩风险，货币政策逐渐走向全面量化宽松（QE），而财政政策的重心则是刺激经济增长。

2. 监管政策

由于欧盟和欧元区存在交叉，两者均存在众多主权国家，各国内部对金融业的监管方式复杂多样，因此，欧盟的金融监管框架必然伴随着欧洲一体化进程而做出调整。金融危机使得欧盟开始反思金融监管中存在的漏洞：一是欧洲金融市场日趋一体化和以国家为基础的金融监管之间的矛盾；二是缺少对系统性风险的有效预警机制。在危机发生之前，不能对系统性风险进行有效的防范，危机发生之后，各国的金融监管当局又不能有效地配合，尽量减轻危机带来的损失。这些都迫切需要在欧盟层面成立统一的金融监管机构，制定统一监管的法律制度来协调欧盟各个国家的金融监管，从而确保各国的金融稳定，实现各国金融的快速发展。为此，欧盟采取一系列措施改革欧盟金融监管体制。

（1）改革的内容

A. 加强宏观审慎监管，成立欧洲系统性风险委员会。ESRB 的作用是负责欧盟层面的金融体系运行的宏观审慎监管，对可能出现的影响金融体系稳定的风险给出预警，并就该风险问题的处理向各国金融监管当局和政策制定者提供建议。欧盟系统性风险委员会监管的范围非常广泛，包括银行具体的财务状况、金融市场上可能出现的系统性风险等方面。该机构的特点是独立的没有法人地位的金融监管机构，依赖于欧洲中央银行。

B. 加强微观审慎监管，建立欧洲金融监管体系（ESFS）。欧洲金融监管体系成立的目的是在微观层面上和欧洲系统性风险委员会一起共同实现金融监管的目标，即维持金融体系的稳定以及保护金融消费者的权益。它由三部分组成：一是指导委员会（负责三大监管局以及欧盟监管局和各个成员国金融监管当局的沟通和信息交流）；二是欧盟监管局（制定并确保监管规则的一致性）；三是各个成员国的金融监管当局（负责本国日常的金融监管）。

C. 其他金融监管机构的建设。一是建立欧洲金融稳定机制（EFSF）；二是成立银行问题专家小组（GEBI）；三是成立破产专家小组。

D. 修订相关的监管法规。一是修改银行资本金要求指令；二是加强对信用评级机构的管理；三是对《存款保险计划指险令》进行修改。

E. 建立统一银行业监管机制。统一银行业监管机制由欧洲中央银行、欧洲银行监管局和欧元区各国银行监管当局共同组成，形成一个三层监管框架。从职能权限看，欧洲中央银行将在统一银行业监管机制中发挥主导作用，主要负责监管系统重要性银行，同时不排除日后在必要时接管欧元区全部银行监管工作。欧洲银行监管局则负责制定具体的银行监管规则，对非系统重要性银行开展微观审慎监管。欧元区各成员国的银行监管当局则负责对中小银行的监管。

F. 单一监管机制的建立。2012 年 6 月在欧盟峰会上，欧洲理事会联合欧洲央行、欧盟委员会以及欧元集团提交报告，正式提出建设银行联盟的建议，具体包括建立单一监管机制、单一处置机制及共同存款保险制度。2012 年 9 月，欧盟委员会提交立法建议，要求赋予欧洲央行银行监管权。2012 年 10 月，欧洲理事会正式批准设立欧洲银行单一监管机制，银行业联盟建设迈出最重要的一步。2014 年 11 月 4 日，欧洲央行正式承担银行监督职能。

单一监管机制主要包括：

第一，欧洲央行直接监管系统重要性银行，并对银行监管负总责。一是欧元区成员国必须加入单一监管机制，欧盟内非欧元区成员国可以选择加入。二是欧洲央行负责监管所有银行牌照发放或者撤销、收集银行信息以及发布监管规定、指引或一般性指南，确保监管在各成员国内有效。

第二，欧洲央行成立监督委员会，货币政策与银行监管严格分离。

欧洲央行银行监管内部结构主要包括四部分：一是欧洲央行监管委员会，负责制定监管建议草案并提交欧洲央行理事会批准；二是欧洲央行理事会，它由欧元区成员国央行行长及欧洲央行委员会成员组成，有权否决监管委员会提交的任何建议草案，但无权修改内容；三是协调小组。如欧洲央行理事会否决建议草案，单一监管机制内任一成员国均可要求协调小组帮助解决意见分歧。但协调小组决定不对欧洲央行理事会具有约束力，后者仍拥有最终决定权；四是经费来源独立。银行监管预算独立于欧洲央行一般预算，主要来自向银行征收的监管费，但金额不得超出监管支出。

第三，欧洲央行银行监管事务对欧洲议会及欧洲理事会负责。主要体现在：一是欧洲央行监管委员会主席必须公开选拔，欧洲央行负责遴选并上报欧洲议会和欧洲理事会批准；欧洲议会可以要求罢免监管委员会主席；二是欧洲央行应该向欧洲议会定期汇报监管业务开展情况，并上报决策信息，欧洲央行必须在五周内书面回复欧洲议会提出的问题；三是欧洲议会可要求监管委员会主席出席听证会，接受议员质询。

（2）改革的成效

A. 危机前的改革。确立了金融监管的四个层级；补充和完善了证券业监管的法律和规则；加速了欧盟各成员国监管模式的转变。

B. 危机后的改革。建立了宏观审慎监管和微观审慎监管密切结合的机制；欧盟监管权限扩大。这包括两个方面，一是欧盟层面可以监管的对象。二是欧盟层面所设立的金融监管机构，如三大金融监管局权限得到实质性的扩大；欧洲中央银行的地位有所提升。

（三）欧元区支付清算体系与利率体系

1. 欧元区支付清算体系

泛欧实时全额自动清算系统（Trans-European Automated Real-time Gross settlement Express Transfer，TARGET）为欧盟国家提供实时全额清算服务。TARGET 始建于 1995 年，1999 年 1 月 1 日正式启用。TARGET 由 16 个国家的实时全额清算（RTGS）系统、欧洲中央银行的支付机构（EPM）和相互间连接系统（Interlinking System）构成。目前的系统是第二代系统（TARGET2）。TARGET2 是在一个单一的技术平台，欧盟各国的商业用户和欧盟各国中央银行之间通过 TARGET2 可建立直接的商业联系。就交易的价值量而言，它是世界上最大的支付系统。

TARGET2-Securities（T2S）是欧元体系的泛欧平台，用于以中央银行货币进行的证券结算，将证券和现金账户结合在一个技术平台上。T2S于2015年6月22日上线，中央证券存管机构（CSD）陆续加入欧元结算平台。此外，2018年10月29日，丹麦国家银行将其RTGS和抵押品管理系统Kronos2连接到T2S，因此丹麦克朗现在也可用于在T2S中结算证券交易的现金。

TARGET Instant Payment Settlement（TIPS）用于以欧元即时支付结算。TIPS于2018年11月30日上线，具有高容量和24/7/365的可用性。TIPS根据ISO20022标准和SEPA即时信用转账（SCTInst）计划，提供即时付款的发送和接收、流动性转账和已结算的即时付款交易的召回。这些即时付款通过各国中央银行持有的TIPSDCA进行结算。从法律上讲，以欧元计价的TIPSDCA属于TARGET2的范围。TIPS可根据要求以非欧元方式进行结算，因为它可以连接到任何其他RTGS系统。

此外，欧元区还有另外一个私营部门的大额支付系统EURO1，它是一个独特的RTGS等效净结算系统，由欧洲中央银行监督。EURO1于1998年推出，旨在提供高效、安全和具有成本效益的净结算基础设施，但对所有处理的支付、单一货币环境中的大额支付具有即时终结性。EURO1系统计划于2022年11月迁移到ISO20022高价值支付标准，从而与TARGET2保持一致。①

在以欧元计价的大额支付系统中，EURO1是TARGET2的唯一直接竞争对手。这两个系统在设计上有所不同，因为EURO1在净结算基础上运行，并且仅在一天结束时以欧元（在TARGET2中）实现最终结算。

表4-4是欧元区支付系统2021年1—7月的支付笔数的报告，可以从中计算出基于TARGET2的支付笔数在87%—90%的区间波动。

表4-4　　欧元区支付系统月报（2021年1—7月）

日期	TARGET2总计		TARGET2实时系统		T2S		TIPS	EURO1	
	交易笔数	日均笔数	交易笔数	日均笔数	交易笔数	日均笔数	交易笔数	交易笔数	日均笔数
1月	19284678	964234	6905131	345257	12379547	618977	91417	3452662	172633

① 参见https：//www.ebaclearing.eu/services/euro1/overview/。

续表

日期	TARGET2 总计		TARGET2 实时系统		T2S		TIPS	EURO1	
	交易笔数	日均笔数	交易笔数	日均笔数	交易笔数	日均笔数	交易笔数	交易笔数	日均笔数
2 月	20332873	1016644	7113393	355670	13219480	660974	120011	3580576	179029
3 月	23550071	1023916	8480198	368704	15069873	655212	467065	4200545	182632
4 月	19613203	980660	7675552	383778	11937651	596883	573094	3807791	190390
5 月	19791560	942455	7465224	355487	12326336	586968	631835	3593865	171136
6 月	20572121	935096	8376527	380751	12195594	554345	488853	3883172	178508
7 月	20590116	935914	8373574	380617	12216542	555297		3755305	170696

资料来源：https：//www. ecb. europa. eu/stats/payment_ statistics/large_ value_ payment_ systems/html/21_ table1. en. html。

2. 欧元区利率体系

在国际上，利率调控一般采取“利率走廊+政策利率”模式。一般来说，货币政策调控可直接对银行间市场利率产生较大影响，然后通过金融市场的传导，影响长端利率，最终实现对实体经济和物价水平的调节。

货币政策对短期利率的调控一般通过“利率走廊+政策利率”的模式来实现。利率走廊是央行设定的一个利率操作区间，目的是让市场利率在该区间内波动，从而实现对利率的管理。但由于利率走廊的操作区间往往比较宽，即使市场利率在上下限之间波动，其波幅依然非常大，不利于市场的稳定。因此，央行还需要有个更确切的利率目标，然后通过公开市场的资金投放和回笼让市场利率接近这个目标，这个目标就是政策利率，它是更为精确的利率管理工具，可使市场利率在其附近波动。

欧洲央行采取利率走廊（Interest Rate Corridor）的货币政策模式，即通过设定短期的存款与贷款利率来影响银行间的市场利率以及其他资金价格。欧洲央行理事会官方主要采用以下三个官方利率：主要再融资利率、边际贷款便利利率和隔夜存款利率。边际贷款便利利率和隔夜存款利率属于常备借贷便利利率。基于利率走廊货币政策模式，欧洲央行对上述三个利率实施控制，来引导利率走廊的上下移动。此外，欧洲央行于 2014 年 6 月正式实施负利率政策，其负利率政策工具为隔夜存款利率。

从国际经验来看，利率走廊的下限往往是金融机构在央行存款的利率。欧洲央行的隔夜存款利率是欧元区银行间市场利率的“下限”。利率走廊的上限往往是央行向金融机构提供贷款的利率。欧洲央行将边际贷款利率设定为利率走廊的上限。①

利率走廊可保证市场利率不会突破上下限。例如，欧洲央行在 2009 年之前的政策利率是公开市场主要再融资利率，市场利率则在利率走廊区间内波动，并且基本上都在主要再融资利率附近波动。2009 年以后，随着欧洲经济持续不景气、流动性大量投放，欧洲央行利率走廊的下限（隔夜存款利率）逐渐成为事实上的政策利率，欧元区银行间市场利率也开始贴着利率走廊的下限波动（见图 4-3）。

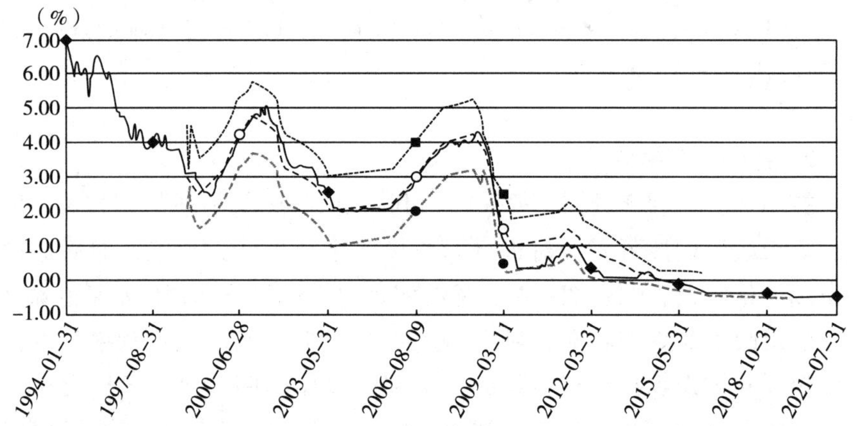

图 4-3 欧洲央行的政策利率和市场利率

资料来源：Wind 数据库。

金融市场利率方面，欧洲银行间欧元同业拆借利率（Europe Interbank Offered Rate，EURIBOR）是欧洲银行同业之间的短期资金借贷利率。EURIBOR 由欧洲货币市场机构（European Money Markets Institute）每日向公众公布，该利率基于欧元区银行向欧元批发货币市场（或银行间市场）的其他银行提供非担保资金的平均利率。EURIBOR 作为货币市场的核心利率，也是整个欧洲金融市场上具有代表性的利率，它能够及

① 从比较的视角看，美国央行—联邦储备银行的利率走廊“下限”和“上限”分别是隔夜逆回购利率（ON RRP）和再贴现率。

时、灵敏、准确地反映货币市场乃至整个金融市场短期资金供求关系。当同业拆借率持续上升时，反映资金需求大于供给，预示市场流动性可能下降，当同业拆借利率下降时，情况相反。欧洲众多银行以此利率为按揭等贷款的基准利率。

（四）金融危机后欧元区金融体系与政策的特点

第一，自欧债危机爆发以来，欧元区银行逐渐显现出分化的现象。首先，在跨境资本金融活动中，欧洲银行间隔夜货币拆借市场的跨境交易占比一直在下降。欧洲的金融市场一体化和银行业的国际化均受到了影响，虽然欧洲银行业对其他欧元区的国家发放贷款的比例在下降，对应的对本国居民的贷款余额所占比例在提高。其次，无论是欧元区的核心国家还是受到欧债危机影响的国家，在银行信贷投放和利率方面均出现了明显的分化。欧债危机后，欧元区许多国家出现了不同程度的信贷缺口。[①] 如图 4-4 所示。2017 年第二季度法国作为核心国家则其信贷缺

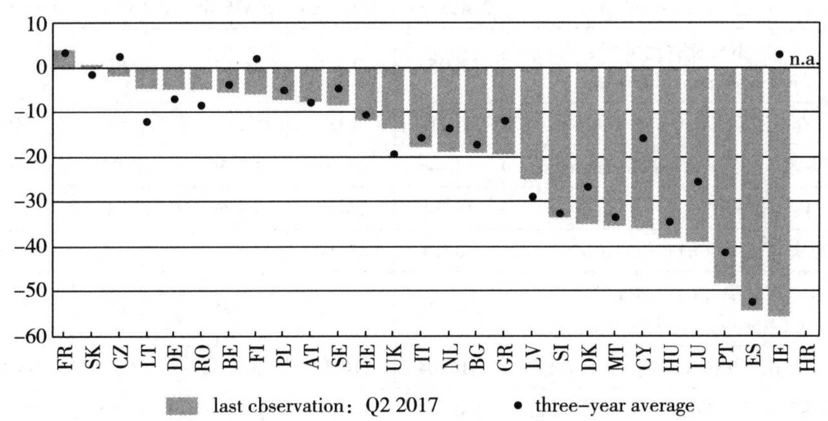

图 4-4 欧盟国家国内信贷比率缺口

注：FR 法国 SK 斯洛伐克 CZ 捷克 LT 立陶宛 DE 德国 RO 罗马尼亚 BE 比利时 FI 芬兰 PL 波兰 AT 奥地利 SE 瑞典 EE 爱沙尼亚 UK 英国 IT 意大利 NL 荷兰 BG 保加利亚 GR 希腊 LV 拉脱维亚 SI 斯洛文尼亚 DK 丹麦 MT 马耳他 CY 塞浦路斯 HU 匈牙利 LU 卢森堡 PT 葡萄牙 ES 西班牙 IE 爱尔兰 HR 克罗地亚。

资料来源：笔者根据 Wind 数据库绘制。

① 信贷比率缺口（Credit-to-GDP gap）即“非金融企业信贷规模与 GDP 之比率”与其长期趋势之间的差距，用作衡量一个经济体的信贷扩张程度，是潜在银行危机的预警指标。一般来说，当这个缺口的差距超过 10%，银行就需要增加抗循环资本缓冲（countercyclical capital buffer），以此来预防金融危机。

口较小，斯洛文尼亚信贷缺口大于0，其余国家信贷缺口远低于-10%的水平。贷款利率方面，西班牙和意大利等国家信贷缺口处于高位，这些国家的零售贷款利率都远远高于其他核心国家。各国银行业信贷利率即信贷门槛的分化使得欧元区各国的信贷供给分化。也就是说，门槛相对较低的国家不愿意为高门槛国家的企业提供信贷，只愿意给本国的企业贷款。而高门槛国家的银行吸引不到低门槛国家的企业客户，只能继续做本国客户的业务。表4-5是ECB统计的欧洲银行业有关指标，可以看出，近年来其成本收入比、贷存比和不良贷款率等指标持续下降的趋势。

表4-5　　欧央行监管银行业统计　　单位：十亿欧元，%

	Q1 2020	Q2 2020	Q3 2020	Q4 2020	Q1 2021
总资产（total assets）	23991.82	24430.69	24357.08	24193.20	25218.12
总负债（total liabilities）	22468.31	22914.68	22835.86	22659.39	23655.17
不良贷款比率（non-performing loans ratio）	3.05	2.94	2.82	2.63	2.54
资本回报（return on equity）	1.21	0.01	2.12	1.53	7.21
成本收入比（cost-to-income ratio）	72.44	67.61	65.50	66.03	64.69
核心资本比率（tier 1 ratio）	15.64	16.13	16.50	16.98	16.77
总资本比率（total capital ratio）	18.10	18.66	19.04	19.55	19.34
杠杆率［leverage ratio（fully phased-in definition）］	5.23	5.16	5.46	5.83	5.56
贷存比（loan-to-deposit ratio）	116.04	110.81	108.32	106.72	106.07
流动性覆盖率（liquidity coverage ratio）	146.47	165.41	170.83	171.68	172.73

资料来源：监管数据截止日期为2021年6月16日，https://european-union.europa.eu/select-language?destination=/node/1。

第二，欧元区统一的货币政策和相对分散的财政政策，导致货币政策工具与财政政策目标出现了不一致。欧元区统一货币政策的内在缺陷在于，欧元区设立欧洲中央银行目的是形成权利的统一，然而在实行过程中是由各个成员国来完成，最终就会导致每个国家实行自己国家的想法，使得权利的实施无法完成协调统一。欧元区这种集权与分权同时存在的做法，带来了实施过程中两方面的矛盾：一方面，欧洲中央银行制定的货币政策是根据各国的物价水平计算得出的，由于西班牙、爱尔兰、葡萄牙等国在欧元区国家的 GDP 中只占 14%左右，而且那些想要加入欧盟的东欧国家的 GDP 也仅达到了欧元区 GDP 的 6%，因此，基于辅助性原则制定的统一货币政策就很难使以上国家保持适度的通货膨胀率。另一方面，依据各成员国通货膨胀的加权平均数来制定，必然会导致各成员国分权的不对称性，若欧洲中央银行在制定政策和关键事情上总是偏向一部分欧元区成员国，必然会严重影响到欧元区成员国的经济增长和竞争力。这种制定政策的方法是以邻为壑的政策，没有创建一个公平的平台，在制定政策时，欧元区各个国家都会有私心，偏向对自己有利的政策，最终陷入困境。所以，欧洲中央银行是否能够完善权力制衡机制，直接决定了欧元区各成员国之间的关系和欧元区经济稳定与发展。

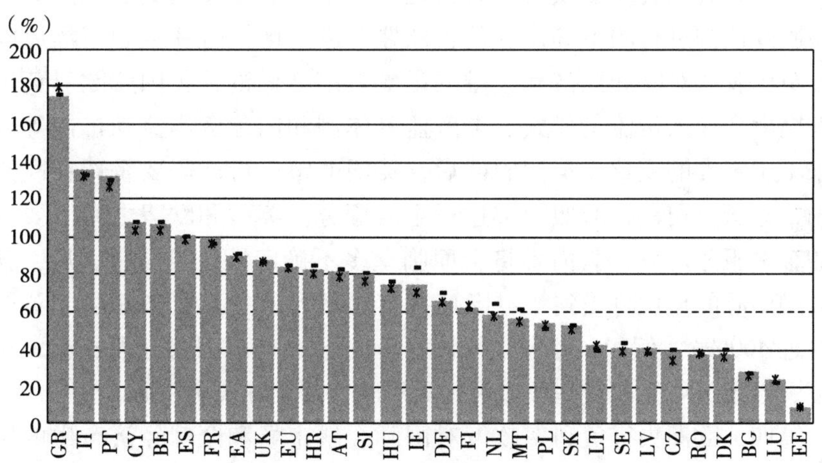

图 4-5　2017 年欧盟国家政府负债率

注：GR 希腊　IT 意大利　PT 葡萄牙　CY 塞浦路斯　BE 比利时　ES 西班牙　FR 法国　EA 东亚　UK 英国　EU 欧盟　HR 克罗地亚　AT 奥地利　SI 斯洛文尼亚　HU 匈牙利　IE 爱尔兰　DE 德国　FI 芬兰　NL 荷兰　MT 马耳他　PL 波兰　SI 斯洛文尼亚　LT 立陶宛　SE 瑞典　LV 拉脱维亚　CZ 捷克　SE 瑞典　LV 拉脱维亚　CZ 捷克　RO 罗马尼亚　DK 丹麦　BG 保加利亚　LU 卢森堡　EE 爱沙尼亚。

资料来源：笔者根据 Wind 数据库绘制。

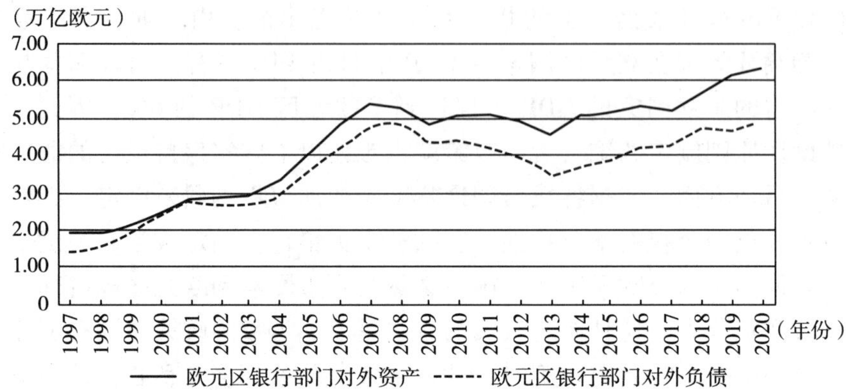

图 4-6　1997—2020 年欧元区银行部门的负债与资产

资料来源：笔者根据 Wind 数据库绘制。

第三，英国脱欧使欧盟努力构建的金融监管体系受到影响。英国与欧盟脱欧谈判进程的不确定性使得欧盟和欧元区银行和金融市场风险增大。英国脱欧对欧洲经济和金融的影响是多方面的，英国脱欧对英国和欧洲金融从业人员流动模式、金融监管体制和国际资本流动机制等方面带来不确定性的变化。英国脱欧后，英国的银行可能需要重新在欧盟成员国设立子公司，在欧盟内部进行金融服务。英国和欧盟之间需要达成新的金融服务协议，其内容将会面临众多不确定性。英国脱欧后，其国际金融中心的地位将受到一定影响（英国银行所持总资产相当于英国经济的近 400%）。例如，欧洲银行管理局在 2019 年 3 月搬迁至巴黎，法兰克福、巴黎等可能取代伦敦成为更具影响力的全球金融中心。

第四，欧洲央行负利率政策对国际金融市场和全球经济产生的影响不可低估。根据 Jackson（2015），理论上说，负利率政策可以通过五个渠道影响经济活动：（1）信贷渠道。负利率通过以下两个方面来刺激信贷：一方面，负的名义储蓄利率类似于央行对商业银行的储蓄收税，以此来鼓励银行多放贷；另一方面，负利率可以降低融资成本，比如降低银行借贷以及债券市场发行的利率。（2）资产价格渠道。负利率可以通过降低贴现率以及提升未来现金流来提升资产价格，随后通过财富效应刺激消费需求或托宾 Q 效应促进投资需求。（3）投资组合渠道。负利率下投资者为了寻求正收益，风险偏好将提升，并配置更多风险资产。（4）再通胀渠道。负利率下通常伴随着宽松的货币政策，为市场提供丰富的流动性，促使经济总需求上升，推动当期物价水平的上涨，有利于改变通胀预期，抵抗通缩风险。（5）汇率渠道。根据利率平价理论，当一国利率下降与他国利率存在差异时，在短期内资本将从低利率国家流向利率更高的国家，促使低利率国家的货币贬值，进而促进净出口，刺激经济增长及就业。总之，欧洲央行实施负利率有两个初衷：一是为了达到通胀目标，因为适度的通货膨胀可以刺激消费，扩大内需，推动经济发展，而通缩会促使人们推迟消费，抑制投资与生产，导致失业率升高及经济衰退；二是为了防止欧元升值，以维持出口竞争力，拉动经济增长。随着负利率政策的实施，欧洲金融市场流动性泛滥的各种弊端开始显现。对于负利率是否能够有效刺激经济，是否会带来全球经济的系统性风险问题引起广泛争议。

二　德国金融体系评介

（一）金融体系介绍

德国金融体系的发展有两个主要特征，这两个特征都源于德国 19 世纪后半叶的工业化模式（Detzer et al.，2017）。第一，德国是以银行为基础的金融体系的典型代表。德国需要大量资本才能迅速实现工业化，而这主要是由银行筹集的。19 世纪 50 年代初和 19 世纪 70 年代初成立的大型股份制银行发挥了重要作用。第二，除以利润为导向的商业银行外，德国金融体系还包括另外两个主要不是以营利为动机的部门，即公有储蓄银行和合作银行。到 1913 年，德国的银行体系由一个大银行（8 家）主导的私营部门、一个大型的公共储蓄银行部门（The Publicly-owned Savings Banks）和一个规模稍小的合作银行部门（The Cooperative Banks）共三个部门组成。20 世纪 20 年代，大型私人银行面临着来自通货膨胀和外资银行竞争的重大挑战，因兼并和倒闭而产生了三个大银行。第二次世界大战结束时，三大私人银行因参与德国战争罪行而被解散，但经过成功的游说，在 20 世纪 50 年代，被允许重新建立统一的机构。在德国战后重建期间，这些大银行在为大公司融资方面发挥了重要作用，而储蓄银行和合作银行为德国非常成功的中小企业的成长做出了重大贡献。

具体而言，德国的金融体系以商业银行体系为主，大多数银行是混业经营的管理模式，可以从事银行、证券、基金、保险等在内的金融业务。德国的金融体系主要由四部分构成：银行、保险公司、证券交易所、金融服务公司。

1. 银行体系

（1）中央银行：德意志联邦银行（Deutsche Bundesbank）是德国的中央银行，也是欧洲中央银行体系以及欧元体系的组成部分。它的主要职责包括：协助欧洲中央银行完成保持货币稳定任务；在支付体系中，保证德国银行有足够流动性的同时保证非现金支付与清算的往来和通畅；作为银行的银行，给商业银行提供再贷款融资；对金融市场、金融机构进行日常监管。

（2）全能银行：全功能银行是实行混业经营的代表，除经营传统意义上的存贷款银行业务外，还可经营证券、保险等非银行金融业务。全能银行汇总在表 4-6，截至 2020 年，德国银行体系共有银行机构 1679 家，比 2017 年减少 144 家。全能银行可以分成商业银行、储蓄银行、合作银行和其他银行类机构四大类，2020 年分别有 366 家、383 家、805 家和 64 家，相比 2017 年均有所减少。

其中，商业银行是全能银行的代表，商业银行可以分为四类：一是全国性银行，2020 年只有 3 家；二是区域性银行，2020 年有 182 家；三是外资银行分支机构，2020 年有 181 家；四是私人银行，主要形式为有限责任的合伙人公司或单一股东形式的公司。[①]

储蓄银行为收入低的人提供储蓄工具和信用服务，其资金被用于提供抵押贷款、资助本地或区域性投资活动。只有市或辖区等地方政府才能创立储蓄银行，并为创立的储蓄银行提供担保。地方银行（Landesbank）是德国独有的一类国有银行，主要经营批发业务。

合作银行是由存款者所有的互助组织，其成立初衷是为急需资金的工商企业提供帮助。合作银行体系由中央合作银行、地区性合作银行和若干家当地合作银行构成。按资产规模计算，德国中央合作银行是德国第二大银行。

其他银行机构。其他银行机构主要指专业银行，为专门从事特定金融业务，包括抵押银行、储蓄与信贷协会、投资公司和其他具有特殊职能的银行。其他银行机构可以分为以下几类：一是建设信贷银行，专门为客户提供住房购置或建设方面的资金；二是抵押银行，为地方政府和其他公共机构提供抵押以及商业贷款；三是不动产信贷银行，根据相关

---

① 私人银行的具体内容没有列入表 4-6 的统计。

部门对房地产评估决定贷款比例，以地产作抵押从银行取得贷款；四是担保银行，主要为中等规模的公司贷款提供担保。

德国金融体系历来是银行主导型体系的典型。与大多数其他发达资本主义国家相比，德国银行体系的很大一部分是由公有储蓄银行和合作银行组成的，而这些银行并不是主要以追求利润为驱动力的。到2012年，私人银行资产占银行资产的38%，公有储蓄银行资产占29.4%，合作银行资产占11.8%。

传统上，大型私人银行对大型工业公司而言，其功能是作为主办银行，但在20世纪70年代以后，各行业的投资和借贷都有所下降。在20世纪80年代中期，大型私人银行的应对措施是促进德国证券市场的发展，目的是增加投资银行业务的收益。这导致自20世纪90年代以来证券市场的作用有所加强，尽管银行继续在德国金融体系中占据主导地位。

表4-6　　德国全能银行体系统计（2017—2020年）　　单位：家

类型	2017年	2018年	2019年	2020年
①商业银行	390	398	374	366
全国性银行	4	4	4	3
区域性银行	186	182	185	182
外资银行分支机构	200	212	185	181
②储蓄银行	398	392	386	383
地方银行	8	6	6	6
储蓄银行	390	386	380	377
③合作银行	919	879	831	805
区域性合作银行	1	1	1	1
信用合作社	904	864	830	804
附属于德国合作银行协会BVR的机构	14	14	14	14
④其他（专业银行）	69	67	65	64
抵押银行	13	11	10	10
建筑和贷款协会（私有）	12	12	11	10
建筑和贷款协会（公有）	8	8	8	8
特殊目的银行	19	19	19	19
证券集中保管银行	1	1	1	1

续表

类型	2017年	2018年	2019年	2020年
担保银行与其他银行	16	16	16	16
全部	1776	1736	1717	1679

注："全部"为①商业银行+②储蓄银行+③合作银行+④其他（专业银行）之和。

资料来源：Bank office statistics in 2020，https：//www. bundesbank. de/resource/blob/598630/4c50a1b5fbf4e75ed96f606f68d85c 6b/mL/bankstellenstatistik-2020-data. pdf。

表4-7汇总了2010年德国总资产排名前50的各大银行。可以发现，按照所有权划分，德国银行主要有三类：国有银行、私有银行和合作制银行；银行的总部主要集中在经济发达的城市，如法兰克福、慕尼黑、杜塞尔多夫、柏林、汉堡等；排名前十的银行资产规模都大于2000亿欧元；德国银行的市场集中度极高，前五大银行占资产总额的50.5%，前十大银行占比为68.3%。德国前五大银行50.5%的资产份额远高于中国五大商业银行的31.6%。①

表4-7　　2010年德国总资产排名前50各大银行

排名	银行名称	总部位置	总资产（十亿欧元）	分行数量（家）	员工数量（人）	银行性质
1	德意志银行a	法兰克福	1905.6	3083	102062	私有
2	德国商业银行	法兰克福	754.3	2170	59101	私有
3	德国复兴信贷银行	法兰克福	445.5	70	3543	国有
4	德国中央合作银行	法兰克福	383.5	19	26800	合作制
5	巴登-符腾堡州立银行	斯图加特	374.4	1	13061	国有
6	联合信贷银行	慕尼黑	371.9	927	19146	私有
7	巴伐利亚州立银行	慕尼黑	316.4	1	10853	国有
8	Eurohypo银行（2016年被并购）	法兰克福	229	16	1278	私有
9	北德意志州立银行	汉诺威	228.6	18	4211	国有
10	邮储银行b	波恩	214.7	1100	20672	私有
11	西德意志银行	杜塞尔多夫	191.5	20	4473	国有

① 根据中国银行业统计数据计算而得。

续表

排名	银行名称	总部位置	总资产（十亿欧元）	分行数量（家）	员工数量（人）	银行性质
12	德意志联邦储蓄银行	下施莱斯海姆	186.8	7	919	私有
13	黑森—图林根州立银行	法兰克福	166.2	13	6010	国有
14	国家开发银行	杜塞尔多夫	156.8	2	1224	国有
15	HSH 北部银行（汉堡商业银行）	汉堡/基尔	150.9	18	3852	国有
16	德卡转账中心银行	法兰克福	130.3	6	3683	国有
17	柏林地方银行	柏林	129.9	1	5985	国有
18	ING-DiBa 银行	法兰克福	96.3	1	2696	私有
19	WGZ 西德中央合作银行	杜塞尔多夫	94.1	3	1573	合作制
20	农业经济土地抵押银行	法兰克福	83.8	1	229	国有
21	DG HYP—德国合作抵押银行	汉堡	63.4	6	454	合作制
22	巴登—符腾堡州立信贷银行	喀斯鲁尔	61	2	1222	国有
23	DKB 德意志信贷银行	柏林	55.2	17	1134	国有
24	德国 SEB 银行	法兰克福	49.1	174	3284	私有
25	德克夏城市银行	柏林	48.7	1	84	私有
26	BHW 建筑储蓄银行	哈默尔恩	44.9	1	1545	私有
27	Aareal 银行	威斯巴登	44.9	1	991	私有
28	威斯特伐利亚土地信贷银行	明斯特	43.9	4	293	合作制
29	住房储蓄银行	施韦比施哈尔	41.4	1	764	合作制
30	柏林汉诺威抵押银行	柏林	40.7	5	441	私有
31	德意志药剂师和医生银行	杜塞尔多夫	38.8	75	2419	合作制
32	汉堡储蓄银行	汉堡	38.2	180	5622	独立
33	德意志抵押银行	汉诺威/柏林	36.0	9	368	私有
34	IKB 德国工业银行	杜塞尔多夫/柏林	35.7	12	1613	私有
35	慕尼黑抵押银行	慕尼黑	35.2	1	366	合作制
36	不来梅州立银行奥尔登堡信贷中心—转账中心	不来梅	34.8	2	1028	国有
37	大众汽车银行	不伦瑞克	32.8	1	631	私有
38	桑坦德消费者银行	门兴格拉德巴赫	31.5	176	1802	私有
39	科隆波恩储蓄银行	科隆	29.3	112	4905	国有
40	西德意志不动产银行	美因兹	25.9	13	477	国有

续表

排名	银行名称	总部位置	总资产（十亿欧元）	分行数量（家）	员工数量（人）	银行性质
41	科隆地区储蓄银行	科隆	24.5	216	3829	国有
42	Wüstenrot 住房储蓄银行	路德维希堡	23.9	500	2132	私有
43	杜塞尔多夫抵押银行	杜塞尔多夫	20.6	1	50	私有
44	巴伐利亚 LfA 促进银行	慕尼黑	20.5	1	311	国有
45	IBB 柏林投资银行	柏林	19.9	1	670	国有
46	DVB 银行	法兰克福	19.3	13	579	私有
47	萨尔州立银行	萨尔布吕肯	19.0	5	516	国有
48	BHF 银行	法兰克福	18.7	14	1500	私有
49	汇丰特林考斯银行	杜塞尔多夫	18.6	9	2440	私有
50	梅赛德斯-奔驰银行	斯图加特	18.2	9	1353	私有

注：a. 与 Postbank，ABN Amro 和 Sal. Oppenheim/BHF Bank 的一部分合并；b. 不包括 4500 个德国邮政子公司。

资料来源：Karsch（2011），本书作者译。

德国银行业在过去十年并非稳定发展，截至 2020 年，德国主要银行资产规模有增有减，五大银行的资产规模排位也发生了一些变化。德意志银行的总资产从约 1.9 万亿欧元减少到约 1.32 万亿欧元，仍在第一位；德国中央合作银行总资产从 2010 年的 0.3835 万亿欧元增加到 2020 年的 0.594 万亿欧元，排名也从第四提升到第二位，显示了金融危机以后德国合作制银行强大的市场竞争力；德国商业银行总资产从 2010 年的 0.7543 万亿欧元下降到 2020 年的 0.538 万亿欧元（见表 4-8）。

表 4-8　　2020 年德国总资产排名前 10 大银行

排名	银行	总资产（万亿欧元）	分行数量（家）	员工数量（人）
1	德意志银行	1.32	3083	85000
2	德国中央合作银行	0.594	2170	31400
3	德国商业银行	0.538	450	39000
4	德国复兴信贷银行	0.472	80	6700
5	裕宝银行/德国联合抵押银行	0.338	1150	12000
6	巴登—符腾堡州州立银行	0.287	160	10121

续表

排名	银行	总资产（万亿欧元）	分行数量（家）	员工数量（人）
7	巴伐利亚州立银行（拜仁银行）	0.286	/	7000
8	黑森—图林根州州立银行	0.219	/	6000
9	北德意志州立银行	0.16	1100	6500
10	北莱茵—威斯特法伦州开发银行	0.148	/	1474

资料来源：根据各银行网站信息整理。

2. 非银行金融体系

（1）保险公司：主要从事人寿保险、私人医疗保险、财产保险、养老金保险等业务，共有三种组织形式：一是股份有限公司，其数量最多；二是公法保险公司；三是保险协会。

（2）证券交易所：德国证券交易所，主要业务品种有股票、债券、期货、期权交易等。

（3）金融服务公司：主要是从事保险代理，银行代理，与银行、保险联合开发新产品并自行销售，销售股票，场外交易，网上经纪人，网上代理人以及投资咨询等。

在非银行金融机构中，保险公司一直是最重要的，尽管投资基金在20世纪90年代扩张非常迅速，现在也几乎一样大。养老基金的重要性要小得多。对冲基金和私人股本基金等高杠杆金融机构在德国的业务也相对有限。

3. 金融监管

（1）监管体系

①德国的中央银行：目标单一，不受干扰，本身具有很强的独立性。德意志联邦银行的货币政策目标比较单一，它以欧洲央行制定的通货膨胀率指标为首要的控制目标，即将通胀率控制在2%以内。联邦银行可以不接受联邦政府的指示。此外，相关的制度安排，如中央银行理事会和执行理事会成员的任命程序和年限，以及经费的独立也保证了德意志联邦银行的独立性和权威性，全面负责对德国境内包括银行、证券以及保险等所有金融机构的监督和管理工作。德国银行机构中由欧洲央行确定为系统重要性银行的直接由欧洲央行监管，并向德意志联邦银行（德国联邦银行）双线汇报。

②德国金融监管局：独立履职，不受制约。联邦金融监督管理局（BaFin，简称“金监局”）是2002年4月由原来的信贷监管局、保险监管局以及证券监管局三个局合并而来，隶属于联邦财政部，全面负责对德国境内包括银行、证券以及保险等所有金融机构的监督和管理工作。2002年5月，该局脱离联邦财政部，成为独立法人，收支完全独立，经费全部来源于监管对象的缴费，但其业务工作依然接受联邦财政部的督导。

对银行业的主要监管职责包括：一是对市场准入的审查，负责新成立银行及增设机构的资格审查。二是对银行日常经营的检查，主要对银行自有资本、流动性、大额贷款及风险大的经营环节进行审查。由于德国国内银行数量众多，德国金融监督管理局对银行业的审查主要依靠中央银行每日报送的金融数据。

联邦金融监督管理局的主要任务包括：第一，确保整个德国的金融业能正常运转；第二，保证银行、金融服务机构及保险公司的债务清偿；第三，保护客户和投资者的利益。

③联邦审计院：作为最高政府审计机关依据有关法律规定，对金融机构经营状况的合法性、经济性和效益性进行审计。

④审计师事务所：依据相关法律法规，审计师事务所作为独立的第三方监管机构，对德国国内各类金融机构进行审计，主要内容包括其经营和核算的真实性与合规性。

（2）德国金融监管体系的主要特征

德国金融监管体系的主要特征有：一是央行和金监局共同负责并互相协作，对金融机构、金融市场进行监管。央行主要监管日常业务，金监局颁布行政法规和进行特别检查。二是德意志联邦银行负责对所有金融机构行使统计权力，德国金融监管局所需的金融信息均由德意志联邦银行提供。三是德意志联邦银行分支机构承担了对各地金融机构的合规性监管工作，德国金融监管局没有地区性分支机构。四是政府监管与社会监管、金融机构的自律性监管与行业协会监管并重。五是德意志联邦银行和德国金融监管局在加强合规监管的同时，更加注重风险监管，强调对金融风险的早期识别、预警和控制，以防范系统性金融风险、保护金融消费者权益、保持国内金融市场稳定。

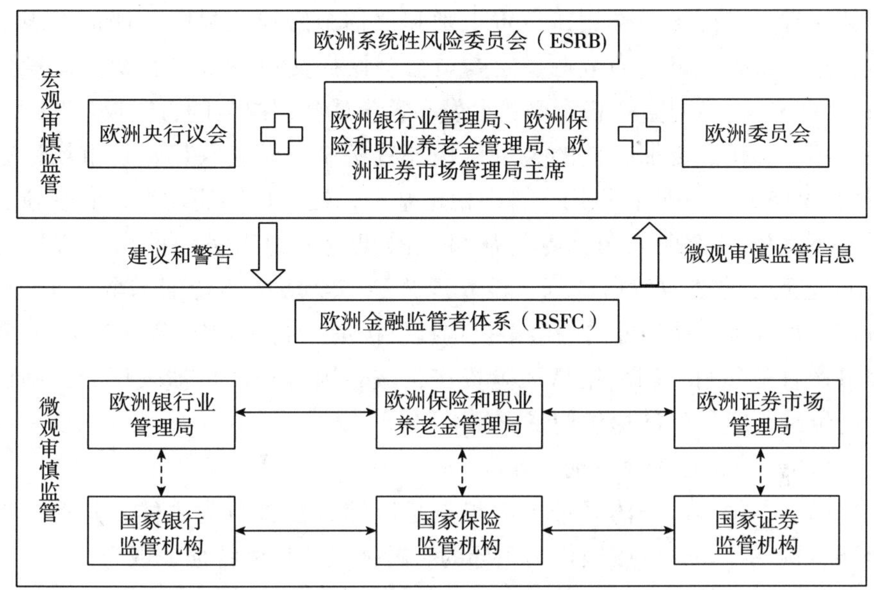

图 4-7 欧洲金融监管体系

国际金融危机后，德国根据本国金融业发展情况，借鉴国际金融监管改革经验，对本国金融监管体制进行了改革。

第一，强化德央行的金融监管权，突出其在维护金融稳定方面的作用。德央行在金融监管中继续扮演重要角色，利用网点优势负责对金融机构的日常监管，监测和评估金融机构的风险并对其进行审计；派代表参加金监局管理委员会，监督其管理层，决定其预算并对专项监管任务提出建议；与金融监管局联合开展压力测试、现场检查等重大监管行动；建立金融市场监管论坛，构筑高层人员定期磋商机制，讨论有关监管政策，制定监管措施。同时，金监局发布监管法规应事先与德央行协商，在与货币政策密切相关的领域，必须与德央行达成一致。此外，根据德国《银行法》的规定，德央行享有金融统计信息专属权，金监局无权单独向金融机构征集任何形式的统计信息。

第二，强化宏观审慎管理。2013 年，德国通过《金融稳定法》，将宏观审慎管理职责授予单独成立的金融稳定委员会（FSC）。金融稳定委员会的代表来自财政部、德意志联邦银行、金融监管局和联邦金融市场稳定局（FMSA），工作机制与欧洲系统性风险委员会类似。德央行在宏观审慎管理中发挥重要作用，负责识别和评估金融稳定风险，评估宏观审慎政策的实施效果，为金融稳定委员会会议提交讨论报告和初步政策建议，同时，拥有对金融稳定委员会发布警告或建议决策的否决权。

第三，构建更加有效的金融机构处置机制。设立联邦金融市场稳定局（FMSA）这一监管机构，管理稳定基金，提供市场流动性，监管新成立的不良资产管理公司，专门从事金融机构重组事务。推出总规模为5000亿欧元的金融救市计划，设立了“稳定金融市场特别基金”（SoFFin），对危机中受到冲击的金融机构提供援助。成立FMS-WM和EAA两家资产管理公司，剥离银行风险资产，减轻银行资产负债表压力，确保银行继续为实体经济提供信贷支持。

（二）德国金融体系的特征

第一，德国金融体系最大的特点是以综合性银行为主体，其他多种金融机构并存。这种以银行为主导的金融体系的具体特征表现为：

①银行贷款在公司负债中占有较大比例。德国公司的资金一般来源于货币市场证券、债券、股票、其他股权、银行贷款、养老金债务及对其他金融机构负债，其中，银行贷款所占比重一直保持在30%以上。

②股票市场的规模相对较小，且流动性相对不高。与发达的银行系统相对应，德国的股票市场是OECD成员国中较不发达的之一。股票融资在德国金融体系融资渠道的重要程度相对较小。

③很大一部分家庭资产以银行存款的形式存在。德国家庭新增储蓄一般投向是现金和银行存款、债券、股票、共同基金和保险。在股票泡沫膨胀时期，人们将以前用现金和银行存款形式保值的资金投到股票市场。

④金融体系的债务集中分布在银行业。

第二，拥有强大的银行体系，商业银行在信贷市场和资本市场处于主导地位。

第三，金融体系的整体特征体现为“稳健平和”。

第四，坚持全能银行体系为主导，形成完善的全能银行性质的混业经营金融体系。

第五，德国金融制度的一大特点就是三大银行与两大中心在金融体系中占主导地位。三大商业银行、储蓄汇划系统和信用合作系统的资金实力相当雄厚，支配着整个德国金融业。

第六，德国的金融业是一种典型的以间接金融为主的类型。商业银行等间接融资中介机构在德国的资金配置中发挥着最重要的作用。

第七，德国金融监管体系以德意志联邦银行为核心，其承担着向德国金融监管局提供统计信息、对各地金融机构进行监管等职能，德国的金融监管强调政府监管与社会监管、金融机构的自律性监管与行业协会监管并重。

（三）德国金融体系的优点

第一，德国金融体系下具有健全的中央银行制度。德国金融体系使德意志联邦银行享有很高的独立性和权威性，能独立制定和执行货币政策，在稳定币值方面具有重要作用和职能，并可以不接受政府发布的指示，独立地制定和决定其业务政策。

第二，德国银行的集中度很高，银行资产不断聚集，形成了世界级的大银行。比如说德意志银行、德国商业银行。

第三，德国的金融体系决定了实行“全能银行”制度。商业银行既可以经营存贷款等银行业务，也可以经营证券业务，商业银行可以从事各种金融业务，呈现出一种多样化和综合化的业务格局。

第四，德国金融体系下的商业银行与企业关系极为密切。在德国，企业从开办到经营，商业银行都在积极参与，帮助进行策划、募股、发行债券和提供贷款。商业银行通过参股的方式对工商企业进行控制，从而形成以银行为核心的集团，控制力很强。商业银行不仅与工商企业的关系密切，而且对工商企业具有较强的控制力，银行可以通过持有公司股票直接控制工商企业。

第五，德国的混业经营制度和统一监管可以减少摩擦成本，降低信息采集成本，改善信息质量，获得规模效益，也可以减少多重监管制度对金融创新的阻碍，提高监管效率和金融竞争力。

第六，德国金融业有较强的监管力量。在德国，联邦银行、联邦金融监管局、联邦审计院以及其他机构各自作为金融监管体系的组成部分，其职责和定位都有相关的法律授权和明确的规定，有分工有合作，避免了职责交叉，减少了部门重叠带来的资源浪费，防止了因职责划分不清晰所带来的部门间的相互扯皮，提高了效率。同时，德国金融业又有较强的外部监管力量，有来自政府部门的监管，也有来自社会的监管。

第七，全能银行有利于特定阶段的工业发展。“二战”后，德国百废待兴，工业企业需要长期贷款，全能银行制度为工业企业发展的资金提供了持续稳定的保证；储蓄银行、合作银行对中小企业的发展起到很大作用。

（四）金融体系的缺点

第一，德国金融体系等的结构决定了其风险资本的主要来源是银行，其他金融机构所占的份额较小，这对德国的风险投资构成重大影响。德国典型的风险投资所占比例很小，风险投资的发展偏离了正常轨道。

第二，银行资本的过于强大造成德国非金融业务的不发达。远远落后于其他发达国家。

第三，银行业竞争力下降。德国全能银行制度有其优越性，在德国的发展历史上起到了举足轻重的作用，但是随着时间的推移，德国经济增长速度放缓，对银行资金的需求不如以前旺盛，并且受经济危机的影响，银行特别是商业银行的盈利能力下降明显。同时，德国银行内部机构设置不合理、人员冗余的弊端也显现出来，加重了银行的负担。

第四，企业融资形式单一。德国主要是以银行间接融资为主，股票和债券融资不发达，对企业融资渠道的选择造成了一定的不便。

第五，德国的金融体系不存在一个活跃的私募资本市场，没有大型投资人。德国没有正式风险投资人的存在，使得新创业的高科技融资链缺少了重要的一环，这种状况可以说是德国金融体系下法律不能对个体投资者的利益进行有效保护，德国居民就不可能过多地参与资本市场的运作，股权融资文化难以存在。

第六，德国金融体系下的银行高度集中与垄断妨碍了投资的发展。德国全能银行制度在减少银行与企业的信息不对称方面有独特优势，但是这种优势在经济发展中被过分夸大。银行过度的垄断与集中不但抑制了资本市场的发展，而且不能培养居民的个人投资意识和风险承受能力，也妨碍了其他专业化金融中介机构的发展。

第七，德国金融体系下证券市场相对落后。德国作为发达国家，证券市场相对落后，证券市场中股票的市值占国民生产总值的比率仅为10%左右，远低于其他发达国家。由于德国实行全能银行制度，银行与企业联系紧密，企业不愿意公布内部情况，影响了企业发行股票的积极性，企业不愿采取股份公司的形式进行生产经营，因此，在证券市场上，股票种类、数量和发行规模都严重不足，交易活动极不活跃，证券市场发展缓慢。

第五章　欧元区单一货币政策与德国货币政策执行

一　欧洲央行统一货币政策前的德国货币政策

第二次世界大战之后，德国的经济发展稳定，通货膨胀始终保持在较低水平，并且德国马克坚挺，被誉为“世界经济奇迹”。这离不开德国政府的财政政策与德意志联邦银行的货币政策两大手段的相互协调、共同作用。20 世纪 70 年代中期以前，德意志联邦银行采取的货币政策工具有五种，包括贴现率、再贴现定额、最低准备金率、公开市场操作以及资本流动控制（何广文，1994）。由于市场可操作空间匮乏，所以其中最主要的是贴现率、再贴现定额与最低准备金率。20 世纪 70 年代中期至 1999 年欧洲央行实行统一货币政策前，德国国内政治、经济形势发生了很大改变，金融环境也在不断变化，1990 年两德合并后货币政策发生了很大变化，所以，德意志联邦银行不断调整、改进与完善自身的货币政策工具。在此期间，德意志联邦银行主要使用的货币政策工具有：再融资政策、存款准备金政策、公开市场政策、存贷款政策与外汇政策。欧洲央行统一货币政策前德国的货币政策有以下四个方面的特征。

（一）德意志联邦银行是德国的货币政策制定者和执行者

德意志联邦银行（Deutsche Bundesbank）是联邦德国的中央银行，国家垄断资本金融组织。根据 1957 年 7 月 26 日通过的《联邦银行法》成立，1957 年 8 月 1 日在法兰克福正式开业。其主要职责是：发行货币，管理货币流通，提供信贷，稳定货币，代理联邦财政收支，保管国营企业的资金和发展同国外的往来关系。最高决策机构是中央银行委员会，负责制定货币和信贷政策、业务方针和管理制度，并有权对董事会发布指示。委员由行长、副行长、董事会成员及 11 个州的中央银行行长组成。

德意志联邦银行的前身是德意志帝国银行。1924 年，魏玛政府颁布了《银行法》，规定：帝国银行独立于政府；帝国银行独立对其货币政策及其贷款活动承担责任；中央银行对向政府提供贷款的数额也有严格的限制；中央银行对于流通中的货币必须至少拥有40%的黄金及外汇储备，承担以黄金和外汇兑换其纸币的义务。在机构设置上，为了保证帝国银行的独立性，摆脱德国政府的控制，设置了行使实质性权力的股东大会和理事会，同时，为了保证政府对战胜的协约国履行赔款义务，该法还规定：帝国银行理事会中半数成员应当为外国人，而且其中负责发行货币的专员必须为外国人（张兰，2016）。

“二战”以后，从1946年开始，美、英、法三国在西部占领区内效仿美国联邦储备体系为德国设计了一个具有严格组织机构的两级中央银行体系。该体系由西部占领区内各州法律上独立的州银行和1948年3月在法兰克福建立的德意志诸州银行（Bank deutscher Lander）组成。德意志诸州银行负责货币发行、政策协调、外汇等，州中央银行在其辖区内行使中央银行职能。两级架构中的最高决策机构是中央银行理事会，它由行长、州中央银行行长、德意志诸州银行执行理事会总裁组成。理事会的职能是决定贴现政策和最低准备金政策，为公开市场政策和发布贷款指令制定指导原则。德意志诸州银行已经具有中央银行的雏形（Hetzel，2002）。

经过近8年的准备，按照《德意志联邦共和国基本法》的要求，德国于1957年6月26日颁布了《德意志联邦银行法》，废除了两级中央银行体制，在合并、改组州中央银行的基础上，建立了统一的中央银行——德意志联邦银行。

德国人从两次创伤中得出经验，即货币政策的主管机关必须独立于政府，只有这样才能完成其基本任务——保卫货币。在德国人的意识中，中央银行听命于政府会使货币政策带有通货膨胀的倾向，因此，为了确保那些因通货膨胀而受损失的人们的公正利益，就需要有一个尽量摆脱政治压力的独立的中央银行（任超，2001；Hetzel，2002；杨荣，2005）。其独立性主要体现在以下几个方面。

首先，从德意志联邦银行组织独立性的角度看，《德意志联邦银行法》第3条明确规定：德意志联邦银行是公法意义上的联邦直接法人。虽然该条接着规定了联邦银行的设立资本2.9亿德国马克归联邦政府所有，但是，法律赋予联邦银行完全的自主权，其组织上不受总理的领导，不受政府的监督，也不受银行监督局的检查。政府作为最大的股东对央行的业务不得进行干涉。其次，从联邦银行与政府关系的角度看，《德意志联邦银行法》对上述两者关系问题非常重视，并设专章（第3章）对此予以专门规定。联邦银行与政府的关系充分体现着联邦银行的最大特点即中央银行对政府和议会的适当程度的独立性，从而保证央行能够有效完成法律所规定的包括稳定货币在内的一切任务（任超，2001）。再次，从职能方面看，联邦银行的独立性十分明显。《德意志联邦银行法》第3条规定：德意志联邦银行利用本法赋予的货币政策权限，调节货币流通和经济的资金融通，以达到保卫货币的目的，并从事国内外支付事务的银行清算。而且，联邦银行在行使上述职权时不受政府指令的干涉。最后，德意志联邦银行具有货币储备管理者的职能，即联邦银行作为德国官方货币储备的唯一机构，有责任保证国家国际现金支付的能力，这也是联邦银行独立行使职权的职能。

（二）稳定币值是联邦银行货币政策的唯一最终目标

《德意志联邦银行法》第3条明确规定，德意志联邦银行以稳定币值为目标，调节货币流通量和经济发展所需融通的资金量，并办理国内外的银行间支付业务。

除了对中央银行维持支付体系正常运行作出规定外，《德意志联邦银行法》特别强调德意志联邦银行稳定币值的职责，德意志联邦银行始终将稳定币值视为其首要任务。此外，《德意志联邦银行法》第12条还规定，德意志联邦银行有义务支持联邦政府总的经济方针，但是它对联邦政府经济政策的支持不应与其稳定币值的目标发生冲突。这就是我们经常讲的德意志联邦银行的独立性。

《德意志联邦银行法》规定，德意志联邦银行可以多方面通过对利率和资金市场供求状况的调节来完成其货币控制的任务，这也就是从法律上限定了德意志联邦银行货币政策工具的使用不应该影响市场力量的自由运作和金融部门的自由竞争，因此，德意志联邦银行不拥有直接限制银行部门信贷扩张需求的可能性（即不实行信贷规模控制），也不拥有直接对存款、信贷、有价证券市场利率进行行政性干预的可能性。德意志联邦银行货币政策目标的实现，只能通过对商业银行流动性储备的调节和对金融市场利率机制的利用而间接地调控商业银行的信贷供给能力和经济部门的信用货币需求的方式（何广文，1994）。

稳定币值与促进经济增长的目标在根本上是统一的。稳定币值是经济发展的前提，如果币值稳定，货币的流通媒介、价值符号和价值储藏等功能就发挥得好，企业和居民将会增加储蓄并用于投资，支持扩大再生产。反之，如果币值不稳定，企业和居民将会把结余资金用于购买贵金属、土地和房屋等资产，生产领域资金投入就少，扩大再生产甚至简单再生产都无法进行，经济发展困难。从德意志联邦银行执行以稳定币值为目标的货币政策的实践结果看，由于货币政策目标明确、操作得当，德国经济在相当长时期内维持着低通货膨胀、快速增长的状态。1974 年以来，以居民生活费用价格指数为代表的年均通货膨胀率仅为 1.5%。而英国、意大利等国，在整个 20 世纪 70 年代很长一段时间中出现了高通货膨胀、低经济增长的状况，即滞胀，这显然与这些国家中央银行独立性不强、货币政策目标多元化有关。进入 80 年代，由于英格兰银行的目标趋向单一化，英国的通货膨胀才得到有效抑制。

（三）货币供应量 M3 是货币政策的中介目标

关于货币政策的理论研究表明，货币政策的中介目标应符合以下三个原则：可核算、可由中央银行调控、与货币政策的最终目标密切相关。按照可核算、可调控、高度相关的原则，通过对主要金融指标的定性和定量研究，德意志联邦银行认定货币供应量 M3 是目前适宜的货币政策中介目标。现在，货币供应量 M3 包括流通中的货币、活期存款、不足 4 年的定期存款和法定提前通知提取的储蓄存款。德国的货币供应量 M3 具有以下三个特点：一是可以按月核算货币存量；二是操作工具对货币供应量的调控是有效的；三是货币供应量 M3 与货币政策的最终目标高度相关，有关的实证研究表明，M3 与物价波动密切相关，滞后时间平均为 2—3 年（郭德，1999）。

此外，利率尤其是短期利率的变化，影响的仅是 M3 的结构，对总量没有影响。如当利率提高时，货币从活期存款向定期存款和储蓄存款转移；当利率下调时，货币从定期存款和储蓄存款向活期存款转移。这些转移都在 M3 内部各部分之间进行，不影响 M3 的总量。由于上述特点，货币供应量 M3 被选为货币政策的中介目标。这与一些把短期利率作为货币政策中介目标的国家不同。从实际执行情况看，德意志联邦银行的操作是非常成功的。在 1975—1998 年的 24 年中，德意志联邦银行每年制定的货币供应量目标在一年中实现的有 11 年，占 45.8%，没有实现的有 13

年，占 54.2%（方超，2012）。需要说明的是，即使在没有实现的 10 年中，执行结果与调控目标之间的差距也很小。

德意志联邦银行货币供应量的增长目标是用交易方程式（MV = PQ）测算的，具体步骤为：首先，要测算潜在的经济增长，主要决定因素是资本、劳动力和技术进步；其次，测算不可避免的物价上涨；最后，测算货币流通速度的长期下降趋势。根据这三种因素确定合理的货币增长目标。考虑到运行过程中的不确定因素，德意志联邦银行目前货币供应量 M3 的控制目标为 4%—7%。

（四）政策操作工具以公开市场操作为主、其他工具为辅

德意志联邦银行的货币政策工具可以分为两大类：第一类是决定金融机构的流动性、提供中央银行基础货币的，如采用证券回购形式的公开市场操作、再贴现、伦巴德贷款[①]（Lombard loan）；第二类是决定货币乘数的，如最低法定存款准备率、再贴现率、伦巴德贷款利率（宫少林，1993）。发达的货币市场是各国中央银行进行货币政策操作的基础和主要场所。德国有发达的货币市场，货币政策的操作主要在货币市场上进行。目前，德国货币市场运行有以下主要特点：一是交易为无抵押品的纯信用交易；二是交易主要通过电话方式进行；三是交易均为批发性交易，每笔交易最低 500 万马克，一般为 1000 万—5000 万马克，小的金融机构无法进入这个市场；四是期限短，大部分是隔夜拆借，目前德国隔夜拆借的数量每天约为 500 亿马克；五是交易主要集中在法兰克福，因为德国大金融机构的总部大多设在法兰克福。

德意志联邦银行最主要的货币政策工具是公开市场操作，其提供的基础货币总量中约 2/3 来自以证券回购方式进行的公开市场操作，因此公开市场操作是货币政策操作的最主要方式（宫少林，1993）。公开市场操作的政策、原则、方针由德意志联邦银行执行理事会制定，主要考虑因素为回购证券的种类、期限、数量和回购利率，具体操作由各地区联

---

① 本质上是动产抵押放款，是一种以商品或有价证券作为担保品的放款，在发放以商品作为担保的放款时，要首先确定抵押商品的“垫头”和取得抵押商品的权益。其贷款利率称为伦巴德利率。伦巴德利率一直是联邦德国中央银行的货币政策工具。根据《德意志联邦银行法》的规定，德意志联邦银行有权在接受合格证券抵押的情况下向商业银行发放 3 个月以下期限的伦巴德贷款，伦巴德贷款原则上是为了弥补头寸不足的应急贷款，期限较短。一般为 1—7 天，其利率高于再贴现率并跟随其变化，它们之间的差额一般在 1—2 个百分点的幅度内变动，抽紧银根时大一些，放松银根时则相对小一些。

邦银行通过招标方式进行。每周二上午 9 时招标，下午 3 时各金融机构投标。每周三执行理事会将汇总的投标情况予以公布，确定中标者，并在清算系统上进行资金交割。

二 欧元区单一货币政策：从双支柱到量化宽松

（一）单一货币政策与欧央行系统

《马斯特里赫特条约》确立了欧元作为经济暨货币联盟的货币（《欧洲联盟条约》第 3.4 条），并对参与国（欧元区）施行单一货币政策。欧元区的货币管理局由欧盟国家中央银行（NCBs）与欧洲中央银行（ECB）组成，共同构成欧洲中央银行系统（ESCB）。欧元体系由欧洲央行和货币为欧元的国家中央银行（NCBs，目前为 19 个）组成。欧洲央行负责协调操作，而各国央行则负责执行交易，例如向银行提供资金，解决跨境交易以及管理外汇储备。欧洲央行可以接受其职权范围内的任何事宜咨询以及意见［《欧盟运作条约》（Treaty on the Functioning of the European Union），TFEU，第 127.4 条］。《欧盟运作条约》第 127.2 条进一步规定了欧洲央行体系的职责，即定义和实施欧盟的货币政策，开展外汇业务，持有和管理成员国的外汇储备，促进支付系统的顺利运行。

此外，在咨询欧洲议会和欧洲央行之后，《欧盟运作条约》第 127.6 条允许理事会依法将欧洲央行的特定任务分派给信贷机构和其他金融机构（不包括保险公司）进行审慎监管。该规定已用于建立由欧洲央行和国家监管机构组成的单一监管机制（The Single Supervisory Mechanism，SSM）。该系统对非欧元区国家开放，并且这些国家可以通过与欧洲央行签署特别协议加入欧元区。这一结构基于两个重要的前提。首先，基于共同货币的单一货币政策应不受成员国和欧洲机构的任何政治干预，特别是与预算政策的联系，从而消除公共部门赤字货币化的所有风险。其次，其主要目标是“维持价格稳定”（《欧盟运作条约》第 127.1 条）。通常与欧洲中央银行相关的其他政策目标结合，例如支持就业和增长以及维护金融稳定，只有在确保主要目标后才能发挥作用。

这些前提源于过去几十年来在经济学家和政策制定者之间达成的广泛共识，在这种共识下，货币政策被认为具有高度复杂的“技术”功能，但对于实体经济而言则是“中性”。通过夺走民选政治家手中的“印钞机”，通货膨胀风险能被可靠地消除。因此，《马斯特里赫特条约》将货币政策委托给一个拥有所需独立性和技术专长的独立实体；其规约是该条约的组成部分，并作为《议定书》的附件（《欧盟运作条约》第129.2条）。由于只能通过成员国的一致同意来修改条约，因此在这种体制设置下，欧洲中央银行的独立性享有强力保护，在德国法律下，欧洲中央银行的独立性甚至强于德意志联邦银行。通过将货币政策职能移出国界，一劳永逸地切断了与国家财政政策的所有纽带，而国家政客们完全无法做到这一点。绝对的政治独立和与国家财政政策不可逆转的分离将为私人代理提供可靠的机构，赢得信心以稳定通胀预期。TFEU 第 130 条和欧洲央行体系 ESCB 章程第 7 条进一步保护了独立性，根据该条，当欧洲央行行使其权力和履行其职责时，欧洲央行和成员国央行，以及它们的决策机构的成员，都不应从共同体机构、成员国政府或其他任何机构寻求或接受指示。国家立法机构必须确保各国国家央行享有类似的独立性，且被任命的管理者须是最合适的人选（至少五年内）。该条约规定，禁止欧洲央行对联盟或政府机构进行各种形式的货币（“透支”）融资（《欧盟运作条约》第 123 条和《ESCB 章程》第 21 条），进一步避免了主权债务货币化的风险。欧盟机构不能接管任何成员国政府和行政机构的债务的“无救助”条款（《欧盟运作条约》第 125 条）；对于超出公共部门赤字（占 GDP 的 3%）和债务（占 GDP 的 60%）双重限制的国家，实行过度赤字程序（《欧盟贸易法》第 126 条）。如前所述，《欧盟运作条约》第 127.1 条和《欧洲央行规约》第 2 条将价格稳定定为货币政策的主要目标。还规定，在不损害这一目标的前提下，欧洲央行“应支持具有国际联系的总体经济政策，并应根据自由竞争的开放市场经济的原则行事”。通货膨胀目标的定义以及欧元区单一货币政策的货币政策目标和工具的制定属于欧洲央行主要决策机构——欧洲央行理事会管理范围。由于货币政策目标是完全根据国内经济状况确定的，因此汇率不能成为明确的政策目标，这会破坏货币政策的稳定导向立场，欧元汇率取决于预期相对于主要货币区域（尤其是美元区域）的相对货币立场。

（二）稳定导向的新货币政策战略

由于《欧盟运作条约》创立的货币联盟构建了以价格稳定作为欧元区货币政策的基本目标，早期欧洲央行不仅发展了货币政策战略，为价格稳定货币政策提供了一个坚实的行为和交流基础，而且发展了一个实施货币政策的详尽的操作框架。但也面临两个主要且相互关联的挑战。第一个挑战是尽快建立公众对欧洲央行维持价格稳定的信心。高水平的信誉可促进欧洲经济货币联盟转型和降低潜在成本。第二个挑战是确保在不确定经济环境中货币政策行为的一贯性和系统性，特别是在基本体制变化及很多国家央行有不同的框架和传统的情形下。为响应这两个挑战，欧洲央行发展了三个有机成分：一是价格稳定的数量化定义（Quantitative Definition），并作为一个可解释的清晰尺度；二是作为分析和评估价格变化展望的组织原则：双支柱框架（Two-pillar Framework）；三是交流和可解释性框架（Communication and Accountability）。

1. 价格稳定的数量化定义

1998 年 12 月，欧洲央行管理委员会采用了价格稳定的数量定义，其内容为：价格稳定应定义为欧元区统一消费价格指数（Harmonized Index of Consumer Prices，HICP）同比增幅低于 2%。在中期内，价格将保持稳定。这一定义允许经济代理人和观察家在任何时间和任何范围内评价欧洲央行的表现。它迫使欧洲央行解释为什么通货膨胀率有时会偏离它的定义，从而加强了欧洲央行的责任，有助于稳定中长期预期。

2. 双支柱框架

欧洲央行货币政策的实施依靠于双支柱框架：第一，货币的突出作用，它是以公告广义货币 M3 的增长率作为参照值为标志的；第二，对欧元区作为整体的价格变化展望和价格稳定风险的广泛评估，同时包括宏观经济预测（Hartmann & Smets，2018）。双支柱框架是欧洲央行货币政策战略的独一无二的特征和对两个挑战的部分回答。首先，货币的突出作用将帮助欧洲央行通过借用德意志联邦银行稳定导向的货币政策战略的一些元素，迅速获得信誉。第二，双支柱框架允许将不同的传统放在一个屋檐下，并在一个具有巨大不确定性、普遍结构变化、跨国家异质性和趋同性的环境中提供一个稳健的框架。它还将两种主要的经济范式——凯恩斯主义和货币主义——的观点结合在一起，这两种范式在很大程度上影响了几十年前的宏观经济辩论，而不是主要关注其中之一。

这要求中期内的通货膨胀率“低于但接近 2%”。根据这个定义，不仅通胀率超过 2%，而且过低的通胀率或彻底的通货紧缩，即统一消费价格指数持续的下降，都与价格稳定不相容。欧洲央行的货币策略旨在基于中期参考时间范围的一致，系统的货币政策实施方法，以稳固通胀预期为目标，并向公众清晰、公开地传达其目标。欧洲央行的行动基于更加灵活的策略，既考虑了经济变量，也考虑了应对经济震荡的相关时间范围。

M3 增长的参考值为 4.5%，这也表明欧洲央行瞄准的是价格稳定定义的上半部分。因为在初期 GDP 的趋势增长率假定在 2%—2.5%的范围内，当 M3 的流通速度趋势下降率在-0.5%—1%的范围内时，货币数量方程的结果表明操作性通货膨胀目标为 1%—-2%。虽然从未被明确承认，但这与强调 HICP 通胀中积极但不确定的测量偏差（高达 1%）是一致的，这也是欧洲央行没有在价格稳定的数量定义中制定一个明确的下限的原因之一。但这个参考值并不一定是实际操作的结果，后期 M3 的实际增长率大多数时候高于 4.5%，第一阶段最高达 9%。

3. 交流和可解释性框架

从法律上讲，欧洲央行可能是世界上最独立的央行之一。它的独立不仅仅源于国内法，而且基于一项国际条约（《欧盟条约》，EU2012a）。修改这项条约需要每个签字国的同意。透明和清晰的沟通是强大独立性的自然补充，因为它使央行更容易解释货币政策，而这反过来又是保持高度独立性的政治支持的关键因素。清晰的沟通对于有效实施货币政策也很重要，因为它有助于锚定通胀预期，减少政策引发的不确定性，并使政策决定的传递过程更有效。

从一开始，欧洲央行就非常重视以透明和及时的方式向金融市场参与者和公众传达其政策行动和决策背后的经济原理。自启动以来，主要的沟通工具是欧洲央行管理委员会的主席在每次召开会议之后立即举行的货币政策新闻发布会。其他的交流沟通渠道包括每月公报、欧洲央行行长与欧洲议会委员会有关经济货币事务的见面会、大量的公开演讲，以及与执行董事成员的面谈等。

（三）宽阔的货币政策操作框架

理事会决定的货币政策立场是通过欧洲央行的市场操作来执行的。事实上，欧元诞生之初，欧洲央行理事会就将这些操作委托给了欧洲央行执行委员会，从而在一定程度上将操作决策与一般货币政策辩论分离开来。操作决策将在交易对手方及其各自国家央行之间以分散的方式进一步执行。最初，市场操作的主要目的是保持非常短期的货币市场利率接近理事会决定的政策利率。当政策利率接近其有效下限，以及需要使用短期利率以外的其他手段进一步放松货币政策时，才增加了更多的目标。在设计操作工具时，欧洲央行优先考虑了平稳执行其货币政策所需的东西，其次考虑了什么对市场运作、中立性和风险控制有利。

欧洲央行操作框架的一个重要特征是其广度，尽管重点关注与欧元区主要金融结构相关的银行。鉴于欧元区国家金融体系的多样性，需要一个非常广泛的框架来满足上述标准。在这方面，许多欧元区国家央行的长期经验特别有帮助。到目前为止，欧洲央行的操作框架包括四种类型的工具：①公开市场信贷操作；②常备便利；③最低准备金要求；④直接购买资产。

最初，只有前三类工具被积极使用。准备金要求推广到了银行部门的流动性赤字（相对于银行票据发行和政府存款创建的中央银行）。欧元区银行必须将一小部分短期债务（2012 年 1 月前为 2%，之后为 1%）存入其欧元系统账户，这些准备金按欧洲央行为主要再融资设定的利率（MROR 利率）支付回报。通常情况下，平均程序具有稳定作用，因为它鼓励流动性规划，并有助于减轻意外的短期流动性冲击的影响，而这正是准备金要求的主要目的。

公开市场操作允许欧洲央行的交易对手获得消除总赤字所需的流动性，从而使短期货币市场利率保持在理事会决定的政策利率附近。在金融危机之前，大部分流动性是通过主要再融资业务（MRO）提供的，因此 MRO 利率（MROR）构成了理事会的关键政策利率。MRO 最初是与欧元体系对手方进行的为期两周的抵押信贷操作的每周投标。在这些操作中，欧洲央行修正了 MROR，估计了银行体系所需的整体流动性，并根据收到的投标按比例分配了金额。经过一些关于高投标和低投标现象的内部和外部讨论，欧洲央行于 2000 年 6 月改用可变利率投标，最低投标利率构成政策利率。2004 年 3 月，MRO 的期限缩短至一周。第二种公开市场操作从一开始就是期限为 3 个月的长期再融资操作（LTROs）。在早期，第三种类型，微调操作，使用得相当少。

欧洲央行的两个常设工具围绕 MROR 创造了一个非常短期的货币市场利率走廊。在存款工具中，交易对手可以将未使用的流动性隔夜存放，获得低于存款利率（DFR）的贷款。在边际贷款便利条件下，交易对手方可以在一天结束时以惩罚性利率——边际贷款利率（MLFR），即高于 MROR 的利率，通过符合条件的抵押品，隔夜拆借任何流动性。在金融危机之前，由常备便利定义的走廊大部分时间是围绕 MROR 对称设置的，宽度为 200 个基点。图 5-1 显示了 1999 年 1 月至 2018 年 8 月的三个政策利率边际贷款利率（MLFR）、主要再融资业务的利率（MROR）、存款利率（DFR）。但金融危机之后宽度收窄为 100 个基点及以下，图 5-1 为百分比单位下的走势图。

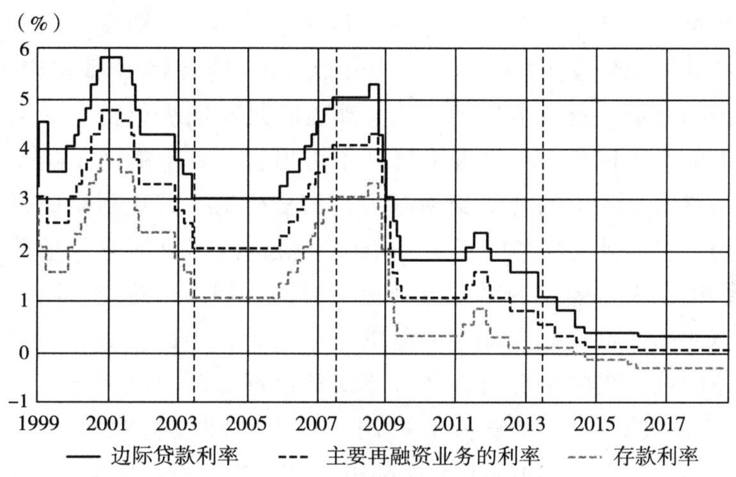

图 5-1　欧洲央行政策利率和隔夜货币市场利率

欧洲央行的操作框架的宽泛性不仅体现在政策工具的多样性，也体现在与欧洲央行的合格交易对手和合格交易资产的数量巨大。

在以银行为基础的传统金融系统中，欧元体系的业务主要包括银行再融资工具，主要是对合格抵押品进行的反向交易形式：直到金融危机之前，它们包括短期再融资业务（MROs，11 周）和长期再融资业务（LTROs，三个月），微调操作业务（非标准期限，还包括定期存款和外汇掉期的收取），欧洲央行债务凭证的发行（以消耗流动性）以及可供银行支取或提取的固定设施隔夜存入资金以平滑流动性（边际借贷和存款便利）。反向交易最大限度地减少了欧洲央行承担的市场和信贷风险。金融危机爆发后，就引入了特殊的工具和设施，既可以为处于长期压力下的银行再融资，又可以直接购买私人和主权证券（Micossi，2015）。

关于交易对手，任何在欧盟（或类似的第三国制度）监管下，并符合某些操作标准的欧元区信贷机构，都可以成为欧洲央行的交易对手。有效交易对手的数量约为 2000 家，在欧元成立初期占欧元区所有银行的 1/4，后来不断发展到占 1/3。

MROs是主要的货币政策工具，对这些操作收取的利率是关键的官方参考利率。边际贷款收取的利率是指合格的交易对手主动提供的隔夜无限制金额的贷款（针对足够的抵押品）以及对定期存款工具中的银行存款支付的利率分别为有效期设定了上限和下限的隔夜货币市场利率，因此该利率可能在其中波动。参考隔夜利率是EONIA，即欧元区货币市场隔夜利率的欧元隔夜指数平均值，为其他货币市场利率调整留出了空间。合格抵押品在单一资产清单中定义，涵盖满足欧洲央行指定的统一欧元范围标准的可出售和不可出售工具（不可出售工具不能用于隔夜操作）。欧元体系货币业务中的合格交易对手是信贷机构，其受制于该系统的最低准备金要求，并受参与国至少一个国家机构的“高质量”监管。通过与成员国国家央行建立的紧急流动资金援助（ELA）路线可以完成各种工具，以协助面临临时流动性问题的单个银行；因此，尽管在对银行系统造成系统性冲击的情况下，区分不流动性和破产可能并不容易，但原则上这些路线对破产的银行不可用。直到欧洲银行业单一监管机制（SSM）成立之前，干预的决定权都由NCBs决定，除非有“三驾马车”援助计划（在这种情况下，ECB也会参与评估银行的状况）。抵押要求是由NCBs设定的，通常其要求的标准要比ECB的要求低。这些最后贷款功能与NCBs的监管职责在功能上相关，因此不属于单一货币政策的一部分。但是，欧洲央行要充分及时地了解其受益人、规模和时间；如果理事会认为这些活动干扰了欧元体系的货币政策任务（以投票总数的2/3多数采取行动），则可以限制这些行动。

可以看出，欧元体系拥有中央银行通常可用的所有政策工具，在如何部署这些工具方面有足够的回旋余地。但是，它们的实际使用受到政治限制，反映了《欧盟运作条约》赋予欧元体系的目标。正如未来将看到的那样，当欧元体系不得不面对作为政府债券市场的最后贷款人进行干预的需求时，这成为严重的困难。

（四）常规与非常规货币政策

1. 常规货币政策

传统的货币政策要求中央银行改变短期利率（即政策利率）以实现其经济目标。政策利率会影响经济中的其他利率（例如住房贷款或商业贷款的利率以及储蓄账户的利率）。这些利率的变化会影响人们的投资或消费决定，最终影响经济活动。因此，通过改变利率，传统的货币政策可以帮助中央银行实现总需求，就业和通货膨胀等目标。加息会抑制总需求和就业的增长，并给通货膨胀带来下行压力。相反，降低利率会刺激总需求和就业的增长，并给通货膨胀带来上行压力。

2. 非常规货币政策

当使用除改变政策利率以外的工具时，就会发生非常规货币政策。这些工具包括：

负利率。当特定经济社会的名义利率降至零以下时，就会出现负利率环境。这一利率多是指欧洲央行的存款便利利率，即欧元区内的隔夜存款利率。这实际上意味着银行和其他金融公司必须支付费用，以将其超额准备金保留在中央银行中，而不是获得正的利息收入。

扩大流动性操作。中央银行与全球金融危机之前相比，为金融系统提供了更多的流动性；扩大了其从金融机构接受的抵押品范围；扩大了其允许从事国内市场运营的“合格交易对手”的范围；向银行提供的资金利率低于压力很大的市场中普遍存在的成本。

资产购买（Asset Purchase Programme，APP），也称为量化宽松（QE），涉及中央银行从私营部门直接购买资产，而中央银行则通过创建“中央银行准备金”来支付这些资产（这通常被称为“印钞”）。

前瞻性指导。在“基于时间的指导”下，中央银行做出明确的承诺，直到某个特定时间点才提高利率。中央银行表示，在“基于国家的指导”下，除非满足特定的经济条件，否则它将不会加息。前瞻性指导的主要动机是加强央行对低利率的承诺，这可能有助于降低长期利率。一个相关的动机是弄清楚中央银行在异常时期将如何应对。通常，前瞻性指导有助于减少经济和金融前景的不确定性。

非常规货币政策措施的定义在采取这些措施的中央银行之间差别很大。最初，在雷曼兄弟破产以及欧元区爆发的主权债务危机（自 2010 年开始）之后，中央银行采取的非常规政策主要旨在稳定已经受损的特定金融体系。它们有时被称为“信贷宽松”（Smaghi，2009）。值得注意的例子是 SMP 和 VLTROs 计划，以及雷曼兄弟破产后美联储为商业票据市场和货币市场共同基金建立的备用设施。这些干预措施是在短期利率达到其下限之前进行的，可以看作央行最后贷款功能的延伸。后来，随着空头利率下降到下限，重点转移到刺激实际增长和对抗通货紧缩上。在这种情况下，关于非常规货币政策的讨论集中在如何最好地克服较低的利率约束并有效地刺激经济上。中央银行可能会通过承诺长期维持低利率来寻求影响利率预期（前瞻性指导）；或者它可能旨在通过直接购买长期证券来直接改变长期证券的价格，从而启动私人投资组合中一系列资产替代的动作（投资组合余额效应）。

为此，中央银行的货币供应量（中央银行资产负债表的整体规模）必须大大增加，即量化宽松。因此，基础货币供应的大量增加已成为非常规政策的特征，非常规政策的运营目标通常在设定的时间范围内宣布为计划资产购买，并随之扩大了中央银行的资产负债表。实行非常规政策通常还伴随着大幅度的汇率贬值，这是与其他货币区域发生严重摩擦的根源。

（五）欧洲央行货币政策的五个阶段

以商业周期的视角、通过描绘关键宏观经济和货币政策变量的变化趋势和重大事件，综合 Hartmann 和 Smets（2018）货币政策分段和当前正在进行的新冠疫情期间的货币政策，可把欧元区的经济发展和货币政策分成五个阶段：①互联网泡沫破裂后伴随欧元汇率疲软的增长放缓初期（1999—2003 年）；②货币和信贷增长的繁荣时期，伴随着相对稳定的通货膨胀和加速增长（2003—2007 年）；③美国金融危机爆发导致的双底衰退和欧元区主权债务危机的出现（2007—2013 年）；④低通胀恢复期（2013—2018 年）；⑤新冠疫情导致的严重衰退期（2018 年至今）。五个不同的阶段，货币政策也有巨大的差异。

第一阶段，技术泡沫与欧洲央行的第一个利率周期（1999 年 1 月至 2003 年 6 月）。本阶段是欧洲央行成立初期，通过借用德国之前货币政策策略，实施稳定导向的稳健货币政策战略和广阔的操作性框架，较好地应对了技术泡沫的破裂和美国的恐怖主义袭击等事件的负面影响，摆脱了经济的衰退，取得了较好的政策效果，建立了欧洲央行的良好信用，赢得了欧元区各国央行和经济社会各界的信任。货币政策的稳健性体现在对价格稳定的数量化定义、双支柱框架及交流和可解释性。广阔的操作性框架体现在主要再融资业务、常备便利支持的利率走廊系统、广泛的抵押品和大量的交易对手。

刚成立的欧洲央行经历了第一个商业周期及第一个利率周期。主要包括三次利率的调整。①由于亚洲金融危机、俄罗斯金融危机，1998 年欧元区所有央行协同行动把主要央行利率下降到 3%，1999 年，人们越来越清楚地认识到，总体而言，中期价格稳定面临的风险主要是下行风险。以历史标准衡量，通胀率非常低（低于1%）。欧洲央行理事会于1999年4月8日将政策利率下调了50个基点，由3.0%降至2.5%。②然而，随着油价大幅上涨和一般的进口价格上涨，价格上涨的压力在短期内经济增长强劲的背景下，间接的风险，第二轮对消费者价格通胀的影响通过2000年的工资增长显著。欧元汇率的趋势贬值加剧了这些担忧。欧元区的经济活动在2000年初扩张得非常迅速，增长率超过了4%，中长期价格稳定面临上行风险。在此背景下，欧洲央行理事会上调了主要利率，1999年11月至2000年10月，连续加息225个基点，使主要政策利率在2000年10月达到4.75%的水平。③欧元区的经济增长在2002年变得相当疲软，这种表现在2003年没有根本改变。通货膨胀率HICP在2000年和2001年上半年进一步上升。尽管2000年9月，在欧洲央行、美联储和日本央行联手干预汇市后，油价显著下跌，欧元兑所有主要货币汇率大幅升值，从2000年到2003年上半年，HICP年平均通胀率保持在略高于2%，但2002年春季以后，经济活动的缓慢步伐和欧元的大幅升值缓解了通胀压力。从货币政策的发展来看，自2001年中以来，M3的年增长率强劲加速。在此期间，欧洲央行理事会将欧洲央行的关键利率总共下调了275个基点。这包括2001年9月13日与美联储协调，联合降息50个基点，以应对美国恐怖袭击对信心的不利影响。2003年6月，政策利率达到了2%的历史最低水平。同时，M3纠正的持续增长的估计影响投资组合的变化被视为反对通缩风险出现的一个重要指标。

对于第一利率周期，欧洲央行的评价是早期政策利率有点吃紧但具有很好的预见性。然后首次检验了欧元升值和通胀达到顶峰超3%时的反通胀能力；首次采取了与美联储和日本央行的协调行动，且效果不错；互联网泡沫的破灭引发了降低利率下限的讨论；货币和信贷增长的去耦合损害了M3的参考值。

第二阶段，没有逆向干预的经济好转和扩大的失衡（2003年7月至2007年7月）。2003年，积累大约四年新战略经验的欧洲央行行长奥特玛·伊辛发起了央行货币政策战略的回顾，导致三个主要变化：①进一步澄清价格稳定的定义：管理委员会将把年同比的HICP通货膨胀率瞄准“中期内低于但接近2%”；②结束M3增长率参考值的年度审查；③在月度货币政策新闻发布会上对行长的介绍性陈述进行调整。这些变化得到肯定，但是有关货币政策分析的辩论仍在继续，2006 年召开了有关货币作用的研讨会，实施的相关研究课题扩大了争论。

在这一阶段，欧洲央行采取稳定利率的政策，MROR 利率在 2%这一历史最低水平执行了较长的时间，以期实现经济恢复。2005 年的经济分析表明上行风险正在增加，特别是由于油价上涨对工资和价格制定造成的第二轮潜在影响。截至 2004 年中期，强劲的信贷和货币扩张反映了当时欧元区普遍处于极低水平的利率的刺激效应，以及随后欧元区经济的新活力，而不是投资组合的转移（如 2001 年至 2003 年），表明在 2005 年底，中长期价格稳定面临的上行风险增加。作为回应，欧洲央行从 2005 年 12 月开始上调政策利率，最终在 2007 年 6 月底上调了 200 个基点，MROR 利率达到 4%的水平。利率政策不是太宽松，也没有证据表明存在逆向调整（Leaning Against the Wind）。总的来说，第二阶段的特点是在较长一段时间的低利率之后，经济活动的扩张趋势明显，货币和信贷的增长强劲。通过对上述逆向调整政策的事后讨论和总结，欧洲央行管理委员会提出了新的问题：面对日益严重的金融失衡，货币分析在多大程度上被用于指导货币政策。由于货币和信贷强劲增长，资产价格（尤其是住房价格）可能会快速上涨。在这期间，欧元区国家的经济失衡加剧，主要表现在经常账户余额差异扩大，伴随着地区和个人的信用问题以及房价等资产价格上涨，有些国家出现了私人或公共债务积压。

第三阶段，经济危机、双底衰退和非标货币政策（2007 年 8 月至 2013 年 6 月）。在金融危机的早期阶段，欧洲央行的操作框架占据了中心舞台。原因是，更广泛的问题首先出现在银行间和其他短期融资市场，这在很大程度上可以通过流动性管理工具来解决。此外，它还允许欧洲央行继续遵循所谓的“分离原则”，这意味着，货币政策的实施侧重于为实现中期价格稳定而设定政策利率，而市场操作侧重于确保市场动荡不会干扰政策利率对经济的传导。另一种说法是，这些操作是传统利率政策的补充（而不是替代）。分离原则与 Poole（1970）的传统分析相一致，该分析认为，在面对纯粹的金融冲击时，稳定短期利率是使实体经济免受这些冲击影响的最佳方式（Fahr et al.，2013）。

欧洲央行历史上的第三个周期可以分为三个小段。从 2007 年 8 月到 2008 年 9 月的第一小段通常被称为金融市场动荡。美国次级抵押贷款市场的崩溃导致发达国家资产支持证券（ABS）等结构性信贷市场的风险普遍重新定价，严重损害了银行间及其他短期融资市场。8 月 9 日，欧洲央行立即采取行动，通过固定利率隔夜微调操作（Finetuning Operation，FTO）将 950 亿欧元的全部需求分配给交易对手方，成为第一家对市场动荡做出反应的主要央行。在接下来的几天、几周和几个月里，针对欧元货币市场动荡的一系列操作措施包括进一步的微调操作（FTO），内部维持期的“前置负荷”（意指欧洲央行在每个储备维持期的早期提供了非常充足的流动性，然后在每个维持期结束前逐渐减少）和总体市场操作的期限组合的相对延长（例如，通过运行补充的 3 个月长期再融资操作 LTRO）（ECB，2008）。然而，根据分离原则，这些措施旨在保持整体货币政策立场不变。2007 年 12 月下半月，欧洲央行还与美联储联手，通过互换安排向欧元体系的交易对手提供美元流动性，以应对短期融资市场不断上升的压力。

第二小段从 2008 年 10 月到 2010 年 5 月，是继雷曼兄弟破产、大衰退（Great Recession）以及与之相关的国际贸易崩溃之后，影响许多发达国家的严重系统性金融危机。在这一时期，欧洲央行采取的标准和非标准货币政策措施相互配合，尽管保持了分离原则。通过国际协调后，2008 年 10 月 8 日降息 50 个基点；为应对可能的产出和价格崩溃，欧洲央行关键政策利率通过六个步骤进一步降低了 275 个基点，达到在 2009 年 5 月 1%的水平为其主要政策利率，这也是一个新的历史低点。2009 年 5 月，当 MRO 利率达到 1%时，政府采取了额外的非标准措施，以支持信贷流向家庭和企业，这些措施包括宣布将再融资业务的最长期限延长至一年（从 6 月开始的一年期长期长期债券），以及推出担保债券购买计划（CBPP，从 7 月开始），这是欧洲央行实施的首个直接购买计划，旨在恢复银行的融资渠道，并支持它们的信贷中介，加上 2008 年 10 月采取的措施，这些措施构成了欧洲央行应对金融危机的“加强信贷支持”政策（Trichet，2009），这些标准和非标准货币政策的组合对银行间市场利差和更普遍的融资条件产生了有益的影响。它们与扩张性财政政策和金融部门支持措施一起，为经济和金融从大衰退中初步复苏做出了贡献。

第三小段从 2010 年 6 月至 2013 年 6 月，以欧元区主权债务危机的出现为开端，希腊财政状况明显恶化，随后欧元区其他几个国家陷入困境。欧洲央行的政策回应继续遵循分离原则。一方面，为了确保陷入困境国家主权债券市场的流动性，并恢复货币政策传导机制的适当功能，欧洲央行于 2010 年 5 月推出了首个主权债券购买计划——证券市场计划(SMP)。另一方面，由于国内生产总值（GDP）增长和总体通胀双双上扬，欧洲央行在 2011 年 4 月和 7 月分别将关键政策利率上调了 25 个基点，此前的近两年里，欧洲央行一直没有加息。随着金融紧张加剧和财政整顿加剧，经济信心下降，2011 年第四季度，经济迅速放缓，欧元区进入双底衰退，其中重要的推动因素是银行的去杠杆需求和相关的银行贷款标准收紧，以及货币和信贷增长的进一步减少。

作为回应，欧洲央行进入了新的货币政策宽松阶段。2011 年 8 月 7 日，欧洲央行行长 Trichet 就意大利和西班牙问题发表声明，宣布欧洲央行将重启其证券市场计划。2011 年底，欧洲央行推出了几项新的非标准措施。两项为期 12 个月和 13 个月的长期再融资操作（LTRO）于 2011 年 10 月 6 日宣布，以及第二项预期规模为 400 亿欧元的担保债券购买计划(CBPP2)。然后，在新行长马里奥·德拉吉的领导下，欧洲央行逆转了 2011 年 4 月和 7 月的加息举措，在 2011 年 11 月和 12 月将关键政策利率总共下调了 50 个基点。此外，在 2011 年 12 月和 2012 年 2 月，进行了两项为期 3 年的长期再融资业务（VLTRO），并可选择在一年后提前还款，总金额超过 1 万亿欧元。这些 VLTRO 为银行提供了融资的确定性，缓解了到期债券的赎回，并帮助银行维持了与私人客户的信贷额度。最后，在 2011 年 12 月 8 日，欧洲央行还决定通过降低某些资产支持证券的评级门槛，并将最低准备金率从 2%降至 1%，再次扩大抵押品清单。

在这个新语境和更清晰地解决一些最重要的金融和财政弱点的路径下，2012 年 7 月 11 日欧洲央行降息 25 个基点，将存款工具利率降到零，并持续两年；2012 年 7 月 26 日，欧洲央行行长德拉吉在伦敦发表讲话，他在讲话中保证："在我们的职权范围内，欧洲央行准备好了不惜一切代价来维护欧元。"总体而言，欧洲央行初期的操作框架非常适合解决银行间市场的损失，它向广泛的银行间市场提供充足的流动性，并有充足的抵押品。欧洲央行特别像银行系统的传统最后贷款人一样"向市场放贷"。在此过程中，它依靠分离原则，将非常慷慨的流动性供应与制定货币政策立场区分开来。然而，随着金融危机和主权债务危机的加剧和潜在的有偿付能力问题银行和主权国家一直存在，并相互强化，经济货币联盟的不完全性在银行和财政领域变得越来越明显，削弱了央行货币政策的有效性。

第四阶段，低通胀恢复和处理利率低限问题（2013 年 7 月至 2018 年 6 月）。该阶段的特点是：欧洲央行采取行动，试图克服零利率下限，以应对通缩风险，并将通胀率拉回接近 2%的水平。为此，欧洲央行采取了量化宽松、贷款融资和明确的前瞻指引等政策。欧洲央行是第一个进入负利率区间的央行，在美国“缩减恐慌”（Taper Tantrum）之后，这导致了对欧元区不希望的显著利率溢出效应。欧洲央行在 2013 年 7 月推出了关于关键利率未来路径的明确前瞻指导，而且前瞻指导的精确表述也随着时间的推移而演变。随着各种国别方案解决了一些根本成因，创建具有共同监督和解决功能的银行业联盟和建立支持政府的欧洲稳定机制（ESM）和欧洲央行的 OMT 计划，主权债务危机有所缓解，复苏开始站稳脚跟。

为避免出现通缩风险，并解决银行贷款渠道受损的问题，欧洲央行从 2014 年 6 月开始实施了三管齐下的全面货币政策宽松战略。欧洲央行行长德拉吉在一次讲话中对这一策略作了预示，在讲话中提出了宽松策略的三个要素的每一个条件。第一个措施是进入负利率区域。2014 年 6 月和 9 月，欧洲央行分别下调 DFR10 个基点至-0.2%。第二个措施是为了恢复信贷供应并解决分散的政策传导问题，政府宣布了新一轮信贷宽松措施，包括一系列定向长期再融资操作（Targeted Longer-Term Refinancing Operations，TLTRO），固定利率为 MRO+10 个基点。第三个措施是 2015 年 1 月开始扩大资产购买计划，也就是量化宽松政策，平均每月购买 600 亿欧元的公共和私营部门证券。

第五阶段，缓慢经济恢复遭遇新冠疫情的冲击和缓冲货币政策（2018 年 7 月以后，特别是 2020 年 3 月新冠疫情在欧洲快速传染以后）。本阶段欧元区的主要经济特征有两点：一是疫情肆虐严重，疫情的主要国家也是经济大国；二是经济倒退的压力巨大，各国情况略有差异。国际货币基金组织（IMF）6 月发布的报告对欧元区的经济前景非常悲观，其预测在新冠疫情的冲击下，欧元区 2020 年的经济发展水平会下降 10.2%，西班牙、意大利、德国和法国 2020 年经济发展水平相比于同年 4 月报告均出现不同程度的下降，分别跌至 12.8%、12.8%、7.8% 和 12.5%。

为了应对巨大的经济衰退的压力，欧洲央行推出有针对性的货币政策的第一目标就是要为市场注入更多的流动性以此来保护实体经济的发展，第二就是因为欧元区内成员国众多，各国的发展水平和速度都有差异，所以要维护整个市场的稳定。欧洲中央银行采用的核心货币政策工具是“疫情紧急采购计划”（Pandemic Emergency Purchase Programme，PEPP），同时采用了降低“定向长期再融资业务”利率和创新对抗疫情的专用货币政策工具：紧急疫情长期再融资业务（Pandemic Emergency Longer-Term Refinancing Operations，PELTRO）等。

三　欧洲央行统一货币政策下的德国货币政策执行

（一）经济复苏引导逐渐宽松的货币政策

在金融危机前，欧洲央行主要实施政策性利率，其通过三种关键性融资利率来引导市场预期，即边际贷款利率、存款工具利率以及主要再融资业务利率（ECB，2016）。

1998 年 6 月 1 日欧洲中央银行成立，作为德国的独立代表，德意志联邦银行总裁在欧洲央行理事会（Governing Council）中拥有席位和发言权，理事会在 1999 年 1 月的第一次会议上作出决定，从 1999 年 1 月开始，欧元正式启动，欧洲采取统一的货币政策，货币政策开始由欧洲中央银行统一制定。1999 年初，欧洲央行理事会设定了三个主要政策利率的波动区间：边际贷款便利利率为 3.25%，存款工具利率为 2.75%，主要再融资业务利率为 3.0%。这使得市场参与者更容易适应新的货币市场环境，防止货币市场出现重大利率波动，这一安排在 1999 年 1 月 22 日停止实施，随后利率区间扩大至 2.0%—4.5%。为了预防全球经济不确定性和欧元区经济动能减弱背景下的潜在通缩趋势，4 月初，欧洲央行管理委员会开始下调央行利率，从 4 月 9 日起，其将边际贷款利率和存款准备金率分别下调至 3.5%和 1.5%，并且在 4 月 14 日，降低主要再融资业务利率（作为固定利率投标）至 2.5%。由于美国经济持续活跃，危机四伏的国家明显复苏，世界经济前景明朗，欧洲的增长前景明显改善，货币和信贷增长依然强劲，这表明欧元区流动性相当慷慨。在这种背景下，明显的扩张性货币刺激已经不适用了。因此，从 1999 年夏季开始，欧洲央行理事会为适当收紧货币政策，准备逐渐提高央行利率。在 11 月 5 日将适用于边际贷款的利率从 3.5%提高到 4.0%，存款工具利率从 1.5%提高到 2.0%。尽管利率不断提高，但始终是宽松的货币政策。由于《马斯特里赫特条约》规定欧元区成员国的利率水平不能超过欧盟指导利率的 1.5 个百分点，故欧洲央行的升息行动使德意志联邦银行的货币政策操作空间增加。

（二）通货膨胀的预期使货币政策逐渐收紧

从1999年11月开始，由于通货膨胀的可能性不断增加，欧洲央行理事会实行逐渐收紧的货币政策，到2000年10月为止，上调了六次官方利率，共计1.75%。随着经济形势的好转，以及考虑到美国“911”事件可能带来的风险与不稳定，2001年春季欧洲央行管理委员会逐渐下调官方利率。比如，2001年5月10日欧洲央行理事会分别将边际贷款和存款工具利率下降0.25%，至5.50%和3.50%；2001年8月30日欧洲央行管理委员会再次分别降低了0.25%的边际贷款利率和机构存款利率。2002年初期货币市场宽松后，中央银行一直维持官方利率不变。在这期间，公众开始对由于食物短缺导致的物价升高表现出了极度的担心，但中央银行选择“观望”的政策。直到2002年12月上旬，通货膨胀压力明显减少的时候，中央银行首次下调了0.5%的官方利率，紧跟着为了实现物价稳定的目标，央行在2003年3月再次下调了0.25%，边际贷款利率和机构存款利率分别为3.5%和1.5%，主要再融资业务的利率调整为2.5%。

为了未来的中期物价稳定，欧元体系的利率在2004年并未改变。尽管经济持续复苏，经济增长温和，工资发展受到抑制，至少对国内价格稳定没有明显的威胁。然而，能源价格上涨，间接税和管理费用的上涨，加上工资和定价过程中第二轮效应的威胁越来越大，导致下半年物价预期明显恶化。因此，欧洲央行管理委员决定放弃“观望”的货币政策，并在2005年底，货币政策逐步收紧，12月将央行利率上调了25个基点。在2004—2006年，德意志联邦银行紧随美联储、欧洲央行的加息步伐，提高本国利率水平，实行紧缩性货币政策。随后在2016年3月再次上调25个基点。自2006年3月8日起，边际贷款利率和存款工具利率分别为3.5%和1.5%，可变利率投标的主要再融资业务的利率为2.5%。除了常规的货币政策外，2006年共进行了11次微调操作，其中6次通过定期存款途径、5次通过反向交易途径，以在调整期结束时抵消流动性不均衡。

货币政策的扩张态势在2007年继续缩小，货币政策再度收紧。越来越频繁的经济活动及积极发展的劳动力市场使价格稳定这一目标的实现面临不确定性，而2017年初生效的德国增值税的价格效应可能会带来第二轮的影响，欧洲央行管理委员会通过6次上调3月和6月的中央银行利率，每次上调 1/4 个百分点，增幅达 1.5%，用来应对通货膨胀的风险。自 2007 年 3 月 14 日起，浮动利率招标的主要再融资操作的利率为 3.75%，边际贷款利率和机构存款利率分别为 4.75%、2.75%。然而在下半年，货币政策遇到了更大的困难。虽然通货膨胀风险依然不可忽视，但自 8 月以来金融市场的动荡（来自美国次级抵押贷款市场的问题）导致央行决定不再进一步提高关键利率。因此，在 2007 年 6 月 13 日加息之后，主要再融资业务以 4%的利率继续作为浮动利率招标进行，边际贷款利率和存款工具利率分别为 5%和 3%。在 8—9 月的维持期间，由于担心美国次贷危机的影响，隔夜资金不足，仅 8 月 9 日这一个交易日利率就攀升至 4.60%。这促使欧洲央行进行更大的流动性操作——提供微调操作。由于流动资金需求难以量化，第一次微调操作是在 4.00%的固定利率投标下进行的，预先公布了全部收到的投标。然而，所有三个后续程序均采用正常的投标程序进行，即以利率进行不定额投标，且没有事先公布的分配额。这些快速发展的业务得到了欧元体系定期主要再融资业务（即流动性分配远高于银行基准要求的拨付）和两个长期补充的长期投标的补充，以便恢复较长期的货币市场。

（三）次贷危机下“低利率”扩张性货币政策

在 2008 年上半年央行维持不变的货币政策后，其陷入了平衡价格风险和持续动荡的货币信贷市场中，欧洲中央银行管理委员会决定在 7 月初小幅度增加关键利率，来应对由于欧元体系较高的通胀预期和动态上货币和信贷增长而大幅上涨的价格稳定风险。采取浮动利率的主要再融资操作的利率、边际贷款利率以及存款工具利率均提高了 1/4 个百分点，分别为 4.25%、5.25%和 3.25%。从 9 月中旬开始，由于金融市场动荡的加剧，众多银行的流动性和偿付能力出现了严重问题。伴随着美国投资银行——雷曼兄弟的倒闭，货币市场的紧张局势蔓延到了隔夜货币市场，欧洲央行委员会和其他五个中央银行在 10 月 8 日采取了一致行动。欧洲央行下调了欧元体系内 0.5%的主要再融资业务的利率，至 3.75%。通货膨胀预期的急速提高使央行在 2008 年的两次货币政策会议上继续放松其货币政策立场。11 月央行再次下调主要再融资业务利率至 3.25%，12 月又下调至 2.5%。紧接着的 2009 年 1 月和 3 月，央行均继续将利率下调了 50 个基点。在 2008—2009 年，欧洲央行六次下调欧元区主导利率，将其降至 1%的历史最低水平。在这一背景下，德意志联邦银行无法继续维持高利率政策，不得不调低市场利率水平，为银行贷款给私营部门创造更大的空间，进而提升德国经济复苏的前景。2009 年 6 月，德意志联邦银行对外宣布，向德国银行体系注入 500 亿欧元的一年期贷款，这也创下自金融危机以来德国单笔注资的最高纪录，德意志联邦银行的这一政策举动，目的在于激活信贷市场，向金融系统“输血”，成为欧洲央行“隐形刺激”行动的重要组成部分。应对这场声势浩大的危机，德国货币当局不仅启用大幅降低基准利率这个传统的货币政策工具，同时采用流动性管理措施、资产担保债券购买等非常规的货币政策手段。如此种种政策措施表明，联邦银行的货币政策进入了“扩张周期”（刘兴华，2009）。

2010 年，欧洲央行面临着充满高度不确定性的宏观经济环境，鉴于货币动态比较温和，通货膨胀的低风险及固定的通货膨胀预期，其将欧元体系的关键利率维持在历史低位。在这一整年中，欧元体系的存款工具利率维持在 0.25%，边际贷款利率保持在 1.75%，主要再融资业务利率也保持在 1%，并且隔夜利率仅仅高出存款工具利率 10 个基点。同年 5 月推出的债券市场计划 SMP 计划的收购目标为主权债务，目的是通过压低国债利率来间接舒缓银行部门的资金压力。但由于来自以德国为首的中心成员国政府的反对压力，SMP 被迫于 2012 年 9 月终止，累计总规模为 2142 亿欧元。2011 年欧元区经济增速放缓的主要原因是主权债务危机再度升级以及金融市场的紧张局势，这不仅加剧了宏观经济前景的不确定性，也增加了经济大幅回落的风险。7 月初，欧洲央行决定将三大主要利率各下调 0.25 个百分点。这个决定的主要原因是经济前景持续恶化，抑制了货币政策相关的通货膨胀压力，货币扩张速度缓慢。即便如此，经济持续疲软也没有使通货膨胀的压力经济有明显放松。相反，由于能源价格上涨和汇率走弱，2012 年和 2013 年的通胀预测不得不再次向上修正。考虑到这一点，欧洲央行管理委员会在 7 月初降息后没有采取进一步的利率政策措施。目前主要再融资业务利率为 0.75%的历史低点。欧元系统的交易对手通过 1.5%的边际贷款利率获得隔夜贷款。由于传统货币政策通过调节三大政策利率来影响消费与投资的效果已经不太明显，欧洲央行只能通过非标准化工具来施加影响。2011 年上半年，欧洲央行决定进行两次两到三年期的再融资操作，第一次在 2011 年 12 月进行，第二次在 2012 年 3 月进行。由于这两次操作的需求总量超过 1 万亿欧元，流动性过剩也达到了创纪录的水平。除了较常规货币政策操作外，为了振兴市场，刺激行业贷款，资产支持证券（ABSPP）和债券购买计划也将在2014年10月开始实施（刘程、佟家栋，2017）。

（四）更激进的货币政策以刺激经济与抑制通货膨胀

由于预期2013年欧元区经济可能出现回转，2013年5月2日，欧洲央行理事会决定将欧元体系主要再融资操作利率下调25个基点至0.50%，从2013年5月8日开始实行。此外，存款工具利率维持在零，边际贷款利率下调50个基点至1%。2013年11月7日，欧洲央行管理委员会再次下调主要政策利率：截至2013年11月13日，主要再融资业务利率为0.25%，比上一个水平低25个基点。与此同时，央行将边际贷款利率降低到0.75%，但仍然保持存款机构利率为零。由于市况大幅改善，经济开始回暖，央行决定在2014年4月前停止进行三个月期限的美元流动性操作。随着GDP增速进一步提升，欧洲央行管理委员会下调主要政策利率：截至2014年6月11日，主要再融资业务利率降为0.15%，比上一个水平低10个基点。同时，边际贷款利率下降35个基点至0.4%，而存款工具利率首次进入负值区域，下降至-0.1%。此外，央行还决定进行8期长达四年的针对性长期再融资操作，该利率将在每次操作的周期内被固定，具体计算方法是按照欧元体系主要再融资操作利率加上10个基点。随后的9月，央行再次下调主要政策利率，调整后的主要再融资业务利率、边际贷款利率及存款工具利率分别为0.05%、0.1%和-0.2%。

由于依靠传统货币政策通过调节三大政策利率来影响消费与投资的效果已经不太明显，欧洲央行只能改进非标准化工具来施加影响。自债券市场计划被终止后，欧洲央行迫于政府压力，推出了直接货币交易计划。德国坚决反对这一计划的实施，但还是于2015年得到了欧盟法院的支持，开始实行。为了加速欧元区通货膨胀回到价格稳定的目标，即2015年1月后将通胀率降低到2%以下且接近2%的水平，欧洲央行管理委员会决定启动扩大资产购买计划。根据这一计划，自2015年3月以来，欧元体系一直为私营部门提供了规模为600亿欧元的资金，其中更重要的是政府债券。由于欧元体系2014年12月的宏观经济预测显示，尽管有这些购买，通货膨胀只会逐渐接近目标，在2015年一整年中，欧洲央行只进行了一次利率调整：存款工具利率降了10个基点至-0.3%，主要再融资业务利率和边际贷款利率维持0.05%和0.3%不变，而且还延长了六个月资产购买计划的原始生命周期至2017年3月。2016年6月欧洲央行进一步扩大再融资操作，推出第二轮四批目标长期再融资操作（TLTRO）（刘程、佟家栋，2017）。长期的低通货膨胀对欧洲央行的货币政策提出了挑战，在必要时刻，欧洲央行也会采取更扩张的货币政策来控制欧元区可能出现的价格走势下行的风险。

四　新冠疫情下欧洲央行的宽松货币政策及效果

新冠疫情在欧洲蔓延的势头不减，根据欧洲疾控中心ECDC的公开数据显示，截至2020年9月23日欧洲新冠感染确诊病例达到了4645783例，累计病例数仅次于美洲和亚洲，俨然已成为新冠疫情的重灾区。其中欧盟27国的累计病例数超过250万，排在第一位的是西班牙，之后分别为法国、意大利和德国。面对如此凶猛的疫情，欧元区的经济发展和金融市场的正常运行遭受重创，IMF于2020年4月和6月发布了两份《世界经济展望》研究报告，4月发布的报告指出在新冠疫情冲击下，欧元区的经济发展水平下降最多，达到了惊人的7.5%。其中受疫情影响较大的西班牙、意大利、德国和法国在2020年的GDP会分别下降8%、9.1%、7%和7.2%。而随着疫情扩散带来的不确定性日渐增大，IMF于6月发布的报告对欧元区的经济前景则更为悲观，其预测在疫情的冲击下，欧元区2020年的经济发展水平会下降10.2%，西班牙、意大利、德国和法国会分别萎缩12.8%、12.8%、7.8%和12.5%①，得到了相较于4月的预测报告更坏的预期。在如此严峻的经济形势下，欧洲央行、欧盟及欧元区代表国也各自采取行动，颁布了多项货币政策与财政政策，力求将整体经济形势拉回到疫情前的水平。基于官方疫情数据，我们在对欧洲疫情的发展态势作出研判的基础上，总结针对此次疫情欧洲央行、欧盟及欧元区代表国各自采取的货币和财政政策及其耦合关系，最后对已实施政策达成的初步效果及欧元区未来经济发展趋势做出分析。

（一）欧洲新冠疫情发展趋势

新冠疫情在欧洲迅速蔓延，据法国官方报道称，2020年1月24日法国确诊了第一例新冠肺炎病例，这也是欧洲的首个确诊病例，该病例出

① 由于欧元区实施了一系列金融政策来缓解新冠疫情对经济带来的负面影响，实际上，欧元区在2020年的GDP较2019年下滑6.8%，西班牙为-11%，意大利为-8.8%，德国为-5%，法国为-8.3%。危机对德国的影响稍微弱一点（-5%），均好于IMF的预期。

现在法国波尔多，是一位48岁的法国男性公民，但后来也有媒体报道称一位名叫伊夫·科昂的医生确认，在2019年12月法国已出现新冠肺炎确诊病例，所以欧洲的首例确诊病例甚至可能往前推至2019年12月。欧洲疫情的真正暴发是从2020年3月开始的，从图5-2可见，在3月以前确诊病例以及死亡病例都处于较少的状态，进入3月之后，欧洲的新冠疫情却以超乎想象的速度蔓延开来，欧洲每日新增确诊病例不断攀升，到3月底达到了每日新增确诊病例的高峰，而每日死亡病例却还在一直升高直到4月初才达到最高值。之后随着欧洲各国相继颁布相应的疫情防控措施，加上其他国家特别是中国的人道主义帮助，欧洲疫情的严峻形势渐渐得到了缓解，每日新增病例以及死亡病例都有不同程度的下降。但进入6月后，也许是欧洲各国想要早日恢复经济而放松了疫情防控措施的实施或者是随着时间的推移，人们渐渐放下了心里的危机感，欧洲每日新增病例开始出现反弹，这种趋势一直持续到2020年底，欧洲的疫情防控形势不容乐观。

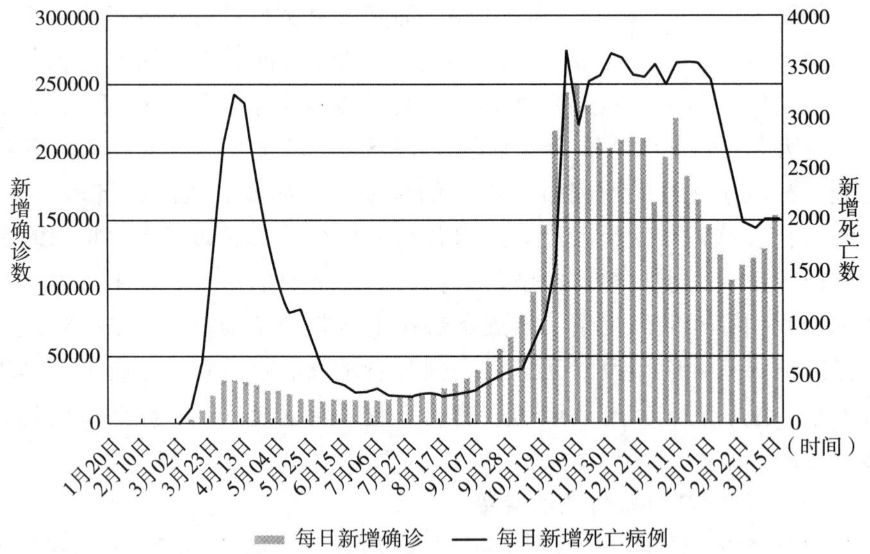

图5-2　2020年欧洲新冠每日新增确诊、死亡病例变化

资料来源：笔者根据 WHO Coronavirus Disease（COVID-19）Dashboard 绘制。

欧洲的新冠疫情总体有以下两点特点：一是欧洲不同区位国家受疫

情影响程度差别很大；二是疫情在欧洲的扩散速度迅猛，疫情防控效果不稳定。

1. 欧洲不同国家受疫情影响差别显著

（1）西班牙

西班牙是欧洲各国中受新冠疫情影响最大的国家之一，据西班牙卫生部报道，早在2020年1月24日，西班牙巴塞罗那就已发现两例疑似病例，1月31日西班牙确诊了第一例新冠肺炎病例，此后由于西班牙政府未能及时采取如入境管制措施等有效的疫情防控手段，国内的累计确诊病例不断飙升（见图5-3），截至9月23日，西班牙累计确诊病例超过了68万，累计死亡病例突破3万，其中首都马德里累计确诊病例超过20万，累计死亡病例接近1万，是西班牙国内受疫情影响最为严重的地区，其次是加泰罗尼亚区和安达卢西亚区。

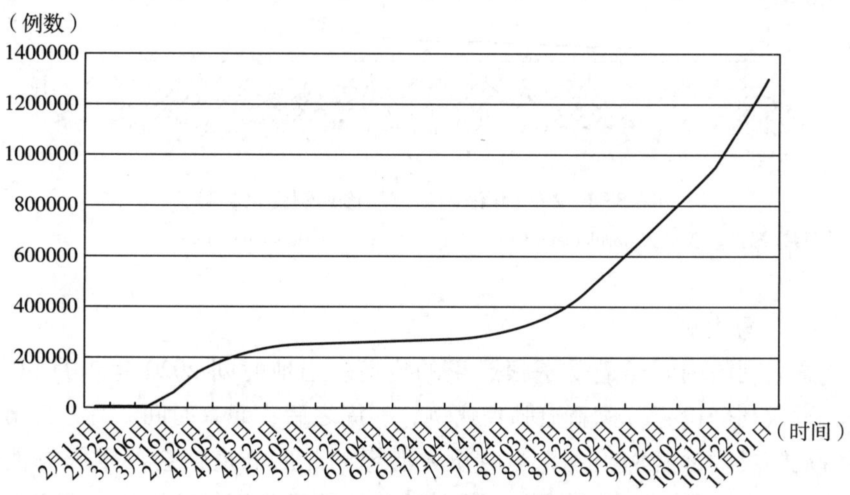

图5-3　2020年西班牙新冠确诊病例变化趋势

资料来源：笔者根据 worldometer 绘制，https：//www. worldometers. info/。

（2）法国

法国受疫情影响较大。如图5-4所示，在2020年3月以前，法国国内疫情形势还相对平稳，进入3月后法国每日新增确诊病例直线上升，直到4月国内确诊病例增速才有所放缓，可进入8月后，法国国内的确诊病例增速又逐渐回升。特别是 10 月以后法国国内确诊病例数以超乎想象的速度增长，截至 11 月 4 日，法国累计确诊病例突破了 154 万，已经超过西班牙位居欧元区首位，累计死亡病例突破 3.8 万，而且这个数字还在以很快的速度持续上涨。

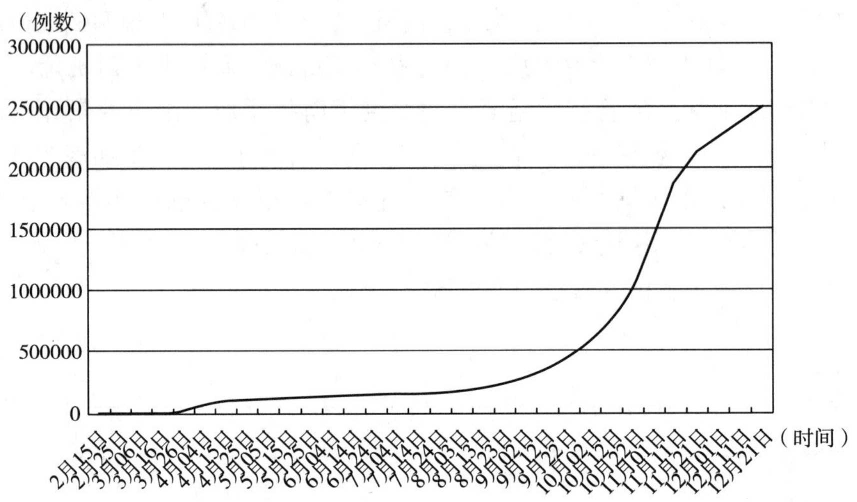

图 5-4　2020 年法国新冠确诊病例变化趋势

资料来源：笔者根据 worldometer 绘制，https：//www. worldometers. info/。

（3）意大利

意大利国内同样遭受了很严重的疫情。当地时间 2020 年 1 月 30 日晚，意大利确诊了首例新冠肺炎病例，一周之后，北京时间 2 月 7 日第三例新冠肺炎确诊病例出现，当时没人能想到此后的疫情会严重影响他们的生活，在 2 月底意大利国内的累计确诊病例呈几何倍数增长，到 3 月初意大利累计确诊病例已超过 1 万例，如图 5-5 所示，3—4 月是意大利第一个确诊病例快速增长时期，接着就是很长时间的疫情稳定期，而进入 10 月之后，意大利国内疫情又呈现复苏势头，确诊病例呈几何倍数的增长，截至 11 月 4 日，意大利累计确诊病例已超过 79 万，累计死亡病例已突破 3.9 万。

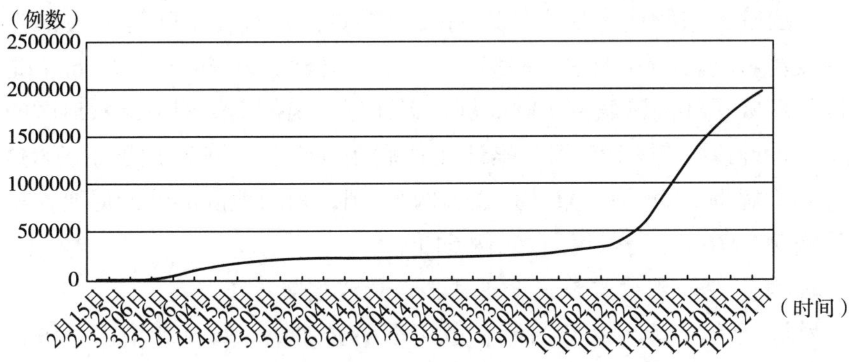

图 5-5　2020 年意大利新冠确诊病例变化趋势

资料来源：笔者根据 worldometer 绘制，https：//www. worldometers. info/。

（4）德国

德国的疫情较为严重。如图 5-6 所示，德国国内疫情的第一波高峰相较于西班牙和法国要来得晚一些，确诊病例的快速增长势头到 2020 年 5 月有所放缓，同时相较于西班牙和法国在 8 月初面临的确诊病例快速增长局面，德国在第二波疫情的冲击下，国内每日新增确诊病例数没有出现急剧的上涨，说明德国颁布的疫情防控措施取得了不错的效果，但进入 10 月后，德国国内确诊病例数也出现了较快增长，截至 11 月 5 日，德国累计确诊病例接近 60 万，累计死亡病例达 11000 余例。

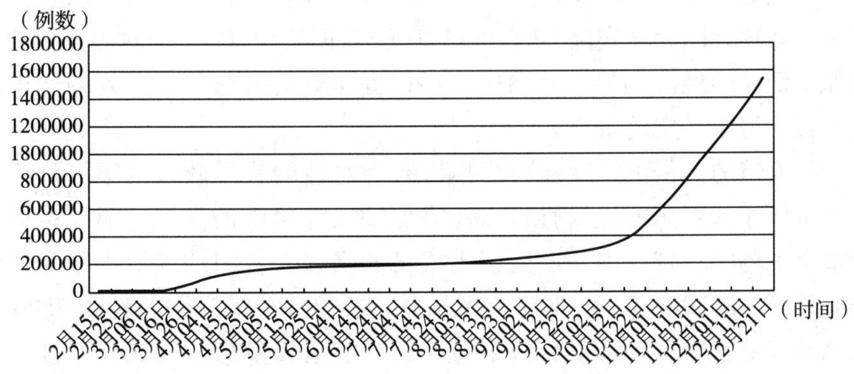

图 5-6　2020 年德国新冠确诊病例变化趋势

资料来源：笔者根据 worldometer 绘制，https：//www. worldometers. info/。

与西欧和南欧地区受疫情影响较大不同，北欧和东欧地区大部分国家受疫情影响较小（谈俊、胡华，2020）。截至2020年9月23日，北欧地区的挪威累计确诊病例13000例，累计死亡病例267例；北欧地区的芬兰，累计确诊病例9195例，累计死亡病例341例；东欧地区的立陶宛，累计确诊病例3859例，累计死亡病例87例；东欧地区的爱沙尼亚，累计确诊病例2976例，累计死亡病例64例。

2. 疫情在欧洲的扩散速度迅猛，疫情防控效果不稳定

欧洲疫情从2020年3月起扩散速率明显加快，每日新增以及每日死亡病例都直线上升，但欧洲各国没有第一时间实施彻底的疫情管控政策导致疫情没有迅速得到遏制，直到4月欧洲疫情形势才有所缓和，这也体现了欧洲各国随后采取的防疫措施收到了一定的成效，但随着时间进入7月，由于欧洲各国逐步放开封锁以求实现经济复苏，同时欧洲民众普遍不愿意佩戴口罩以及未能坚持保持社交距离等客观原因，欧洲每日新增病例数有所回升，这个增长势头一直延续到9月，这反映了欧洲的疫情防控效果不稳定的现状，但随着对新冠肺炎诊疗手段的不断优化，欧洲各国能够给新冠肺炎患者更有针对性的医疗服务，所以欧洲每日新增死亡病例数基本保持稳定。

（二）疫情冲击下欧洲央行货币政策应对

在新冠疫情的强烈冲击下，欧洲各国的制造业、服务业等重点行业面临困境，欧洲经济经历着低谷期。根据欧洲中央银行工作人员2020年9月的预测，2020年欧元区实际GDP将下降8%，而IMF的预测就更为悲观，其预计欧元区实际GDP将在2020年下降10.2%。面对因疫情冲击而如此低迷的经济形势，欧洲中央银行也相应地采取了一系列的货币政策并且取得了一定的效果。

在疫情的冲击下，欧洲央行推出有针对性的货币政策的第一目标是要为市场注入更多的流动性，以此来保护实体经济的发展；第二目标维护整个市场的稳定。因为欧元区内成员国众多，各国的发展水平和速度都有差异。2020年3月18日，欧洲中央银行宣布将启动总额为7500亿欧元的疫情紧急采购计划，以应对因新冠疫情暴发给欧元区货币政策传导机制带来的严重风险，疫情紧急采购计划持续进行到2020年底，其中包括资产购买计划下所有符合条件的资产种类。疫情紧急采购计划是欧洲央行针对新冠疫情而推出的核心政策，其目的就是给欧洲金融市场提

供更多的流动性，进而使实体经济获得更多的信贷支持（Jinjarak & Ahmed，2020）。此计划最为显著的优点就在于其有很强的灵活性，可以跨时间、管辖区域进行购买（施纳贝尔，2020）。在实施 PEPP 计划三个月后，2020 年 6 月 4 日欧洲央行疫情紧急采购计划的总额增加 6000 亿欧元，达到 1.350 万亿欧元。根据欧洲央行的政策报告，此次增加疫情紧急采购计划目的是应对新冠疫情影响下物价指数急剧下降的风险，同时还将疫情紧急采购计划的净购买期至少延长至 2021 年 6 月底（Dermine & Markakis，2020）。鉴于疫情紧急采购计划对欧洲经济恢复有着良好表现，2020 年 9 月 10 日，欧洲央行宣布继续按照疫情紧急采购计划进行采购，以达到总目标 1.350 万亿欧元。这些购买有助于缓解总体货币政策立场，从而有助于抵消疫情对预计物价指数路径下行的影响（Hutchinson & Mee，2020）。

定向长期再融资业务（是欧洲央行近年来的核心业务之一，其通过在有吸引力的条件下向银行提供长期融资，该业务为银行保留了有利的借贷条件，并刺激了银行向实体经济的放贷。TLTRO Ⅰ 于 2014 年 6 月 5 日发布，TLTRO Ⅱ 于 2016 年 3 月 10 日发布，TLTRO Ⅲ 于 2019 年 3 月 7 日发布。在新冠疫情的冲击下，2020 年 3 月 12 日，欧洲中央银行宣布放宽 TLTRO Ⅲ 的条件，欧洲中央银行发布的政策报告指出，在 2020 年 6 月 24 日至 2021 年 6 月 23 日期间所有 TLTRO Ⅲ 未完成操作的利率将比同期欧元体系主要再融资操作所采用的平均利率低 25 个基点。交易对手自 2019 年 2 月 28 日起对未来所有 TLTRO Ⅲ 运营的最高合格贷款总额从其合格贷款存量的 30%增至 50%。同时鉴于不断变化的经济环境，在 2020 年 4 月 1 日至 2021 年 3 月 31 日期间达到 TLTRO Ⅲ 业务的最低利率所需达到的贷款绩效门槛已从 2.5%降至 0。欧洲央行还于 2020 年 4 月推出了对抗疫情的专用货币政策工具：紧急疫情长期再融资业务（Pandemic Emergency Longer-Term Refinancing Operations，PELTRO），从 5 月开始一直到年底共进行 7 次 PELTRO 操作，其利率比该操作期间的平均 MRO 利率低 25 个基点（Claeys，2020）。2020 年 12 月 10 日，作为重新调整货币政策工具以应对疫情的重要部分，理事会决定通过 TLTRO Ⅲ 延长支持时间，达到贷款基准门槛的银行可能获得最大利率下调的期限被延长至 2022 年 6 月，同时，在 2021 年 6 月、9 月和 12 月，又增加了三个新的 TLTRO Ⅲ 业务（ECB，2022）。

表 5-1　　TLTROⅢ：关键参数的演变

	起始条件	2019 年 9 月	2020 年 3 月	2020 年 4 月	2020 年 12 月
利率	MRO+10bps	MRO	MRO-25bps（特殊利率期）	MRO-50bps（特殊利率期）	MRO-50bps（额外的特别利率期）
最大降低速率	存款便利利率+10bps	存款便利利率	存款便利利率-25bps（不低于-0.75%）（特殊利率期）	存款便利利率-50bps（不低于-1%）（特殊利率期）	没有变化
降息的参考期	2019 年 4 月 1 日至 2021 年 3 月 31 日	没有变化	2020 年 4 月 1 日至 2021 年 3 月 31 日（特别参考时期）	2020 年 3 月 1 日至 2021 年 3 月 31 日（特别参考期）	2020 年 10 月 1 日至 2021 年 12 月 31 日（额外特别参考期）
最高降息资格	合格净贷款额至少高于基准净贷款额 2.5%	没有变化	符合条件的净贷款额至少等于基准净贷款额	符合条件的净贷款额至少等于基准净贷款额	没有变化
			没有变化	合格的净贷款至少比基准净贷款高出 1.15%	没有变化
债务上限	总计：符合条件的贷款股票的 30%，减去未偿还的 TLTROⅡ金额操作：合格贷款存量的 10%	没有变化	总计：合格贷款股票的 50%，减去未偿还的 TLTROⅡ金额操作：已删除限制	没有变化	总计：符合条件的贷款股票的 55%，减去未偿还的 TLTROⅡ或Ⅲ金额（从 2021 年 3 月运营开始）
到期	2 年	3 年	没有变化	没有变化	没有变化
提前还款	不可能	可能每季度进行一次，从每次操作结算后 2 年开始	每次操作结算后 1 年起（2021 年 9 月起）	没有变化	对于新业务的参与者（2021 年 6 月、9 月和 12 月）：可能按季度进行（从 2022 年 6 月开始）

资料来源：The ECB' s Monetary Policy Response to the COVID-19 Crisis。

互换和回购一直是欧洲中央银行常用的风险管控工具，面对此次新冠疫情对经济的强烈冲击，欧洲中央银行于 2020 年 6 月 25 日宣布将设立“欧元体系回购便利”（Eurosystem Repo Facility for Central Banks，EU-

REP）以此增加欧元的流动性，该工具是对欧洲央行互换和回购机制的有效补充，欧元体系回购便利的实施对象主要是欧元区以外的中央银行，这些中央银行可以通过提供充足且合规的抵押品来获得欧元的流动性，比如欧元区中央政府和超国家机构发行的以欧元计价的可流通债券。该计划的有效性一直持续到 2021 年 6 月，这大大缓解了欧元区外国家对欧元的流动性需求，进一步保证欧元区货币政策的平稳传导，进而维护整个欧洲经济体系的正常运转。

欧洲央行于 2014 年推出了量化宽松政策——资产购买计划，其包括企业部门采购计划（CSPP）、公共部门购买计划（PSPP）、资产支持证券购买计划（ABSPP）、第三期担保债券购买计划（CBPP3）。2019 年 9 月 12 日，欧洲央行宣布从 2019 年 11 月 1 日开始以每月 200 亿欧元的价格重新进行净购买，在新冠疫情冲击下，欧洲央行又于 2020 年 3 月 12 日决定在年底之前增加额外的 1200 亿欧元净资产购买的临时上限，这为欧洲金融市场提供了更多的流动性。

（三）疫情冲击下欧元区主要国家和欧盟的财政政策应对

西班牙是此次欧洲新冠疫情的重灾区，2020 年 1 月 31 日确诊了首例新冠肺炎病例，此后由于疫情防控措施未实施彻底，西班牙国内疫情逐渐扩散蔓延，截至 9 月 24 日，西班牙累计确诊病例数已位居欧元区各国的首位。随着疫情愈演愈烈，西班牙政府也逐渐推出了更为严格的疫情防控措施，但这也势必会影响本国的经济发展，到 2020 年上半年，西班牙的 GDP 相比 2019 年同期萎缩了 12.8%，疫情防控措施的实施导致了私人消费的急剧下降和投资水平的暴跌。所以西班牙政府为了尽早恢复经济，于 6 月 21 日解除了紧急状态，允许民众在所有省份之间自由流动，并重新开放欧盟边界。西班牙政府也主动采取了一些财政政策来挽救疫情对经济的负面影响，其于 3 月 17 日宣布推出 2000 亿欧元的经济援助计划，该计划总额达到了西班牙国内生产总值的 20%，主要面向企业与社会弱势群体，该经济援助计划一方面力求给国内企业提供强有力的信用担保，另一方面要满足普通民众的贷款需求，同时西班牙推出了降税、延迟纳税以及给受影响相关人员提供补贴等政策措施，这对西班牙经济的恢复起到了一定的效果，但由于西班牙的经济来源主要是旅游业和服务业，疫情的冲击使西班牙的主要经济来源遭受重创，同时医疗防护物资等公共支出急剧上升，这就给西班牙政府财政造成了相当大的压力，所以西班牙一方面通过推行有针对性的财政政策开展“自救”，另一方面也在迫切地寻求欧盟和欧洲央行在政策和财政上的支持。

由于新冠疫情来势凶猛，意大利从3月10日起便进入封锁状态，该状态一直持续到意大利国内疫情形势有所放缓的5月4日，随后进入了抗击疫情和恢复经济的下一阶段。官方数据显示，2020年第二季度欧元区GDP增长率为-11.8%，而作为疫情重灾区的意大利第二季度的GDP增长率为-12.8%，面对如此低迷的经济形势，意大利政府也采取了相应的政策措施。3月16日意大利内阁召开会议并通过了总额为250亿欧元的经济纾困措施，以应对新冠疫情带来的冲击。措施的具体内容包括：给有意大利国内拥有未成年子女的家庭提供总额为12亿欧元的半薪休假；年营业额200万欧元以下的企业暂停缴税；向失业人员提供9个星期的保障性收入等。4月6日，部长理事会通过了《流动资产法令》，其中在获得信贷和推迟企业义务以及在具有战略重要性和司法领域的特别权力方面采取了紧急措施。该法令通过在五个主要领域采取具体措施支持困难企业：获得信贷、提供流动性、出口、国际化和投资。5月13日，意大利政府颁布一项总额550亿欧元的“重启法令”，帮助该国企业、个人和社会应对疫情冲击。两次共800亿欧元的财政政策刺激以及意大利提供的7500亿欧元的贷款担保在一定程度上缓解了意大利的经济形势，但仅凭意大利本国推出的财政政策刺激很难扭转当前的经济困境，欧盟、欧洲央行的相关政策支持对于意大利来讲是至关重要的（朱民等，2020）。

新冠疫情给法国的经济也带来了不小的冲击，法国统计局公布的数据显示，与上一季度相比，法国经济在2020年第一季度下降了5.9%，在2020年第二季度更是大幅收缩13.8%，GDP出现如此大的下跌与第二季度法国实施严格的疫情防控政策不无关系。为了降低因疫情冲击带来的失业潮和公司倒闭潮的风险，法国政府在疫情发展的初期就提出启动技术性失业，中小型企业完全可以通过申请技术性失业补助来缓解因疫情带来的严重亏损，降低法国企业的倒闭风险进而稳定法国的失业率。同时跟其他欧元区国家一样，法国也向各企业提供了银行贷款担保，总额达到了3000亿欧元，进一步降低了企业因缺少流动性而面临倒闭的风险。法国政府于2020年3月中旬宣布启动450亿欧元“经济紧急计划”，该计划提出的目的就在于稳定市场，降低失业率；而随着3月24日法国政府宣布国家进入卫生紧急状态，疫情对法国经济的影响也愈发强烈，所以在4月10日，法国官方宣布将在五天后发布财政预算第二次修订案，届时会将“经济紧急计划”由450亿欧元上调至1000亿欧元，以此来加大对法国经济的支持力度；而在4月15日，法国官方宣布将“经济紧急计划”再次上调至1100亿欧元，其中对技术性失业的补贴和团结基金等额度都有了不同程度的提高，这也显示出法国政府复苏法国经济的强烈决心。

德国虽然在此次新冠疫情防控中扮演着“优等生”的角色，但德国经济同样因为疫情而出现了下滑。德国统计局公开数据显示，在2020年第一季度，德国GDP较上一季度下降2.0%，较去年同期下降1.8%，这个数字较欧元区其他大国来讲已经极其优秀了，这得益于德国疫情初期便实行较为严格的疫情防控政策。而2020年第二季度，德国GDP较第一季度继续下降9.7%，较2019年同期更是下降11.3%，可见新冠疫情冲击还是给德国的经济造成了严重的损伤。面对国内的经济困境，德国政府于2020年3月23日宣布通过了一项总额为7560亿欧元的一揽子计划，其中包括了1560亿欧元的补充预算。随着疫情的发展，德国政府于三个月后再次宣布推出一项新的总额为1300亿欧元的一揽子计划，这其中又包括了625亿欧元的补充预算。德国联邦政府希望借这两笔共计2185亿欧元的补充财政预算来抗击新冠疫情的快速扩散并挽回疫情影响下德国经济持续的颓势。

面对新冠疫情给欧洲经济带来的沉重打击，欧洲央行反应较为迅速，推出了一系列货币政策并取得了不错的效果。相比之下，欧盟对于疫情的反应要迟缓不少，作为此次疫情重灾区的意大利，在2020年2月27日欧盟卫生部长第一次峰会时就向欧盟请求协助，可没有得到任何实质性的帮助，乃至到了3月6日欧盟卫生部长第二次峰会时，意大利向欧盟重新提出急需援助的申请，可欧盟依然未立即采取措施援助各国。

直到3月13日，欧盟委员会主席冯德莱恩宣布将推出370亿欧元的资助计划，该计划的资金将用于欧元区各国的防疫工作。4月2日，欧委会官网发布消息声称将会建立一个名叫SURE的临时计划，该计划总额为1000亿欧元，主要针对的是欧洲极度贫困者，SURE里主要包括欧洲最贫困者援助基金、渔民和农民支持措施等（郭伟、刘扬，2020）。随着疫情形势的愈发严峻，4月9日欧盟推出了总计5400亿欧元的一揽子计划，该计划包含ESM欧洲稳定机制提供的总额2400亿欧元贷款，主要面向意大利等欧洲新冠疫情重灾区，还包括欧洲投资银行向企业提供的总额为2000亿欧元的贷款担保，同时包括总额为1000亿欧元的劳动者保障项目，以求降低失业率和企业破产率进而达到稳定市场的目的。5月19日，欧洲理事会宣布通过了SURE计划，并于6月1日起正式实施且拟实施至2022年12月31日。若欧洲经济形势届时仍不乐观，欧洲理事会可根据欧委会建议进行每次六个月的延期。5月27日，冯德莱恩推出总额达7500亿欧元的“下一代欧盟”经济复兴计划，该计划主要用于欧元区各国的经济复苏以及进一步推进欧盟未来经济结构转型升级，不断地向数字化和绿色化方向调整（Haroutunian et al.，2020）。实际上这一计划最早是由欧盟两大支柱国——法国和德国在5月18日提出，该提议准许欧盟委员会以欧盟的名义，在全面遵守《欧洲联盟条约》、欧盟预算框架及各国议会权利的法律基础上提供5000亿欧元的复苏基金，其目的在于增强欧盟内部各国的团结度和协同性，同时为抗击疫情和欧洲未来经济转型贡献力量（范一杨、郑春荣，2020）。两个月后，经过漫长且激烈的讨论，欧盟于7月21日正式通过了总额达7500亿欧元的“下一代欧盟”经济复兴计划，7500亿欧元基金中拨款额度为3900亿欧元，贷款额度为3600亿欧元，该计划还要求各成员国向欧委会提交具体的经济复苏计划报告，经欧洲理事会批准后方可获得相关资金（刘翠微，2020）。“下一代欧盟”经济复兴计划的提出为欧洲经济复苏注入了强劲的动力，但同时反映出欧盟内部存在明显的异质性，各成员国的经济状况也存在较大差距，欧盟这个统一化的大集体亟待解决的问题还有很多。

（四）欧洲央行、欧盟及欧元区代表国政策耦合关系分析

在新冠疫情发展初期，欧元区各国还对疫情的发展表现出乐观的态度，当时没人会想到此次疫情会给欧元区的经济带来如此强烈的冲击，其经济萎缩的严重程度已经超过了金融危机时期。图5-7显示，3月到7月，欧洲中央银行、欧盟以及欧元区代表国各自采取的关键货币政策以及财政政策，在疫情发展的初期，即使实行严格的疫情防控政策必然会影响当前本国的经济发展，欧元区各国的首要目标仍是控制疫情。进入3月后，西班牙、意大利、法国等欧元区代表国相继颁布了本国的财政刺激计划，可随着疫情扩散的速度越来越快，各国的经济状况也面临不同程度的恶化，单纯依靠本国的财政政策刺激远远不能达到抑制经济衰退

3月12日，欧洲中央银行宣布放宽TLTROⅢ的限制条件，并决定在2020年底之前增加额外的1200亿欧元净资产购买的临时上限。3月18日，欧洲中央银行宣布将启动总额为7500亿欧元的PEPP计划

3月13日，欧盟委员会主席冯德莱恩宣布将推出370亿欧元的资助计划

4月2日，欧委会官网发布消息声称将会建立一个名叫SURE的临时计划，该计划总额为1000亿欧元

4月9日欧盟推出总计5400亿欧元的一揽子计划

5月19日，欧洲理事会宣布通过了SURE计划并于6月1日起正式实施且拟实施至2022年12月31日

3月	4月	5月

西班牙政府于 3 月 17 日宣布推出 2000 亿欧元的经济援助计划，该计划总额达到了西班牙国内生产总值的 20%

法国政府于3月中旬启动450亿欧元“经济紧急计划”

德国政府于3月23日宣布通过了一项总额为7560亿欧元的一揽子计划

4月6日，部长理事会通过了《流动资产法令》，通过在五个主要领域采取具体措施支持困难企业：获得信贷、提供流动性、出口、国际化和投资

4月15日，法国官方宣布将“经济紧急计划”再次上调至1100亿欧元

5月13日，意大利政府颁布一项总额550亿欧元的“重启法令”

6月4日欧洲中央银行宣布PEPP计划的总额将增加6000亿欧元，达到1.35万亿欧元，还将PEPP计划的净购买期至少延长至2021年6月底

德国政府于6月3日再次宣布推出一项新的总额为1300亿欧元的一揽子计划，其中包括625亿欧元的补充预算

欧盟于7月21日正式通过了总额达7500亿欧元的“下一代欧盟”经济复兴计划，7500亿欧元基金中拨款额度为3900亿欧元，贷款额度为3600亿欧元

法国建立了可偿还的预付款和补贴利率贷款系统，以支持公司现金流

法国在9月推出“FranceRelance”一揽子措施，其措施总额为1000亿欧元（即GDP的4.4%）

6月	7月	9月

自2020年11月2日起关闭的德国企业可以使用特别经济援助计划。这些计划提供的援助款最高可达上一年同月收入的75%

12月10日，欧央行理事会重新调整其货币政策工具如下：一是主要再融资业务利率、边际借贷便利利率和存款便利利率分别维持0.00%、0.25%和-0.50%不变。二是理事会决定将紧急采购计划（PEPP）的总规模增加5000亿欧元，达到18500亿欧元。它还将PEPP下的净采购期限至少延长至2022年3月底。三是理事会决定进一步重新调整第三批定向长期再融资操作（TLTROⅢ）的条件。四是理事会决定将一系列抵押品宽松措施的期限延长至2022年6月。五是理事会决定在2021年提供四次额外的紧急长期再融资操作（PELTRO）。六是资产购买计划（APP）下的净购买量将继续以每月200亿欧元的速度增长。七是欧元体系中央银行回购便利（EUREP）及与非欧元区中央银行的所有临时互换和回购额度延长至2022年3月

11月	12月

图 5-7　2020 年欧洲央行、欧盟及欧元区代表国关键政策时间序列

资料来源：笔者根据相关资料整理。

甚至是经济复苏的政策效果，所以欧元区各国都渴望得到欧洲央行、欧盟给予的经济政策上的支持。各国的强烈诉求也得到了欧洲央行的快速响应，其在三月便提出了一系列的货币政策措施，其中就包含了欧洲央行应对此次疫情的核心举措——疫情紧急采购计划，该计划还在六月得到进一步的升级。相比之下，欧盟的反应就稍显迟缓，这一度引起了外界对欧盟内部各成员国之间产生矛盾的怀疑，在4月9日，欧盟推出了总计5400亿欧元的一揽子计划，该计划对意大利等欧洲疫情重灾区提供了较大的帮助，同时也稳定了欧洲的市场，降低了失业率和企业破产率。在德、法两国的倡议下，欧盟于7月21日正式通过了总额达7500亿欧元的“下一代欧盟”经济复兴计划，该计划也是欧盟应对新冠疫情的核心举措，受益最大的同样是受疫情影响最大的意大利、西班牙和法国。

从新冠疫情发展进程的时间序列图上可以看出，在新冠疫情初期，欧元区各国试图通过本国推出的财政政策激励来应对此次疫情带来的经济下滑，此时本国的政策占据经济地位上的主导。可由于疫情对各国经济的影响过大，高债务率使各国财政承受巨大压力，同时欧元区整体的经济环境已经恶化而不是仅限于单独几个国家，所以像意大利、西班牙等疫情重灾国不得不向欧盟和欧洲央行寻求政策上的帮助。在疫情发展中期，欧元区各国是在欧盟、欧洲央行以及本国的财政政策和货币政策的相互配合下逐渐开启了恢复经济的漫长进程，在这个进程中，欧盟以及欧洲央行推出的政策渐渐地成为欧元区各国恢复经济的重要依靠，不论是欧洲央行推出的疫情紧急采购计划还是欧盟推出的总额7500亿欧元的“下一代复兴计划”，它们都是为了帮助欧元区各国应对财政危机，给各国中央银行提供足够的流动性以及宽松的信贷环境，这种财政货币相互配合的局面应该也会伴随着欧元区漫长的经济恢复之路一直维持下去。

（五）欧元区政策应对疫情效果及未来发展趋势

新冠疫情暴发以来，欧洲央行、欧盟以及欧元区各国相继推出了许多财政和货币政策，总的来看，这些政策取得了一定的效果，但离心理预期还有较大差距。

1. 欧元区通胀下行压力仍旧显著

图5-8反映了2020年欧元区通货膨胀率的变化，可以看出，从1月底欧洲确诊第一例新冠肺炎病例起，欧元区的通货膨胀率出现了下跌，

且随着疫情形势的恶化通货膨胀率下跌的速度也越来越快，直到欧洲央行以及欧盟在3月和4月相继出台货币政策和财政政策，通货膨胀率下降的速度才有所放缓。出现如此长时间的连续下降，其中部分原因是油价暴跌，但造成这种油价暴跌很大程度上是因为新冠疫情造成石油的需求量大幅下滑（Boeckx et al.，2020）。欧元区通货膨胀率下跌的势头在5月中止，0.1%的通货膨胀率也创造了近几年的最低值。6月和7月由于各项政策如火如荼的实施以及疫情扩散的势头得到了初步控制，欧洲的通货膨胀率出现了疫情之后的首次上升，最高回升到了0.4%，可进入8月后，欧洲疫情出现反弹，每日新增病例再次攀升，被专家称为第二波的新冠疫情再次席卷欧洲大陆，欧洲的经济复苏面临着不小的挑战，这同样体现在通货膨胀率上，进入8月后，欧元区通货膨胀率遭遇重创，短短一个月暴跌了0.6%，不过依托着相应的政策调整，欧元区9月的通货膨胀率跌幅有所下降，相较8月只下跌了0.1%，这虽然离欧元区实现接近2.0%通货膨胀率的目标越来越远，但欧洲央行以及欧盟未来必然还会采取针对性的政策，使欧元区通货膨胀率无限接近于目标水平。

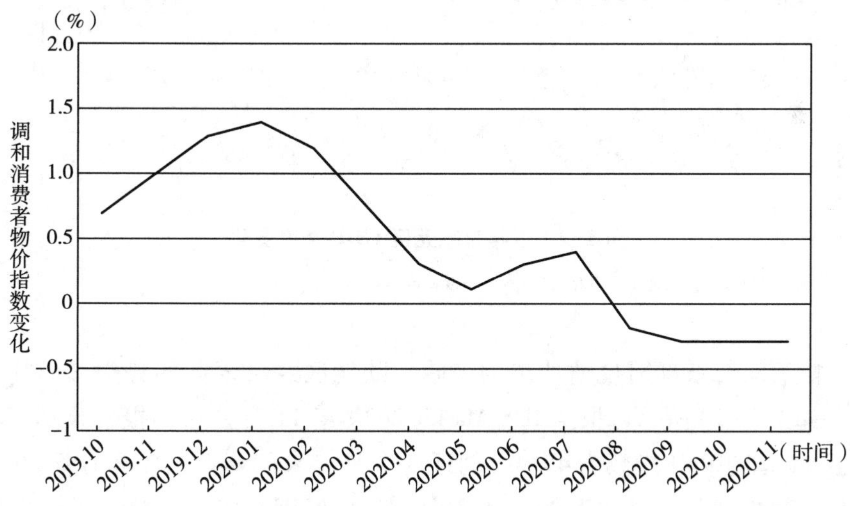

图5-8　2020年欧元区通货膨胀率变化

资料来源：笔者根据Wind数据库绘制。

2. 欧元区经济继续萎缩，未来不确定性依然很强

图 5-9 反映了欧元区 2017—2020 年 GDP 的变化情况，可以看出，从 2017 年第三季度开始，欧元区 GDP 变化率基本保持稳定，而此次新冠疫情的冲击导致大量企业停工停产，家庭消费锐减，使 GDP 增长率遭受重创。根据欧洲统计局公布的数据显示，2020 年第一季度欧元区 GDP 增长率下降至-3.7%，第二季度更是暴跌至-11.8%。相反欧元区的储蓄率却在疫情后快速增长，一方面可能是人们经历了此次疫情冲击，对未来出现不确定性事件的防范意识增强，进而预防性储蓄相应升高（克里斯蒂娜·拉加德、王宇，2020）；另一方面可能是因为疫情防控人们减少外出进而消费减少，相应的非自愿性的储蓄自然升高。

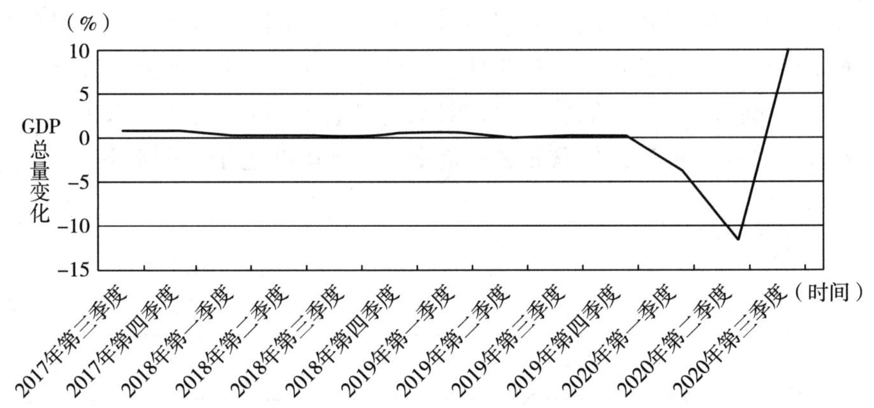

图 5-9　近年来欧元区 GDP 季度变化

资料来源：欧盟统计局，https：//ec. europa. eu/eurostat。

随着第二波新冠疫情冲击的来临，欧元区经济复苏的势头又面临阻碍。如图 5-10 所示，根据 IHS Markit 2020 年 11 月公布的报告显示，欧元区 11 月的 PMI 指数为 45. 3，创近 4 个月以来的新低，较 8 月 51. 9 的 PMI 指数出现了明显的下滑，其很大一部分原因是第二波疫情冲击对欧元区服务业影响巨大，欧元区服务业 8 月的 PMI 指数还保持在 50. 5，但受第二波疫情冲击影响，11 月欧元区服务业 PMI 指数急速下降至 41. 7，这就说明了第二波疫情给面向消费者的服务业造成了沉重打击，但根据 IHS Markit 12 月公布的报告显示，欧元区 12 月的 PMI 指数上涨为 49. 8，

其中服务业 PMI 指数上涨为 47.3，这足以表明欧元区经济正在开启漫长的复苏，但新冠疫情发展充满了不确定性，欧洲多国陆续发现新冠病毒存在变异性，欧元区未来的经济走向不确定性很强。

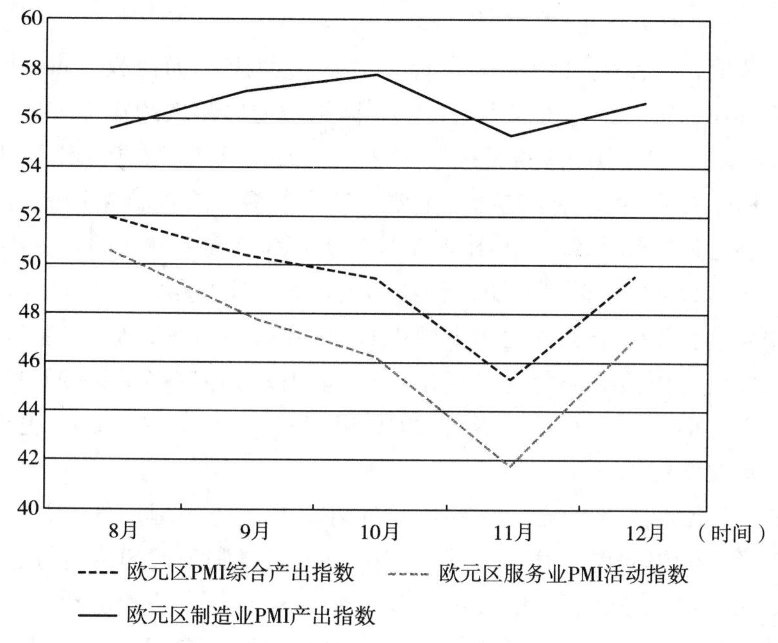

图 5-10　2020 年欧元区 PMI 变化趋势

资料来源：欧盟统计局，https：//ec.europa.eu/eurostat。

3. 货币宽松政策效果较为理想，未来欧洲央行要承担更多责任

新冠疫情给欧元区各国财政施加了巨大压力，由于疫情防控和恢复经济的需要，欧元区各国相继颁布了一系列财政政策，这些政策使各自的债务率居高不下，如意大利、西班牙等疫情受灾严重的国家政府债务率均已超过 100%，创下了近年来的新高。面对各国如此窘迫的财政状况，欧洲央行在未来要对欧元区经济复苏承担起更多的责任，2020 年 3 月和 6 月推出的 PEPP 计划共计 2.1 万亿欧元，在此次新冠疫情暴发后的关键时期发挥了重要的稳定作用，使得欧元区经济没有下滑得过于严重。在 9 月第二波疫情冲击时，欧洲央行继续实施货币宽松政策，但这就会加大欧元区通货膨胀的风险，甚至可能出现高通货膨胀、低经济增长的

“滞胀”局面，所以欧洲央行未来必须要对经济形势做出更加准确的判断，在欧元区经济快速复苏和高通胀率之间做出取舍，使得欧元区的经济早日走上正轨。

五 欧洲央行统一货币政策及德国货币政策执行的简要评价

（一）欧洲央行履行了价格稳定的授权

总体而言，欧洲央行有效履行了“价格稳定”的授权（mandate）。主要表现在：第一，过去二十年，欧元区平均通胀率大约在1.7%，与行长Issing的1.7%—1.9%的目标基本吻合，但在低限。在此期间，HICP年度通胀率在0—4%之间波动，主要反映了能源和食品价格通胀波动的影响。核心通货膨胀率（即HICP通胀率，不包括能源和食品）更小，位于0.7%—2.5%，反映了其更缓慢的本质。五年集中移动平均HICP通货膨胀率可能获得一个更合适的中期视野评估欧洲央行绩效。在主权债务危机爆发前，该移动平均线一直在2%左右波动，但在2012年下半年开始下滑至之前的区间以下，并在2016年初跌至0.7%左右的历史低点，预计此后将缓慢回升。

第二，欧元区长期通胀预期锚定较好，甚至比美国还好。鉴于欧洲央行对通胀的短期控制并不完善，检验中长期通胀预期的稳定性也是有用的。将长期通胀预期与欧洲央行的通胀目标锚定，是衡量欧洲央行在中期维持价格稳定方面可信度的一个很好的指标。实证文献表明，通胀预期的锚定程度是分散在不同国家和时间的，并似乎与货币政策的可信度程度共同变化（邝雄、张佐敏，2018）。

（二）长期趋势也掩盖了通胀率的阶段性波动

然而，这一平均数字掩盖了金融和主权债务危机爆发前相当稳定的2%左右的通货膨胀率，以及爆发后更不稳定、平均较低的1.5%左右的通货膨胀率。职业预测专家调查显示，未来5年的平均通胀预期一直稳定在1.8%—2.0%的窄幅区间内，凸显出欧洲央行的可信度。但在主权债务危机爆发后，整体通胀和各种核心通胀指标均大幅降至1%以下，一系列指标显示出切实的通缩风险的出现。直到欧洲央行从2014年6月开始实施全面宽松政策（包括量化宽松、定向信贷操作和负政策利率），这些风险才消失。这消除了人们对欧洲央行是否有有效工具来应对近零利率环境下的通缩风险的疑虑。

（三）欧洲央行的货币政策战略和框架很好地服务了目标

总的来说，在过去20年里，欧洲央行最初的货币政策策略和框架的主要组成部分（价格稳定的定量定义、经济和货币分析的两大支柱、沟通和可解释框架以及基础广泛和灵活的操作框架）为欧洲央行提供了良好的服务。重要的是，它们的进化是为了应对时代的挑战。

随着时间的推移，欧洲央行已经根据不断变化和富有挑战性的环境调整了其货币政策，有效地利用了其战略和框架，并明确关注其中期价格稳定的主要任务。随着时间的推移，它的工具越来越广泛，也变得与许多同行更加相似。与此同时，其政策框架的一些元素似乎已促使其他央行的框架发生变化，包括价格稳定目标的中期定向，透明度和问责制，以及广泛和灵活的操作框架。

（四）单一货币政策下的双货币政策目标有时难以兼顾

欧洲央行实行单一的货币政策，但选择了两个货币政策方法和目标，第一，4.5%的M3增长率参考值目标（第一支柱）；第二，基于明确的2%通货膨胀率目标。货币政策的这两个目标实际上反映了理论界对通货膨胀的程序的不同观点。例如，1999年4月，M3增长率表明有通货膨胀的风险，但作为通货膨胀目标却认为有必要降低利率。既然两个支柱的分析结果不同，那么对央行来讲，不论采取哪一种政策均有据可依，这样央行的决策就显得没有固定的标准，易在投资者中引起混乱，让市场难以相信和理解。同样，2001年5月欧洲中央银行重新定义M3，它认为实际M3的指标被高估了，因此将非欧元区居民手中的货币市场基金从原M3定义中去掉，这样调整后的M3就明显低于原设置的货币参考值，M3的变动同时引起利率下降，给市场带来了巨大的波动。欧洲中央银行调整M3口径的这种技术性理由无法使市场理解，受到各方的质疑，严重破坏了欧洲中央银行的声誉。从长远来看，欧洲央行应推行一种与英格兰或美联储相似的货币政策战略，即从两支柱并重的政策转换为以通货膨胀为目标的货币政策。

（五）面对新冠疫情的挑战货币政策工具需要进一步创新

新冠疫情公共卫生危机演化为经济危机后，欧洲央行的货币政策需要更多的创新和发挥更大的作用，以维护币值稳定和经济稳定。同时，统一的货币政策需要与各国独立的财政政策有机结合，以发挥更大的作用。

（六）德意志联邦银行的物价稳定目标执行更加到位

在2004—2006年，欧洲中央银行管理委员会多次上调关键政策利率，显然，德意志联邦银行执行的货币政策是紧缩的货币政策。这一时期，德国2004—2006年的平均通胀率为1.83%，低于欧洲中央银行设定的中期目标水平——统一消费价格指数2%，即便是在国际油价不断飙升进而拉动物价指数上涨的2007年，德国也基本实现了“物价稳定”这一最终目标：通货膨胀率仅为2.3%，属于温和的通货膨胀范围内（杨亚琴、高楠，2017）。从整个欧元区来说，其表现都是较突出的，被称为欧洲的“反通货膨胀斗士”。而进入2008年后，由于美国次贷危机演变成国际金融危机，德国的经济增速开始放缓，欧洲中央银行管理委员会为刺激经济，实行了明显的扩张性的货币政策。多次下调的关键利率为借贷市场提供了流动性，进一步促进德国经济的复苏，但这也带来了通货膨胀的风险，并且在欧洲中央银行采取扩张性货币政策的前提下，政府扩张性的财政政策会进一步加剧发生通货膨胀的可能性。虽然在经济衰退时，物价水平较低，但是随着经济振兴计划效果的显现，物价水平就会上升，一旦形成通货膨胀的预期，对实体经济的影响很大。德国在历史上曾经遭受过两次恶性通货膨胀的打击，所以对于通货膨胀尤其敏感（史世伟，2010）。德国把维持币值稳定、控制通货膨胀率作为了德意志联邦银行最主要的任务。德意志联邦银行采取单一货币政策目标，即稳定币值，而其他西方国家的中央银行往往拥有多个货币政策目标。

第六章　德国信贷政策

作为货币政策的重要组成部分，信贷政策是中央银行根据国家宏观经济政策、产业政策、区域经济发展政策和投资政策，并衔接财政政策、利用外资政策等制定的指导金融机构贷款投向的政策。它由贷款供给政策和贷款利率政策两部分组成。贷款供给政策规定贷款的投向、规模、支持重点、限制对象，以及国民经济发展的总目标，贷款利率政策规定贷款利率的总水平和差别利率的原则。

德国作为世界第四大经济体，拥有数量众多的中小企业。德国的中小企业不仅在全球市场上拥有极强的竞争力，而且其高效的经营效率和充满活力的创新能力促进了德国经济的持续健康发展，德国金融体系高效的资金供给对此功不可没。除此之外，德国不仅是世界上最早实行合作金融制度的国家，也是世界上最早实行农地抵押融资的国家，其在农村信贷市场的创新和经验积累为全球农业农村信贷政策的制定提供了借鉴。为此，深入研究德国信贷政策对于探究中国特色的信贷政策，助力中国经济发展具有重要意义。

本章将从五个方面介绍德国信贷政策：一是德国一般信贷政策，包括贷款利率、抵押品信贷和绿色信贷政策；二是德国农业信贷政策；三是德国中小企业信贷政策；四是中国和德国信贷政策的差异；五是德国信贷政策的简要评价。

一　德国一般信贷政策

欧洲共同体在 1999 年 1 月 1 日进入欧洲货币联盟第三阶段。按照 1992 年 12 月 10 日欧洲共同体首脑会议通过的《欧洲同盟条约》，该阶段将实现统一的货币（欧元）、统一的中央银行和统一的货币政策。德意志联邦银行作为德国中央银行，是欧洲中央银行体系的重要组成部分，接受欧洲中央银行的监督和管理，因而德国的信贷政策是在欧元体系政策框架下实施的。

(一) 贷款利率政策

贷款利率是银行等金融机构发放贷款时向借款人收取利息的利率，主要包括再融资利率、同业拆借利率及个体贷款利率三类。再融资利率是商业银行向中央银行贷款的利率，商业银行可以根据这一利率向中央银行借入资金。同业拆借利率指金融机构同业之间的短期资金借贷利率，其中拆出利率表示愿意贷款的利率。

1. 再融资利率

自2016年3月10日起，欧洲央行再融资利率为0，推行宽松货币政策。

2. 同业拆借利率

以2020年12月为例，3个月的同业拆借月平均利率为-0.52%，6个月的同业拆借月平均利率为-0.46%。

3. 个体贷款利率

该利率主要涉及家庭层面，具体分为家庭消费性贷款、家庭住房贷款和家庭其他贷款。家庭消费性贷款是指以个人名义发放的用于商品和劳务消费的贷款；家庭住房贷款具体包括由建筑和贷款协会发放的贷款、临时信贷以及由报告代理人以自己的名义和以自己的账户发放的转账贷款；家庭其他贷款是指发放给家庭用作其他用途的贷款，例如业务、债务合并、教育等。

(1) 家庭住房贷款利率。德国家庭住房贷款利率期限结构主要包括四种：1年(含)以下、1—5(含)年、5—10(含)年和10年以上。由表6-1可知，在2003—2020年，家庭住房贷款利率整体呈下降趋势。以10年以上家庭住房贷款利率为例，最高利率为2003年的5.19%，最低利率为2020年的1.11%，这可能与欧洲中央银行的货币政策密切相关。

表6-1　　德国家庭住房贷款利率和新增贷款量　　单位：百万欧元

时间	1年(含)以下		1—5(含)年		5—10(含)年		10年以上	
	利率(%)	贷款量	利率(%)	贷款量	利率(%)	贷款量	利率(%)	贷款量
2003.12	4.63	27332	4.75	35547	5.14	72243	5.19	40537
2004.12	4.37	29061	4.29	33416	4.63	57753	4.67	35139
2005.12	4.44	27915	4.25	29144	4.19	66347	4.32	48326

续表

时间	1年（含）以下		1—5（含）年		5—10（含）年		10年以上	
	利率（%）	贷款量	利率（%）	贷款量	利率（%）	贷款量	利率（%）	贷款量
2006. 12	5. 23	29055	4. 86	28734	4. 60	73334	4. 56	57032
2007. 12	5. 97	27342	5. 33	27308	5. 03	69254	5. 01	57870
2008. 12	5. 38	26626	4. 84	29604	4. 83	67612	4. 73	52554
2009. 12	3. 36	33089	3. 76	36453	4. 29	77773	4. 38	47887
2010. 12	3. 23	30277	3. 32	28427	3. 73	68149	3. 79	55570
2011. 12	3. 60	31667	3. 24	27797	3. 53	70855	3. 49	56834
2012. 12	2. 88	28408	2. 51	25354	2. 76	74120	2. 90	61410
2013. 12	2. 65	31705	2. 44	24765	2. 84	79272	3. 02	59300
2014. 12	2. 22	31654	1. 96	25498	2. 09	79019	2. 19	63841
2015. 12	2. 16	30347	1. 88	24099	1. 83	91733	2. 01	97859
2016. 12	1. 98	28283	1. 67	22020	1. 49	84357	1. 73	100619
2017. 12	2. 04	26257	1. 69	20235	1. 65	81770	1. 86	101831
2018. 12	2. 02	28342	1. 71	21180	1. 70	82405	1. 94	109272
2019. 12	1. 81	28969	1. 37	21623	1. 14	84643	1. 27	127699
2020. 12	1. 75	28696	1. 31	20429	1. 02	89080	1. 11	135239

注：表格中均为银行新增住房贷款量。

资料来源：德意志联邦银行，https：//www. bundesbank. de/。

图 6-1 表示不同期限结构下的家庭住房贷款量占同期全部住房贷款量的比重。5—10（含）年家庭新增住房贷款量占全部新增贷款量比重在 2003—2014 年维持在 40%左右，但自 2015 年后该比重逐渐下降。与此同时，10 年以上家庭新增住房贷款量占比整体呈增长趋势，并在 2015 年超过 5—10（含）年期限贷款量占比，表明住房贷款客户越来越倾向于 10 年以上的贷款期限结构。

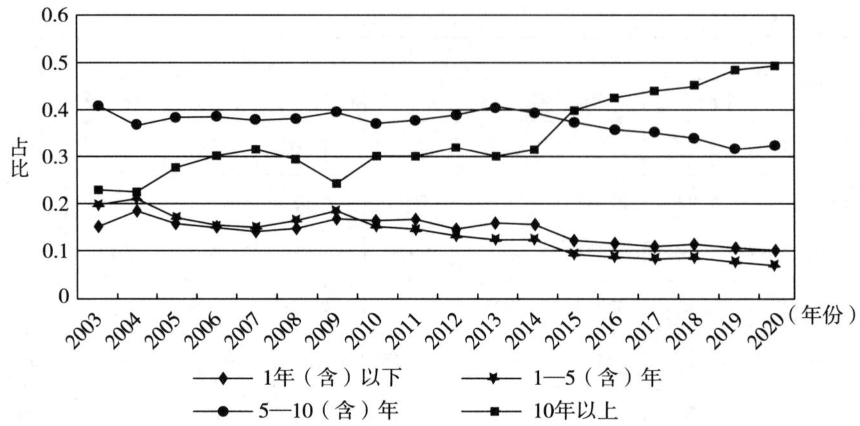

图 6-1 不同期限住房贷款量占同期全部贷款量比重

资料来源：笔者根据德意志联邦银行数据绘制，https：//www. bundesbank. de/。

（2）家庭消费贷款利率。德国家庭消费贷款利率期限结构主要包括三种：1 年（含）以下、1—5（含）年、5 年以上。家庭消费贷款利率和新增家庭消费贷款量如表 6-2 所示。

表 6-2 德国家庭消费贷款利率和新增贷款量 单位：百万欧元

时间	1 年（含）以下		1—5（含）年		5 年以上	
	利率（%）	贷款量	利率（%）	贷款量	利率（%）	贷款量
2003. 12	5. 02	25433	5. 80	61442	7. 81	45973
2004. 12	4. 90	16459	5. 95	60349	8. 04	41588
2005. 12	4. 85	16078	5. 64	53255	7. 89	38224
2006. 12	5. 31	14989	4. 85	66978	8. 45	37302
2007. 12	5. 51	14596	5. 46	50666	8. 27	35967
2008. 12	4. 76	13148	5. 47	31296	8. 19	27504
2009. 12	4. 04	17001	4. 83	31691	7. 57	26230
2010. 12	3. 38	16542	5. 72	28293	8. 29	31425
2011. 12	3. 38	10262	5. 96	33350	8. 40	43297
2012. 12	4. 05	8031	5. 15	32235	7. 84	39398
2013. 12	5. 03	6206	5. 18	33244	7. 66	38319
2014. 12	4. 22	4825	4. 89	34342	7. 21	41614

续表

时间	1年（含）以下		1—5（含）年		5年以上	
	利率（%）	贷款量	利率（%）	贷款量	利率（%）	贷款量
2015. 12	5. 67	3895	4. 78	36882	7. 19	49346
2016. 12	6. 09	3760	4. 40	39797	6. 83	52273
2017. 12	5. 81	3697	4. 15	42955	6. 63	55498
2018. 12	7. 58	4241	4. 45	43604	6. 72	57818
2019. 12	8. 59	5900	4. 38	41394	6. 26	63572
2020. 12	8. 08	5703	4. 24	36389	5. 97	61221

注：表中均为银行新增消费贷款量。

资料来源：德意志联邦银行，https：//www. bundesbank. de/。

5 年以上的家庭消费贷款利率在 2003—2011 年维持在 8%左右，2012 年后，该利率呈下降趋势。1—5（含）年的家庭消费贷款利率在 2003—2020 年均维持在 4%以上。1 年（含）以下消费贷款利率在 2003—2020 年变化波动较大，最大涨幅出现在 2017—2019 年，贷款利率由 5. 81%上涨到 8. 59%（见图 6-2）。

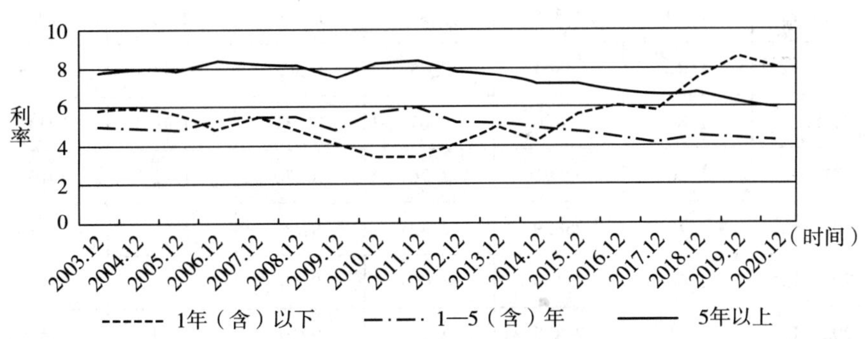

图 6-2　不同期限家庭消费贷款利率

资料来源：德意志联邦银行，https：//www. bundesbank. de/。

（3）家庭其他贷款。德国家庭其他贷款利率期限结构主要包括三种：1 年（含）以下、1—5（含）年、5 年以上。家庭其他贷款利率和新增其他贷款量如表 6-3 所示。

表 6-3　　　　德国其他贷款利率和新增其他贷款量

时间	1 年（含）以下		1—5（含）年		5 年以上	
	利率（%）	贷款量（百万欧元）	利率（%）	贷款量（百万欧元）	利率（%）	贷款量（百万欧元）
2003. 12	3. 57	123397	4. 93	22115	5. 13	32420
2004. 12	3. 44	99977	4. 54	22011	4. 68	27896
2005. 12	3. 97	92735	4. 69	20140	4. 44	30513
2006. 12	4. 68	126361	5. 21	21585	4. 82	35147
2007. 12	5. 32	200791	5. 75	20099	5. 33	32729
2008. 12	4. 39	104521	5. 51	14181	5. 15	25956
2009. 12	2. 40	74706	4. 41	16154	4. 25	26540
2010. 12	2. 63	60121	4. 07	13074	3. 94	26196
2011. 12	2. 89	50850	4. 35	12669	3. 73	26414
2012. 12	1. 98	50884	3. 61	12088	2. 77	27248
2013. 12	1. 98	52864	3. 29	11676	2. 92	28711
2014. 12	1. 80	49835	2. 86	11519	2. 33	27083
2015. 12	1. 81	44844	2. 75	11562	2. 11	31176
2016. 12	1. 86	39266	2. 61	11331	1. 79	29431
2017. 12	1. 80	32091	2. 76	10670	1. 92	29163
2018. 12	1. 76	28829	2. 42	9786	1. 87	29386
2019. 12	1. 66	27130	2. 07	9188	1. 44	27887
2020. 12	1. 81	24875	2. 30	9210	1. 54	29440

注：表格中均为银行新增其他贷款量。

资料来源：德意志联邦银行，https：//www. bundesbank. de/。

不同期限结构的家庭其他贷款利率在 18 年间基本保持稳定，2003—2007 年不同期限结构的家庭其他利率均有所上涨，但在 2007 年后，整体则呈下降趋势（见图 6-3）。

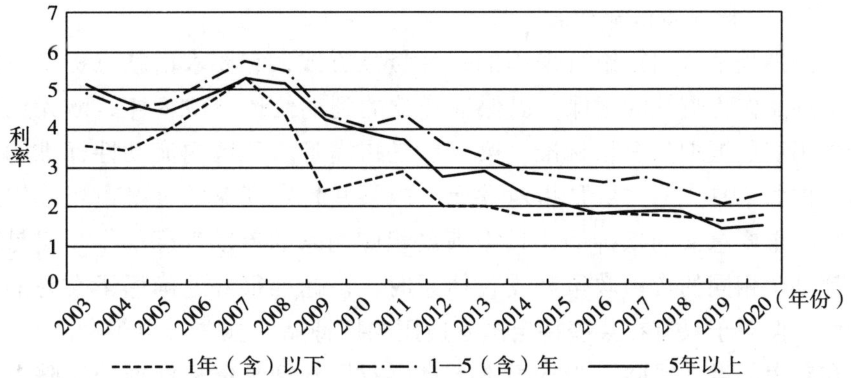

图 6-3　不同期限结构的家庭其他贷款利率

资料来源：笔者根据德意志联邦银行数据绘制，https：//www. bundesbank. de/。

图 6-4 表示不同期限结构下家庭新增其他贷款量占全部贷款量的比重。家庭新增 1 年（含）以下贷款量占全部新增贷款量比重在 2003—2014 年维持在 60%以上，但自 2015 年后该比重逐渐下降。家庭新增 1—5（含）年贷款量占比在 2003—2020 年均维持在 13%左右，波动性较小。家庭新增 5 年以上贷款量占比在 2003—2020 年整体保持上升的趋势，并在 2020 年超过 1 年（含）以下的期限结构，表明贷款客户越来越倾向于申请长期贷款。

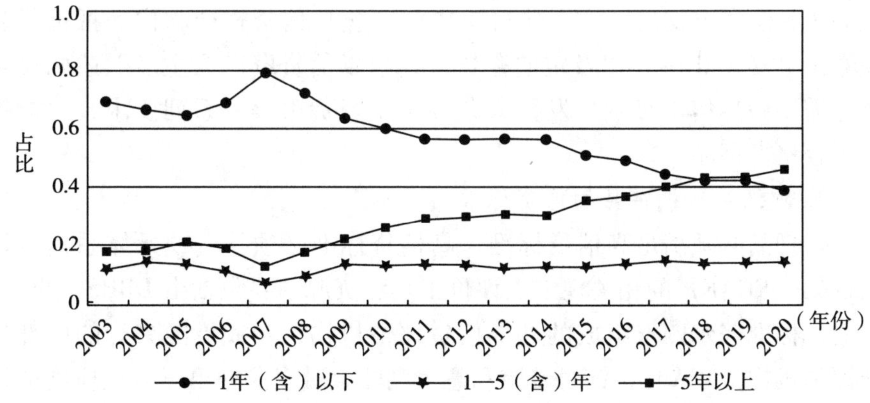

图 6-4　不同期限结构的其他贷款量占同期全部贷款量的比重

资料来源：笔者根据德意志联邦银行数据绘制，https：//www. bundesbank. de/。

（二）抵押品信贷政策

抵押是某些国家银行采用的一种贷款方式，它要求借款方提供一定的抵押品作为贷款的担保，以保证贷款的到期偿还。1998 年，欧元区开始采用双层抵押品资格标准。第一层是指满足欧元区内流动性标准的可出售债务工具。第二层是指对欧元区内某些特定国家的金融市场或银行系统有重要意义的抵押品，只需满足相应国家的流动性标准。当交易双方都基于相同的货币政策和支付体系时，该标准很好地确保了交易的高效性，但对于只有在某些特定国家适用的抵押品（如非可出售资产），却存在巨大的潜在风险。为从根本上克服双层抵押品资格标准的缺陷以及应对全球化背景下欧元区金融市场集聚趋势，2003 年 6 月开始，欧洲央行开始出台并实施了单一抵押品资格标准框架。这一过程分两阶段实施：第一阶段，主要针对可出售资产，已在 2005 年 5 月开始实施；第二阶段，引入银行贷款作为抵押品，从 2007 年 1 月开始实施。之后，尤其是在金融危机之后，欧洲央行多次对欧元体系信贷业务作为抵押品资格的资产标准进行修订，逐步完善了抵押品资格标准体系。

1. 欧洲央行抵押品的资产类型

欧洲央行抵押品的资产类型主要包括可出售资产和非可出售资产两类。可出售资产是指欧洲央行债务凭证和可出售债务工具，包括央行债务工具、由央行发行的债务工具、地方和区域政府债务工具、跨国债务工具、银行担保债券、信贷机构债务工具、由企业和其他发行人发行的债务工具、资产支持证券。非可出售资产包括信贷资产和住房抵押贷款债券工具（RMBDs）以及定期存款，其中以信贷资产为主。上述两类资产还需要满足信用级别、发行人条件、发行货币等一系列要求，才能被列入合格抵押品。

2. 欧洲央行抵押品的信贷标准

抵押品必须满足高信贷标准。高信贷标准必须符合欧元体系信贷评估框架（ECAF）的相关规定。评价工具和资源主要包括由 DBRS、惠誉、穆迪、标准普尔四家组成的外部信贷评估机构，各成员国央行的内部信贷评估机构（ICAS），针对希腊和意大利非金融企业的第三方供应商的评价工具。

3. 欧洲央行抵押品的风险控制

抵押品风险主要包括：（1）信贷风险，即抵押品可接受范围变化对信贷质量造成的风险；（2）市场风险，即受外部因素影响，抵押品的估值和变现价格发生变化所造成的风险；（3）流动性风险，即抵押品的流动性对欧元清算体系造成的风险。针对上述风险，欧洲央行主要采取以下三种应对措施。

一是合理确定折扣率。可出售资产的折扣率水平按照五大分类进行管理。分类Ⅰ：中央政府债券工具和央行发行的债券工具；分类Ⅱ：地方或区域政府债券工具、大额担保债券、代理债券工具、跨国债券工具；分类Ⅲ：传统银行担保债券、结构性银行担保债券、企业和其他发行人发行的多边债券工具；分类Ⅳ：信贷机构债券工具（非担保）；分类Ⅴ：资产支持证券。非可出售资产的折扣率水平按照固定利率和各成员国央行的价格估值进行管理。

二是差额调整。抵押品折扣后的价值与市场价值之间存在一定差额。如果抵押品折扣后的价值高于市场价值一定幅度，交易对手方需要补充额外的资产或现金，如果抵押品折扣后的价值低于市场价值一定幅度，交易对手方可获得额外的资产或现金。

三是限制与其相关的银行无担保债券的使用。将银行无担保债券作为抵押品，将增加欧洲央行抵押融资的风险，合理控制银行无担保债券的使用，有效控制相应的风险。此外，设置初始保证金，对发行人、债务人或担保人进行额外限制，对欧元体系接受某些资产作为抵押品实施额外的担保，在交易中排除某些产品作为抵押品，也是欧洲央行抵押品风险控制的措施。

（三）绿色信贷政策

1. 基本概念

绿色信贷又称为可持续融资（Sustainable Finance）或环境融资（Environmental Finance）。Thompsonhe 和 Cowton（2004）认为绿色信贷就是银行在贷款的过程中将项目及其运作公司与环境相关的信息作为考察标准纳入审核机制中，并通过该机制做出最终的贷款决定。中国学者邓聿文（2007）将“绿色信贷”定义为商业银行和政策性银行等金融机构依据国家的环境经济政策和产业政策，对研发、生产治污设施，从事生态保护与建设，开发、利用新能源，从事循环经济生产、绿色制造和生态农业的企业或机构提供贷款扶持并实施优惠性的低利率，而对污染生产和污染企业的新建项目投资贷款和流动资金进行贷款额度限制并实施惩罚性高利率的政策手段。实施绿色信贷政策的目的是引导资金和贷款流入促进国家环保事业的企业和机构，并从破坏、污染环境的企业和项目中适当抽离，从而实现资金的“绿色配置”。德国是绿色信贷政策的发源地之一，现已经形成了一整套成熟的绿色信贷体系。德国的绿色信贷政策作为环境保护的经济政策之一，在德国环境保护中发挥了重要作用，其中银行是实践绿色信贷的重要力量。

2. 绿色信贷实践模式

（1）商业银行主动参与“赤道原则”的制定与推广。“赤道原则”是一套国际先进的项目融资环境与社会风险管理工具和行业基准，旨在判断、评估和管理项目融资中的环境与社会风险。2003 年 6 月，花旗银行、巴克莱银行、荷兰银行和西德意志州立银行等 10 家国际领先银行（分属 7 个国家）宣布实行赤道原则，随后，汇丰银行、JP 摩根、渣打银行和美洲银行等世界知名金融机构也纷纷接受“赤道原则”。截至 2020 年，全球已有 37 个国家的 112 家金融机构宣布采纳赤道原则。德国“赤道原则”的推行主要包括以下阶段：2003 年 6 月西德意志银行（West LB）参与起草并率先实施了“赤道原则”。随后，德国德累斯顿银行（2008 年被“德国商业银行”收购）、裕宝银行和复兴信贷银行集团（KfW Bankengruppe，简称 KfW）也加入“赤道原则”，成为世界知名的“赤道银行”。目前，“赤道原则”已经成为德国银行业普遍遵循的准则。

（2）政策性银行积极参与开发绿色信贷产品。德国政府支持国家政策性银行，运用资本市场和商业银行来实施对环境项目的金融补贴政策，最大效率地发挥政府补贴资金的作用。以德国复兴信贷银行为例，绿色信贷产品的市场运作模式如下：首先，德国复兴信贷银行在国际资本市场上进行融资，德国政府负责对其融资资金进行贴息并打捆形成绿色信贷产品。其次，德国复兴信贷银行测算出盈利利率和优惠利率（盈利利率指按微利的原则测算出此金融产品的贷款利率，优惠利率是指国家贴息后的利率），将从资本市场融来的资金开发成长期、低息的金融产品销售给各商业银行，商业银行获取低息金融产品后根据微利的原则再适度调整利率（调整幅度根据国家的有关规定在一定范围内进行市场调节），然后以优惠的利息和贷款期限为终端客户提供支持环保、节能和温室气体减排的绿色金融产品和服务。

二　德国农业信贷政策

德国是农业强国，农业生产效率高。2020 年全国农村人口为 1985.4 万，农村人口占比为 23.7%；农业从业人员仅为 56 万人，占全国劳动力约 1%，平均每个农业劳动力可养活 148 人以上。[①] 德国农产品自给率高，农业生产总值占欧盟的 1/8，是仅次于美国和荷兰的世界第三大农产品出口国，80%以上的农产品能自给，其中谷物全部自给。德国农业的高度发达与其高效的农业金融支持密不可分。研究德国农业信贷政策，可以为提升中国农业发展质量提供经验借鉴。

（一）德国农业信贷的政策导向

1. 农地金融政策

农地金融制度是农业支持政策的重要方面。早期德国农地金融制度的创建是为了抑制日益严重的农村高利贷，而后成为支持农业现代化发展的配套措施。为了支持农地抵押融资的发展，德国政府在批准设立土地抵押信用合作社和联合合作银行的基础上，于农地金融体系中设置了土地信用银行、地租银行、德国农业中央银行等金融机构，为农民办理农地抵押融资提供多重选择，促进了农地金融体系竞争机制的形成。德国政府还授予土地抵押信用合作社发行债券的权利，并担保还本付息，保证了农地抵押融资资金供给。德国政府还会采用财政资金购买部分土地债券的方式，从资金上扶持土地抵押信用合作社发展。

2. 农村合作金融政策

农村合作金融是德国农业金融制度的重要组成部分，在促进资金融通、加快农村经济发展方面发挥重要作用。德国以基层信用合作社和合作银行为起点，以区域性中心合作银行和德意志中央合作银行为依托，逐步扩展金融服务网络，为农村合作金融组织构筑庞大的网络体系。德国政府还通过政策性手段支持农村合作金融组织发展。例如，政府以拨款的形式向农村金融市场提供农业信贷资金，支持当地农业基础设施建设。另外，政府制定了《德国合作银行法》和《产业及经济合作社法》来规范合作社金融组织的管理和运行。

3. 其他政策

保险公司为农村企业经营者提供人寿保险，为金融机构对农村企业

---

① 数据来源：https：//www.statista.com/topics/8289/agriculture-in-germany/#topic Header__wrapper。

贷款的发放提供保障，为农村企业的短期性且通常是信用性流动资产金融提供了可能。

民间借贷即农村企业经营者相互之间、农村企业经营者亲属和朋友之间的借贷也比较频繁，对于解决农村企业经营中的短期性、临时性、小额性资金需求发挥重要作用。

（二）德国农业银行信贷支持体系

1. 德国农村信贷供给机构

德国实行以综合银行为主体、特殊银行为补充的银行体系，其中综合银行又以“三支柱模式”组成。该体系下几乎所有的银行都参与了农村信贷市场活动，参与机构具体如下。

（1）信贷银行包括大型银行德意志银行、商业银行、个体银行、外资银行、区域性银行及其他信贷银行；

（2）汇划转账中心（包括德意志汇划中心）；

（3）储蓄银行；

（4）区域性中心合作银行（包括德意志合作银行 DG Bank）；

（5）信用合作社（包括大众银行和莱芙艾森银行）；

（6）抵押信贷银行（包括私营抵押银行、土地银行）；

（7）特殊功能信用机构。

表 6-4 为 2020 年德国不同银行的农业贷款规模和市场份额。合作银行是德国农村信贷的最大供给方，其由德意志银行、区域性中心合作银行、信用合作社三个层次构成。2020 年农业新增贷款规模为 1087 亿欧元，目前在农村信贷市场占 51%左右的份额。储蓄银行是农村信贷的第二大供给方，其在农村信贷市场中的份额为 22%左右。此外，参与农村信贷的金融机构还包括大银行、抵押贷款银行、土地银行和特殊银行等。这些金融机构贷款规模较少，市场份额占比总共不超过 8%。

表 6-4　　农业信贷资产规模和市场份额

类别	贷款规模（10 亿欧元）	市场份额（%）
大型银行	5. 387	2. 52
外资银行	15. 565	7. 28
储蓄银行	47. 527	22. 23

续表

类别	贷款规模（10 亿欧元）	市场份额（%）
区域性中心合作银行	24.055	11.25
信用合作社（合作银行）	108.722	50.85
土地银行	8.478	3.97
私营抵押信贷银行	1.709	0.80
特殊功能信用机构	2.359	1.10

注：表格中均为银行新增贷款量。

资料来源：德意志联邦银行，https：//www.bundesbank.de/en/publications/statistics。

2. 农地金融制度

德国是最早发展农地金融制度的国家，迄今为止已经有200多年发展历史。其农地金融支持模式主要以土地抵押信用合作金融机构和政策性金融机构相互配合进行运作。根据不同金融机构的运行模式，主要可划分为合作金融模式和委托金融模式。

（1）以信用合作金融机构为主的合作金融模式。土地抵押信用社和联合银行是德国农地抵押融资体系的重要组成部分。其融资体系呈现“自下而上”的特征。其运行机制如下：土地所有者以土地抵押的方式自发组建信用合作社，并将各自的土地作为抵押品交给合作社。在此基础上，以土地抵押信用合作社为核心向上发展成立联合合作银行。合作社以抵押土地为保证发行土地债券，进行资金融通；联合银行则为各土地抵押信用社进行债券的市场出售和回收，以及进行合作社之间的资金融通。德国农村土地抵押贷款的主要对象是愿意从事农业生产并拥有农村土地所有权的农民。该融资模式下，融资额一般在其抵押土地价值的1/3—2/3，融资期限为10—60年不等，融资利率随当地农业生产情况及市场利率变化而确定。

（2）以政策性农业金融机构为主的委托金融模式。德国的政策性金融机构是德国农地抵押融资体系的另一个重要组成部分。参与农地信贷活动的银行主要有德国农业地产抵押银行（LR）、垦殖与地产抵押银行、德国农业地租银行和德国复兴信贷银行等。这类机构多为再融资性质，一般并不直接发放贷款，而是通过其他银行机构间接向农业企业提供长期贷款。以农业地租银行为例，该银行实行企业化经营，资金通过发行债券等形式从国际资本市场筹集，只要与土地经营相关且达到最低贷款要求的农业企业均可向该银行申请贷款。农业地租银行通过农业客户的开户银行发放中长期低息农地贷款，并由开户银行承担信贷风险。

（三）德国农村信贷补贴政策

为鼓励金融机构参与农村信贷活动，德国政府对农村信贷实行利息补贴，补贴范围涵盖所有种养业、农业生产资料、农产品加工、水利设施、土地改良与归整、房屋建筑、农业结构调整、生态农业、环境保护、旅游以及创立新企业等，采用的主要政策有如下两种。

（1）利率变动政策。限制农村贷款最高利率或降低金融机构农业贷款利率，对参与农业贷款的金融机构实行利息补贴，或减少其存款准备金比例。

（2）优惠贷款政策。政府可通过州立银行为金融机构提供优惠贷款。州立银行作为州政府公共性质银行，其主要任务是管理各会员储蓄银行的流动性储备，协助州政府管理财政专项资金和预算项目，对政府发起的重要开发项目、技术创新、农业、区域发展及环境保护等公共项目提供贷款、贴息及无偿拨款等服务。国家政策性金融机构可提供长期低息贷款。如德国农业地产抵押银行，其主要任务是在联邦银行的监督下从事区域间的农村信贷资金供需平衡和调剂，以优惠利率保证农村经济各领域的长期信贷资金需求（一般不短于4年，最长可达25年）。

（四）特殊信贷政策

国家政策性金融机构针对农村青年群体开展农业生产经营活动会提供特殊的信贷支持。例如，德国农业地产抵押银行开展青年农民特别信贷项目，20世纪80年代以来，政府一直鼓励和扶持青年农民从事农业生产的一项措施。具体而言，凡是40岁以下的青年农民，从事农业生产均可获得特别优惠贷款或补贴，特别优惠贷款利率比信贷市场利率低0.1%—1%。除此之外，自2000年后，联邦政府通过德国农业地产抵押银行对到农村从事农业生产和企业经营的青年，给予1万欧元的政府特别优惠贷款，以鼓励更多的年轻人投身于农村经济活动，培养新一代农村企业经营者。

三　德国中小企业信贷政策

（一）德国中小企业基本情况

2021年，德国大约有260万家中小企业，占德国所有企业的99.6%

以上。在这些企业中，绝大多数是微型企业，其雇员不超过9人。10—49人的小型企业共约雇用35.4万人，而50—249人的中型企业共约雇用5560万人。2018年，德国共有1910万中小企业从业人员，其中微型企业从业人员约590万人，小型企业从业人员约620万人，中型企业从业人员约700万人。作为对德国经济非金融部门的贡献，中小企业雇用了德国劳动力的63.2%。中小企业对德国经济的贡献从2011年的7450亿欧元增加到2018年的9680亿欧元。德国中小企业创造54.9%的净经济增加值，投资占到国民经济总投资的41%（董治，2017）。从行业分布的角度看，从事商业的德国中小企业占比最高，为23.73%，其次是信息和技术服务业，占比为18.51%。值得一提的是制造业的中小企业，虽然占比只有8.35%，但绝大多数细分行业的“隐形冠军”都来自该领域（KfW，2017）。Welter（2014）研究指出，20世纪中期以来发达国家的经济“第三产业化”，也同样体现在德国中小企业的结构变化中。1990年从事第三产业的德国中小企业比例只有大约50%，到2013年，从事第三产业的德国中小企业已接近70%，且从事第三产业的中小企业呈现出了向知识密集型发展的趋势。相较于其他欧盟国家和德国大型企业，德国中小企业具有企业规模大、出口导向型、创新能力强、盈利能力强等特点。德国中小企业在欧洲是最具创新精神的企业。从2008年到2010年，54%的德国中小企业发起过产品或流程创新，远超欧洲的平均值34%。

表6-5　　德国大中小微企业划分标准

规模类别	雇用人数	年营业额
微型企业	不超过9人	小于200万欧元
小企业	不超过49人	小于1000万欧元
中等企业	不超过249人	小于5000万欧元
大企业	249人以上	大于5000万欧元

资料来源：德国联邦统计办公室，https：//www.destatis.de/EN/Themes/Economic-Sectors-Enterprises/Enterprises/Small-Sized-Enterprises-Medium-Sized-Enterprises/ExplanatorySME.html。

（二）德国中小企业融资特征

1. 融资可得性高、融资环境稳定

德国中小企业融资可得性高，“融资难”问题不太突出。根据欧洲央行开展的企业融资可得性调查可知，德国中小企业将融资列为最大问题的比例长期不足10%，并一直低于同期法国、西班牙和意大利的水平（ECB，2019）。根据复兴信贷银行的调查（KfW，2019），在2018年德国中小企业的贷款申请中，完全被否决的比重仅为11%，被银行一次性批准的贷款申请占比达到64%（见图6-5）。

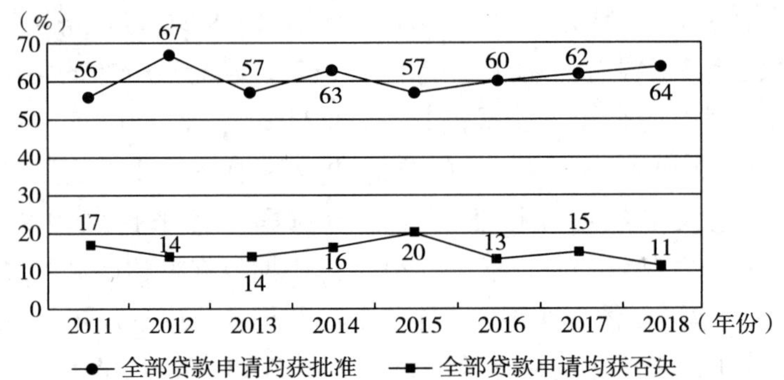

图6-5　2011—2018年度德国中小企业申请贷款获批情况

资料来源：KfW SME Panel，2019。转引自张晓朴、朱鸿鸣《金融的谜题：德国金融体系比较研究》，中信出版社2021年版。

德国中小企业融资稳定性相对较强。欧洲央行开展的企业融资可得性调查结果显示，德国中小企业融资一直处于相对稳定的状态，融资成功率的波动低于法国、意大利、西班牙和欧洲的平均水平（ECB，2019）。相较于欧元区内的其他主要经济体，德国企业面临信贷突然大幅缩减的风险并不突出。储蓄银行和信用社作为中小企业贷款的主要供给主体，其企业贷款额在国际金融危机期间持续增长，并没有出现信用紧缩的现象（张晓朴、朱鸿鸣，2021）。

2. 贷款比例高且长期贷款超过50%

德国企业部门贷款以中小企业贷款为主。根据德意志联邦银行的《德国企业财务报表推算结果1997—2018》可知，过去的20多年，尽管德国中小企业贷款占企业贷款比例呈下降趋势，但均超过50%，2017年底为59.6%，说明德国银行是中小企业友好型银行。与此同时，1997—2017年德国中小企业长期贷款占全部贷款比重基本维持在57%以上（张晓朴、朱鸿鸣，2021）。由此可见，德国中小企业更倾向于长期贷款，这要求银行提供合适的信贷产品，提高贷款期限与企业生产周期的匹配程度，满足中小企业贷款融资贷款需求。

（三）德国中小企业融资供给模式

德国依靠发达的银行体系，在秉承德国商业银行的长期稳定的资源配置的基础上，构建了以商业银行体系为核心，资助银行、担保银行以及社会信用信息体系为补充的中小企业融资供给体系。其中，储蓄银行和信用社是中小企业融资的主力军，依据区域经营原则，采取主办银行制模式为中小企业提供融资。政策性银行通过转贷策略、担保银行提供担保服务，完善中小企业融资模式，提升中小企业融资可得性。

1. 主办银行制模式

主办银行制度是指在特定的企业融资和治理结构下所形成的银企之间、银行之间及金融管理当局与银行之间的特殊关系的总称，其中银企关系是这一体制的核心。具体而言，企业以一家银行作为主要贷款行并接受其金融信托和参与监管，在主银行制度下，企业的全部或大部分金融服务固定地由一家银行提供。同时，主银行对企业拥有相机介入治理的权力，可以持有企业股份。目前，德国的主办银行模式主要存在于储蓄银行和信用社等小银行与中小企业之间，并对中小企业融资发挥重要作用。

（1）首要融资供给方。根据主办银行制的定义，主银行提供的融资是所有债券银行中最多的，是企业的首要融资供给方。

（2）长期融资伙伴。企业与主银行双方在长期合作中保持信息互通，有效降低了信息不对称。企业和主银行双方保持忠诚关系。主要体现在两方面：一是企业根据自身特性保持对银行的忠诚，涉及企业与特定银行顾问信任关系、银行是否在居住地附近、银行依据客户拥有的实物资产作为对客户的信贷担保品。二是企业大部分程度上排他性地接受主银行的服务，解除与主银行的业务关系和新的银行建立业务关系，会给企业带来很多的麻烦，除非银行发生严重的问题，才会降低企业对银行的忠诚度。

（3）关键外部治理方。在德国主办银行制历史上，主银行通常也是企业的重要持股方，但近年来这种现象已经有所减少，主银行通过享有监事会席位进而加强对企业监督，确保银行对企业信息的充分了解。

2. 政策性银行模式

德国复兴信贷银行作为德国政策银行，大力支持中小企业融资。从20世纪50年代开始，德国复兴信贷银行开始逐渐将重点转移到扶持中小企业的发展上。2003年8月，德国复兴信贷银行兼并了专注中小企业金融业务的德国清算银行，其对中小企业融资服务的范围和能力进一步增强。

德国复兴信贷银行并不直接对中小企业提供融资服务，而是通过“转贷模式”加强与商业银行（特别是地方性小银行）的合作，再通过商业银行贷款给中小企业客户。具体流程如下：首先，在转贷模式下，德国复兴信贷银行选定一批地方性小银行作为“转贷银行”；其次，“转贷银行”根据区域中小企业的实际贷款需求寻求目标客户，并完成前期信息核实、审批等流程；最后，德国复兴信贷银行根据转贷协议，将贷款资金提供给转贷银行，由转贷银行发放给企业。除此之外，德国复兴信贷银行也会依据中小企业的发展需求，制订定向支持融资计划。

3. 担保银行模式

德国于1954年成立了首家担保银行为中小企业贷款提供担保。担保银行初期为信用担保机构，发起人包括各联邦州的手工业商会、工商协会、贸易协会、德国信贷业的三大类机构［产业（城乡）合作银行、储蓄银行、私人及合伙银行］、合营保险公司及各职业行会。发起人及合伙人通常均为私营经济组织和信贷机构。目前，担保银行主要由手工业和行业工会、储蓄银行和合作银行联合成立。截至2019年底，德国共有17家担保银行，每州平均约一家，大的州还有一些小规模的信贷担保银行。这些信贷担保银行都有私有的商业银行，政府在其中无任何股份。

担保银行依据统一的原则运作。一是每个州的信贷担保银行只为本州企业的贷款提供担保服务；二是担保银行属信贷机构，以公共有限责任公司的法律形式运作；三是担保银行为中小企业提供信贷担保，也可以开展其他的业务支持中小企业，如直接提供信贷、为银行及保险公司投资或参股中小企业提供担保等。

经过几十年的发展，德国担保银行整体运行情况较好，形成了较为完善的风险分担机制。德国担保银行与承贷商业银行承担的贷款风险比例为8∶2。当担保银行发生代偿损失时，政府承担其损失额的65%，担保机构仅承担损失额的35%。换言之，担保银行仅仅承担最终信贷损失的28%。根据德国担保银行协会的统计数据，2018年德国担保银行的担保额度达到58亿欧元，占2018年中小企业贷款余额比重约2%。

德国担保银行信用程度较高，信用担保体系运行效率好，对中小企业的支持力度较大。一旦中小企业获得银行担保，往往能够增加其正常的贷款额，有利于中小企业进行扩大规模和新技术的开发利用。德国担保银行制度受到了欧盟委员会的赞许，欧盟各成员国一些金融机构也开始重视信贷联合担保，建立联合担保共同体。

四　中国和德国信贷政策的差异

（一）信贷征信制度差异

中德两国的信贷征信制度存在差异。德国的信贷征信模式体现了实行公共信贷与民营信贷分工共存，公共征信负责大额信贷的征信，而民营征信则针对小额贷款展开。2006年，中国人民银行征信中心正式成立并投入运营，这表明中国是由政府来主导信贷征信制度，以公共征信为主，民营信贷发展较为缓慢。

（二）政策性银行机制差异

（1）德国政策性银行数量多，存在于联邦层面和州层面。截至2018年年底，德国政策性银行多达19家，远远多于中国、美国、英国等国家。

（2）政策性和商业性业务差异。德国政策性银行通过设立独立子公司实现政策性业务和商业性业务彻底分离。而中国的三大政策性银行兼营政策性业务和商业性业务，并且业务实行分账经营难以厘清边界。

（3）贷款模式差异。法律规定德国政策性银行必须通过商业银行开展业务，中长期贷款通过转贷模式发放给商业银行，再由商业银行发放给客户，避免了政策性银行同商业银行开展竞争。特殊情况需要发放短期贷款时需获得监事会同意。在此背景下，德国庞大的政策性金融机构不但未对商业性金融产生挤出效应，两者还形成合理分工、相互补充、相互合作的格局。中国三大政策性银行都是通过其分支机构直接向客户发放贷款，且对政策性银行发放贷款的期限也没有特别明确的规定，政策性银行与商业银行存在相互竞争的情形。

（4）德国政策性银行均依据相关法律设立。联邦层面上的两家政策性银行德国复兴信贷银行和德国农地银行分别依据《德国复兴信贷银行法》和《德国农地银行法》设立。通过法律规定政策性银行的公共法人机构地位，明确其职能、经营范围和经营机制，为政策性银行运营提供基本准则。中国三大政策性银行的职能和业务领域也颁布了相关文件，例如国务院《关于金融体制改革的决定》，但与《德国复兴信贷银行法》相比，该文件还不够具体，且法律效力层次低于立法。

（5）政策性银行治理结构差异。以德国复兴信贷银行为例，设立监事会，并且由相关联邦政府部门的部长、国会任命的成员和相关银行机构代表组成，监事会对银行执行委员会也形成有力监督，保证了德国复兴信贷银行经营的政策性。中国国家开发银行公司治理机构设置最为规范，设立了股东大会、董事会和监事会，但与德国复兴开发银行相比，在董事会和监事会人员构成上仍显不足。并且，中国农业发展银行和中国进出口银行目前尚未建立规范的董事会。

（6）政策性业务强制性和透明度差异。德国复兴信贷银行设立了独立性较强的中小企业建议理事会，负责对德国复兴信贷银行的中小企业融资进行指导，有利于促进和监督德国复兴信贷银行对中小企业的投资促进活动。中国三大政策性银行可对特定政策性领域的信贷提供支持，但并未建立由独立性较强的业务指导委员会对该业务进行指导和监督。银行高管层对政策性业务开展具有较大的决策权，这类业务开展的强制性和透明度较弱。

（三）中小企业融资差异

德国中小企业融资可得性高、融资环境相对稳定。储蓄银行和信用社是德国中小企业融资的主力军，依据区域经营原则，采取主办银行制模式为中小企业提供融资。由此，银行与当地中小企业保持长期、稳定的伙伴关系，实现了银企互信。但在中国，银行和企业之间交易化特征明显，银企关系脆弱。面对经济下行和风险暴露的冲击，银行信贷呈现出明显的“向安全投资转移”特征，资金从中小企业撤出，“雨天收伞”和恶意逃废债的现象均有发生。

德国中小企业“融资难”问题并不突出，政府不仅通过各种财政补贴和税收优惠政策支持商业银行为中小企业提供融资，还有专门负责支持中小企业融资的政策性银行。但在中国，中小企业“融资难”问题突出，且存在明显的政策性金融缺位问题。

（四）再担保体系差异

从德国的再担保体系构建来看，为解决信贷担保银行承担风险较大的问题，德国联邦政府、各州政府及担保银行共同组建了一个新的信贷担保体系——再担保体系，即担保银行为企业提供信贷担保的风险由担保银行和州政府、联邦政府共同承担。联邦政府、州政府分别从税收收入中拨出一部分资金，作为再担保基金，并借此对信贷担保决策施加影响，以推进联邦及各州的经济计划。从分担比例来看，贷款银行只承担20%的贷款风险，剩余80%的贷款风险由联邦政府、州政府和担保银行分担。其中，中央联邦政府承担36%，所在州政府承担29%，担保银行承担35%，但风险承担比例也会有所变化。

在中国的再担保体系中，担保机构规模较小，资金放大倍数小，担保资金利用效率不高，风险控制措施较少，政策性担保代偿偏高，协作银行过少，担保机构承担的责任过大。从分担比例来看，中国的政策性和互助性担保机构承担的比例一般在70%—80%。商业性担保机构由于缺乏政府背景，而且机构规模较小，因此很难让银行同意承担相应责任，均承担100%的责任。

五　德国信贷政策的简要评价

信贷政策是货币政策的重要组成部分。货币政策着眼于解决总量问题，通过调节货币供应量和信用总量，确保货币币值稳定；信贷政策侧重于解决结构问题，通过引导信贷投向促进经济结构调整和经济持续增长。从中期和长远看，德国的信贷政策有效地支持了德国经济。

从德国绿色信贷政策看，德国复兴信贷银行通过信贷手段调控环境污染主体的信贷供给和资金价格，同时为清洁能源技术发展和节能降耗行为提供信贷支持，从而达到利用金融杠杆实现环保调控的信贷政策。绿色信贷政策在德国环保领域、可再生领域、节能建筑领域的建设与发展中发挥了强大的资金杠杆和资源配置作用。

从德国农业信贷政策看，首先，所有银行金融机构都参与了农业信贷市场的信贷活动，其中合作银行部门是农业信贷市场的主要参加者。其次，德国政府对农业信贷实行利息补贴，大力支持农业农村高质量发展。

从德国中小企业信贷政策看，该政策在融资可得性和稳定性上表现突出，满足了德国中小企业的融资需求。但同时要看到，德国银行业的信贷模式偏传统，银行等金融机构更加关注企业的偿债能力而非企业的成长性。德国风险投资发展滞后，对成长型中小企业和科技类新创企业的股权融资供给能力不足，这一特征在德国“工业 4.0”或数字经济时代背景下很突出，可能成为影响德国经济活力和长期竞争力的重要因素。

第七章　德国的外汇政策

一　德国的外汇市场

（一）德国外汇市场发展历程

综合来看，德国外汇市场从形成发展到日趋成熟主要经历了三个阶段，即萌芽期、发展期和成熟期。

第一阶段，德国外汇市场初具雏形。德国外汇市场萌芽于1582年，这一时间大致相当于中国明代的万历朝前期。其产生的直接原因是82名参加博览会的德国贸易商需要进行结算，由此第一次撮合出了几种外币之间的固定汇率，并且得到了市政府的认可，最终成为德国外汇市场的雏形。在此阶段，德国外汇市场交易并不连续，且交易量有限。

第二阶段，德国外汇市场逐步形成。从萌芽期到外汇市场的初步形成，大致经历了三百多年。第二次世界大战后，随着德国经济的逐步复苏和多边贸易、跨境投资的发展，外汇交易的需求日益增加。20世纪70年代初，随着布雷顿森林体系的瓦解，多国汇率波动幅度持续增大，外汇市场的交易规模显著扩大。20世纪80年代以后，随着贸易和市场自由化，德国马克实现资本项目自由化，跨境资本流动更加频繁。

第三阶段，德国外汇市场日趋成熟。1999年，欧洲引入单一货币，德国在国际外汇市场上的地位得以进一步加强和提升。调查显示，2004年德国外汇市场的日均交易量居全球外汇市场第五位，逐渐成为国际化的外汇市场和欧元的定价中心（杜晓郁、路明，2015）。

（二）德国外汇市场交易

（1）外汇汇率变化

本节以马克兑美元、马克兑日元以及马克兑人民币的汇率变化为代表，探讨德国马克兑不同货币汇率变化的大致趋势、原因和应对措施。总体来说，19世纪70年代初布雷顿森林体系瓦解前后，马克兑不同货币的汇率变化趋势差异较为明显（IMF，1990）。

第一，德国马克兑美元汇率整体呈震荡上行趋势。20 世纪 70 年代，随着布雷顿森林体系的瓦解，德国在实行联合浮动汇率制度的同时放松了对外汇汇兑的管制，德国放弃兑美元的固定汇率，让资本自由流动及马克汇率自由浮动，使得德国马克大幅升值（Dell，1994）。如图 7-1 所示，1970—1979 年，马克持续升值，从 0. 25 快速上升到 0. 57。1979 年，德国经历了第二次石油危机，生产成本的上升沉重打击了德国以出口为导向的经济，使得马克汇率在 1979—1985 年一路下跌到 0. 3。1985 年以后，德国消极执行“广场协议”，坚决不干预汇率，坚持自己一切以反通胀为出发点的货币政策（黄淼，2011），且 1990 年两德统一，形成了经济及货币大联盟，使德国马克汇率在 1985—1995 年这十年间快速上涨，涨幅达两倍。随着 1995 年欧元区概念的正式提出，市场一致预期欧元终将代替马克，马克的汇率开始一路下跌（Baltensperger，1999）。2001 年欧元成功启动并进入流通领域，此时的马克汇率随欧元浮动，兑欧元的汇率固定在 0. 51，并于 2002 年 7 月 1 日停止流通，被欧元彻底取代。欧元凭借着整个欧元区强大的经济实力，同美元、英镑、日元形成鼎足之势。

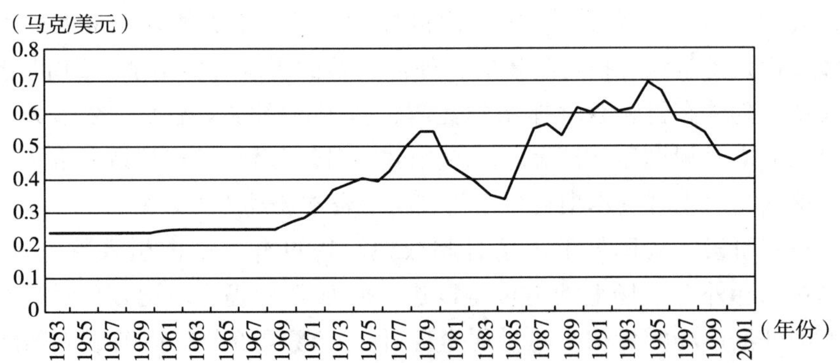

图 7-1　1953—2002 年德国马克兑美元汇率走势

资料来源：世界银行，http：//www. shihang. org；德意志联邦银行，https：//www. bundes-bank. de。

第二，与兑美元汇率相反，德国马克兑日元汇率整体呈震荡下行趋势。从图 7-2 可以看出，1972—1979 年，马克兑日元汇率从 90 缓慢上升到 140。在此期间，德国实行联合浮动汇率制度，允许资本自由流动，马克汇率自由浮动（刘宁和赵美贞，2007）。与此同时，日本极力维护日元汇率水平，多次入市干预，直到1978年才从固定汇率缓慢过渡到了浮动汇率。1979—1989年，日元急速升值。广场协议后，德国实行抑制通胀政策，通过汇率联动机制、针对性的财政政策，防止由于刺激经济过度而形成资产价格泡沫。相反，日本实行扩张性货币政策，不断调低利率的同时，资产价格泡沫越来越大。欧洲一体化进程加速了马克并入欧元体系的步伐，而日本为了稳定汇率，长期采取阻止日元升值的策略。1990—2002年马克停用，两币汇率基本平稳。

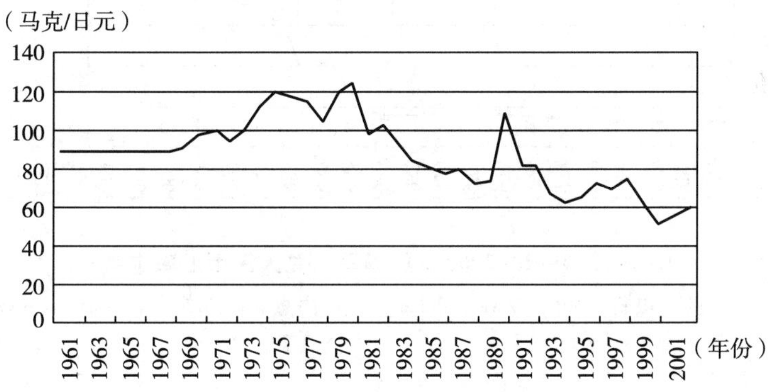

图7-2 1961—2002年德国马克兑日元汇率走势

资料来源：世界银行，http://www.shihang.org；德意志联邦银行，https://www.bundesbank.de。

第三，德国马克兑人民币汇率以1995年为分界，先升后降，总体与兑美元趋势相同。在分析德国马克兑人民币汇率的变化中，引入马克兑换美元的变化进行比较。通过对图7-1和图7-3的对比分析可以发现，在1993年之前，德国马克兑人民币一路走强，该时期中国的外汇价格主要受到政府的严格把控，此时汇率的变化也无法详细地反映汇率市场的供求关系（王信，2009）。1993年，中国政府正式开始了人民币汇率市场化的改革（田涛等，2020）。1993年12月美元兑人民币汇率平均价为5.82元，而在1994年1月1日央行进行人民币汇率改革之后，美元兑人民币平均价为8.72元，人民币在此期间出现巨幅贬值，贬值比例达到49.83%。人民币官方汇率与市场汇率并轨后人民币出现如此巨大的贬值（李建伟，2010），也反映出官方汇率与市场汇率之间存在的巨大差异，美元兑人民币的官方汇价是1∶5.7，而外汇调剂市场（黑市）的价格则一度达到1∶10，甚至更高（Frankel，2012）。基于人民币在此后一直都是实施单一的盯住美元的政策，可以说马克兑人民币和马克兑美元的汇率趋势几乎一致。

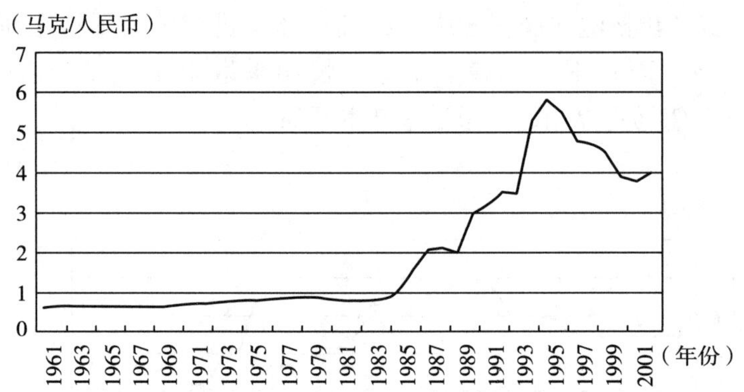

图7-3　1961—2002年德国马克兑人民币汇率走势

资料来源：世界银行，http：//www.shihang.org；德意志联邦银行，https：//www.bundesbank.de。

（2）德国的外汇储备量变化

2000年以后，德国外汇储备总体呈上升趋势，二十年间，外汇储备总量翻番。由图7-4可知，自1999年欧盟实施欧元统一货币政策后，德国的外汇储备量在短时间内增加，随后缓慢减少。从2005年开始，德国的外汇储备量大量增加，直到2012年达到了最大值。2012年，欧洲出现大面积的欧债危机，德国也未能幸免，带动外汇储备量急剧下降，随后进入了外汇储备量大幅震荡的时期。与此同时，在化解主权债务危机方面，欧洲领导人也做了巨大的努力，从建立欧洲稳定机制再到直接货币交易，都在很大程度上为降低风险提供了支持。2013年前后，德国外汇储备规模首次达到峰值，但在随后的几年里，欧债危机的影响逐渐增强，德国外汇储备量减少了将近30000亿欧元，可见欧债危机对于德国自身的消耗巨大。2015年后随着欧债危机的影响逐渐弱化，欧洲经济发展逐渐复苏，德国外汇储备量开始出现新一轮的增长。

图 7-4　德国外汇储备量变化趋势

资料来源：德意志联邦银行，https：//www. bundesbank. de。

（3）外汇交易模式

欧元的引入使得马克兑主要欧洲货币的场内交易转变为场外交易所（OTC）交易。目前，德国外汇的场内交易很少，根据市场自发行为，部分小额（10 万欧元以下）的交易在交易所进行，交易所内的外汇交易只占整个外汇市场的 2%左右，而 98%的外汇交易均为场外交易所交易（田涛等，2010）。

（4）外汇交易系统

德国外汇交易系统以电子交易系统为主。大致分为银行间的电子交易系统（REUTERS）和银行与客户间的电子交易系统（EBS）。主要做市商的公司都有自己的外汇交易平台（如德意志、花旗、汇丰、UBS），并且为其代理客户提供交易平台的应用接口。

（5）外汇交易工具

德国外汇交易工具侧重于对衍生交易工具的应用。目前德国外汇交易的现货交易比重呈下降趋势，而衍生工具交易量呈上升趋势。根据国际清算银行（BIS）调查结果显示，德国现货交易约占 30%，衍生工具交易约占 70%。

（6）外汇交易清算

德国的外汇交易清算系统主要依托外汇连续联结清算系统（CLS）和欧元区央行联合清算系统（TARGET Ⅰ）。外汇连续联结清算系统是外汇做市商银行自发组成的国际清算机构。欧元区央行联合清算系统由欧洲央行发起，各欧元区的会员银行统一在欧洲央行开户，并交纳相应的保证金（李建伟，2010）。通过此系统，德国解决了外汇清算不同步问题，显著提高了外汇交易的清算效率和欧元的流动性。2009 年，欧洲央行开发了第二代泛欧实时全额自动清算系统（TARGET Ⅱ），将各成员国内部的清算体系与欧元区央行联合清算系统第一代相连，实现欧元区成员国内大额交易和小额交易的实时转账和清算。此后，德国形成了统一高效的结算、托管和清算制度，为整个德国金融市场的可持续发展打下了坚实的基础。

（7）外汇交易主体

总体上看，德国外汇交易主体可被划分为境内外的商业银行、外汇经纪人、非银行机构和中央银行四类主体。其中，商业银行是外汇供求的主要中介，主要根据自身头寸平衡、资产保值增值的需要，开展外汇买卖和市场投机活动。银行之间（B-TO-B）的交易是做市商银行的批发市场，占整个外汇交易量的 33.53%，主要包括德意志银行、瑞士联合银行以及花旗、汇丰等银行（禹钟华、祁洞之，2012）。德国外汇经纪人门槛较低，是德国外汇市场重要的参与体，专门从事外汇买卖的中介业务，促成外汇交易并赚取手续费。非银行机构主要包括两个，即跨国公司和非银行金融机构，其特点是交易金额巨大。中央银行包括欧洲中央银行和德意志联邦银行，它们在必要时会作为普通市场参与者参与外汇市场交易，引导和规范外汇市场。

（三）德国外汇市场的监管

发达的外汇交易市场促进了德国外汇的监管，催生了德国联邦金融监管局（BaFin）的设立，德国外汇监管走向了一体化监管模式。德国联邦金融监管局集联邦银行监管局（BAKred）、联邦保险监管局（BAV）、联邦证券监管局（BAWe）为一体，形成完全整合的监管模式（刘斌，2007）。联邦相关法律规定，联邦金融监管局依法对包括银行、金融服务机构和保险公司在内的全部金融机构进行监督管理。联邦金融监管局依法独立履行职责，不受任何机构制约。其监管目的是要保证金融机构业务经营的合规性和安全性，防范金融风险，保证保险投资者和债权人的资产安全（张留禄、陈福根，2008）。德国联邦金融监管局整合先前的联邦银行监督办公室、联邦证券交易监督办公室以及联邦保险监督办公室，使得信贷机构、保险公司、金融服务公司、经纪商以及证券交易所有了统一的国家监管制度。

从德国外汇市场对于外汇交易的监管方式来看，绝大部分的场外外汇交易的监管主要依靠金融机构的合规性管理以及行业自律。由于德国外汇交易中绝大部分外汇交易的主体是银行和其他金融机构，这些金融机构必须按照德国联邦金融监管局对投资者的保护原则和审慎监管原则开展业务，从而外汇交易活动也受到了间接监管。同时，德国银行法规定，央行官员按照属地管理原则对金融机构的报告和声明进行分析评估和审计，以此监督金融机构在相关方面的合规性。

德国联邦金融监管机构的监管包括以下三类：一是对市场准入的审查。联邦金融监管局负责德国境内新成立机构的资格审查，包括最低资本金、高层人员资格审查等，并发放经营许可证（王宇，2016）。二是对公司日常经营情况的检查。主要审查公司自有资本、流动性及高风险经营环节是否符合相关法律规定。三是接受客户投诉。通过接受客户的投诉，德国联邦金融监管局能够知道是否有公司正在或试图通过监管规则的漏洞来侵害它们客户的权益。但由于德国联邦金融监管局不是仲裁机构，它既不能进行有法律效力的仲裁，也不能提供法律建议。

二 欧元区的汇率制度

（一）欧元区外汇政策发展历程

从欧洲共同体时期开始，欧元区的外汇政策经历了联合浮动汇率制度、欧洲第一汇率机制、欧洲第二汇率机制、混合汇率制度这四个阶段。

第一阶段为联合浮动汇率制度阶段。欧元区于1972年开始实行联合浮动汇率制度，即参与联合浮动利率的成员国间保持长期稳定汇率，对外则实行浮动汇率。参与实行该汇率制度的国家对美元汇率波动幅度应在±1.125%之间（李富有、于静，2004）。一方面，浮动汇率制保证了根据经济情况的变化进行调整的最大灵活性，另一方面，这种灵活性也给各国经济造成了严重的损害。浮动汇率制在面对金融危机时的实际表现不佳，也影响到了后来的汇率制度改革。

第二阶段为欧洲第一汇率机制阶段。1979年欧洲货币体系成立至欧元正式启动前，德国实行欧洲第一汇率机制，即对内实施可调整的固定汇率制，对外则采取自由浮动的汇率制度。此阶段主要通过平价网体系和货币篮子体系来达到汇率稳定目标。前者要求成员国决定它们之间的中心汇率，且明确规定成员国之间的汇率只能在中心汇率及上方2.25%（个别国家为6%）之间浮动，若超过规定的浮动范围，中央银行将采取干预措施使其恢复（范祚军等，2018）。后者则要求成员国首先确定本国货币对欧洲货币的兑换汇率，而后再计算其相对中心汇率的最大允许偏差。

第三阶段为欧洲第二汇率机制阶段。该阶段以 1999 年欧元启动为标志，该阶段的外汇政策主要包括：（1）取消多边平准汇率机制，将欧元作为中心记账单位，并同未加入欧元区的欧盟成员国成立双向汇率机制；（2）欧元与其他没有加入欧元区的欧盟成员国间的中心汇率波动幅度设定在 15%以内；（3）欧洲中央银行负责与汇率机制相关的日常事务，协调欧元区国家与尚未加入欧元区的欧盟成员国间的货币政策（陈西果，2019）。在欧洲央行与各非欧元区成员国中央银行达成的有关汇率机制运作程序的协议中，利率的灵活运用及在汇率波动未达到边界之前进行"边界内协调干预"是这一阶段的重要特征。

第四阶段为混合汇率制度阶段。欧洲单一货币启动后，欧洲经济货币联盟（EMU）内各成员国的货币汇率锁定，实施欧元国家的货币与欧元确定不可变更的永久性固定汇率。欧洲经济货币联盟不满足于欧盟内非欧元区国家货币与欧元之间实行的可调整固定汇率制，它未来的发展趋势是将欧盟所有国家都纳入欧元区。这样，整个欧盟将会成为一个统一使用单一货币，实行固定汇率制的区域（Rajan et. al.，2006）。而欧元对欧盟外其他国家的货币采用浮动汇率制，欧元汇率将依据欧元区国家经济发展状况、进出口贸易额、通货膨胀率及欧洲中央银行的货币政策取向等在外汇市场上自由浮动。因此，欧元区就形成了内部实行固定汇率制，外部实行浮动汇率制的混合汇率制（宋英杰，2011）。这种新型的汇率制在国际金融市场动荡不断加剧的今天，也会对以浮动汇率制为主体的国际汇率制度产生冲击。

（二）欧元区外汇市场交易

（1）欧元区外汇市场变化情况

1992 年，欧盟首脑会议在荷兰签署《马斯特里赫特条约》，决定于 1999 年 1 月 1 日开始使用单一货币欧元，并在欧元区国家实施统一的货币政策（蔡云，2009）。1998 年，欧洲中央银行（ECB）在德国法兰克福正式成立，2002 年 1 月欧元正式流通。目前，欧元区成员国已经由最初的 11 个扩大到 19 个，欧元也成为全球主要通用国际货币之一。

欧元区外汇准则有以下要求：一是欧洲中央银行外汇储备数量为 500

亿欧元，由各成员国的中央银行按其本国人口和经济总量占比进行缴纳；二是欧洲中央银行对外汇储备具有自由支配权，同时具备随时调用各成员国中央银行外汇储备的权利；三是各成员国的中央银行在动用外汇储备时，须获得欧洲中央银行的批准。从图 7-5 可以看出，欧洲央行外汇储备量随着全球经济大环境和欧洲内部经济发展状况的变化有所增减，但随着近年来欧洲经济形势逐渐向好，经济复苏加快，欧洲央行外汇储备量总体呈现上升趋势（钟伟、唐欣，2005）。

图 7-5　欧洲央行外汇储备量变化

资料来源：欧洲中央银行，http：//www. ecb. europa. eu。

世界清算银行有关统计数据表明，欧元从 1999 年推出到 2002 年正式全面流通以来，长期受到国际外汇投资者和机构的青睐。作为欧盟成员国的通用货币，加之在世界外汇市场的持续活跃，欧元外汇交易量逐年提升，并于 2014 年首次达到 17500 亿美元的交易峰值。2014—2016 年美国经济持续缓慢复苏，美联储放弃宽松的货币政策准备加息，加之石油、黄金价格上涨等因素，加速了美元的逐步走强，世界外汇交易大多进入了美元外汇市场，欧元外汇交易量随之下降。而后受英国脱欧的影响，外汇市场预期欧元持续下跌，欧元的外汇交易面临下行的压力，但随着整个欧盟政治局势逐渐稳定，欧元外汇交易量又呈现出持续增长态势（见图 7-6）。

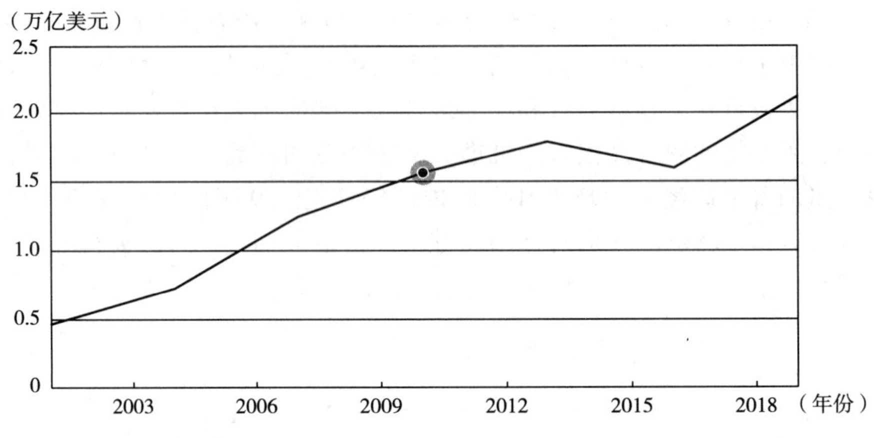

图 7-6　欧元外汇交易量统计（2000—2021 年）

资料来源：欧洲中央银行，http：//www. ecb. europa. eu。

（2）欧元汇率变化

本小节以欧元兑美元（见图 7-7）、欧元兑日元（见图 7-8）、欧元兑人民币（见图 7-9）的汇率变化作为代表，探讨欧元汇率变化的大致趋势。总体来说，自欧元面世以来，其兑不同货币的汇率变化趋势具有明显差异。

第一，欧元兑换美元的汇率总体震荡幅度较大，以 2008 年为分界点，呈先升后降的趋势。欧元从诞生之初就遭到美国的强烈打击，1999 年以美国为首的北约对南联盟发动的战争使得情绪紧张的国际资本持有者纷纷把资本转到相对安全的美国，从而造成欧元兑美元不断贬值。如图 7-7 所示，1999—2000 年，欧元贬值严重，欧元兑美元从刚开始的 1∶1. 2 跌到了 1∶0. 8。2001 年，欧洲结束战争，局势动荡，同时美国也经历了震惊世界的“9 · 11”事件，双方都不具有稳定货币的相对优势，所以在此期间内欧元兑美元汇率保持大致稳定。2002 年，为消除“9 · 11”事件的负面影响，美国将利率降到历史低位（1%）来刺激经济增长，而欧元的好处逐渐显现，欧盟的经济增速也开始提高，欧元兑美元汇率日渐上行，一度达到 1∶1. 6 的历史高位。2008 年国际金融危机爆发后，世界经济陷入长期低迷，欧元兑美元受到各国货币政策及全球经济环境变化的影响，汇率大幅降低，且在之后开始震荡波动。2014 年欧元整体下跌 12%，成为全球次差货币。2016 年英国脱欧和希腊债务危机又给欧盟重重一击，随后欧元兑美元汇率持续震荡。而到 2017 年，欧元区主要国家国内政治风险逐渐释放，欧盟经济复苏速度超过美国，加之欧洲央行多次释放紧缩货币政策的信号，同时特朗普政府领导下的美国政府政治进程举步维艰，加速了欧元兑美元汇率的上升。

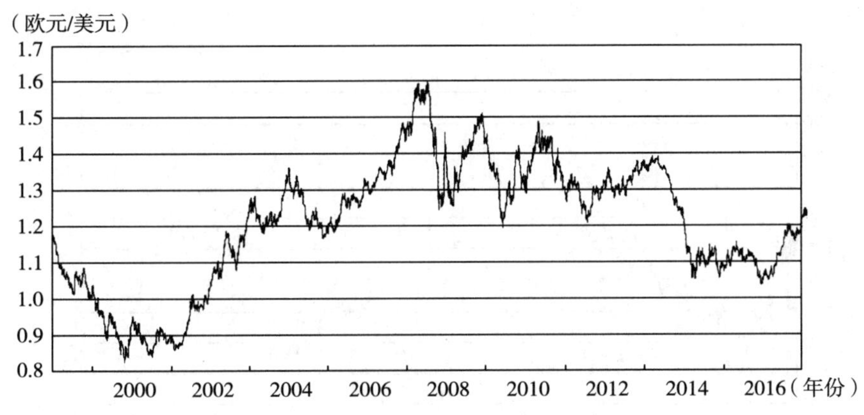

图 7-7　欧元兑美元汇率变动趋势

资料来源：https：//insights. ceicdata. com/Untitled-insight/views。

第二，欧元兑日元与欧元兑美元的汇率变动具有一定相关性，但日元与欧元作为对美元的弱势货币，两者的整体变动大体处于震荡中的稳定。从图 7-8 中可以看出，1999—2001 年欧元兑日元汇率呈下行趋势。21 世纪初，欧洲经济形势向好，欧盟整体经济发展积极向上，欧元兑日元汇率呈现持续上升趋势，到达 170 点的历史高位。2008 年国际金融危机爆发，迅速席卷美国、欧洲，而日元是传统的避险货币，这导致大量资金流回日本，欧元兑日元汇率出现断崖式下跌。欧洲经济低迷，希腊债务危机等问题困扰欧元区经济复苏，日元借助跟随美国的“最大宽松政策”，伴随世界避险情绪，汇率逐步走高，欧元兑日元汇率缓慢下跌。2012 年日本首相安倍晋三推行日元兑美元等货币的贬值政策，试图通过大量的货币投放引发通货膨胀预期和消费者对日本物价上涨的预期，从而达到带动消费和投资的目的，改善日本长期以来消费与投资低迷的状况，加之欧元区的经济复苏作用，欧元对日元的汇率明显呈现积极上行的趋势。2016 年英国脱欧加剧了资本市场的恐慌情绪，日元的避险货币作用再次显现，欧元兑日元汇率断崖式下跌，一度跌至 110 低点。2017 年以来欧元区经济复苏明显，马克龙当选法国总统，欧元区政治趋于稳定。同时，英国首相特蕾莎·梅“软退欧”的态度和合作谈判的意愿也导致市场对英国脱欧的担忧大幅消退，加深了资本市场对欧元的看涨态势，推动欧元兑日元汇率的持续上涨。

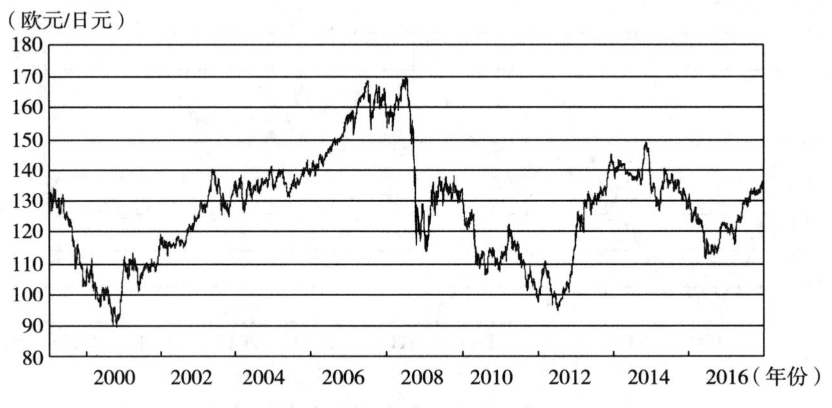

图 7-8　欧元兑日元汇率变动趋势

资料来源：https：//insights. ceicdata. com/Untitled-insight/views。

第三，与欧元兑美元或日元不同，欧元兑人民币汇率总体呈现下行趋势。如图 7-9 所示，自 1999 年诞生以来，欧元便追随美元处于强势地位，而当时中国经济仍处于初级发展阶段。故欧元与人民币开始外汇交易初期，欧元兑人民币汇率长期保持较高水平（曹洁云、刘云，2008）。但在 2008 年国际金融危机爆发后，全球经济遭受重创，中国政府提出了 4 万亿的经济刺激计划，通过加强基础设施建设拉动经济增长，故与持续低迷的欧洲相比，中国经济呈现出稳定增长态势。同时，欧洲央行推出的量化宽松政策（QE）及人民币被动增值都推动了人民币持续走强，欧元兑人民币汇率持续震荡中经历着下行压力。随后几年，中国经济增速逐渐放缓，进入经济改革转型周期，2015 年 8 月中国人民银行启动汇率改革，加上中国严格的汇率管控导致汇率超调得不到释放，人民币贬值预期不断放大并兑现，同期欧元区由于经济复苏的积极表现及欧元区内各国政治逐渐稳定，欧元兑人民币汇率持续走高，即使在经历英国脱欧的短暂下跌后也迅速回升，汇率也持续走强。

图 7-9　欧元兑人民币汇率变动趋势

资料来源：国家统计局，https：//data. stats. gov. cn。

（三）欧元区外汇交易监管

在欧元区内，各成员国之间对于欧元的外汇交易监管采取以欧盟为主，各成员国为辅的监管模式。欧盟内各成员国在外汇交易市场设有相应的管理委员会或管理局，而在整个欧盟内设有以欧洲证券及市场管理局（ESMA）为主的统一中央管理部门，以此形成欧洲特有的外汇交易市场监管模式。

欧元区的金融监管制度（ESFS）的主要目的是维护金融稳定，促进民众对整个金融体系的信心，并为金融消费者提供充分保护。监管体系由联合委员会和欧洲全面风险委员会以及各成员国的国家主管或监督机构组成。其中联合委员会包括欧洲证券及市场管理局、欧洲银行管理局（EBA）以及欧洲保险和职业养老金管理局（EIOPA）（张芳、邹俊，2012）。尽管各成员国当局仍然负责监督个别金融机构，但是联合委员会的目标是确保适当、有效和统一的欧洲监管体系来改进欧洲内部金融市场的运作。

欧盟于 2014 年 6 月 12 日发布了 MiFID Ⅱ和 MiFIR 作为金融市场交易指令，为所有市场参与者提供更高的透明度。同时，欧元区的高频交易对投资公司和交易场所提出更为严格的组织要求。通过引入产品治理和独立投资建议，将现行规定延伸到若干领域改进需求（幸泽林、邱福提，2012），MiFID Ⅱ和 MiFIR 更好地保护了外汇投资者们的利益，同时对于欧盟内的经纪商而言，将更好地促进经纪商公司的优胜劣汰，规范欧元区外汇交易市场。

三　德国外汇政策发展历程

第一阶段（1945—1972 年），实行可调节的固定汇率制度。1944 年，随着布雷顿森林体系的建立，直接形成了有利于美元的可调节的固定汇率体系，这使得马克对美元的汇率的波动范围只能固定在法定汇率的上下 1%以内。固定汇率制有利于稳定马克的货币汇率；同时，有利于进出口成本和利润的核算，促进德国国际资本的流动和国际贸易的增长（Dahlquist & Gray，2000）。固定汇率制也有其缺点：首先，它使汇率缺少了弹性，使得其调控国际收支和充当经济杠杆的功能受到了约束；其次，它破坏了德国内部经济平衡。美元下跌时，德国迫于制度压力必须干预外汇市场，使德国陷入“特里芬难题”。

第二阶段（1973—1978 年），实行联合浮动汇率制度。马克对欧共体内部实行固定汇率，欧共体相互间的货币汇率波动幅度不超过±2.25%，而对外实行浮动汇率。此举可以有效地抵制布雷顿森林体系崩溃后，欧元与美元的汇率波动带来的不利影响，同时保持与周边国家间汇率的稳定，减小出口冲击（丁纯等，2019）。这一政策也有其弊端：首先，其会导致“成本—价格”关系的波动，引起贸易与货币保护主义行为，并会对欧洲各国的关系造成分裂性影响；其次，汇率波动频繁，使得投机行为盛行，影响正常的国际贸易，引发外汇市场动荡；最后，国际游资泛滥，真实资本与控制资本呈“倒金字塔”形分布，稳定性极差。

第三阶段（1979—1998 年），实行欧洲第一汇率机制。德国采取了相应的对内可调整钉住、对外自由浮动的汇率制度，达到与欧盟成员更为紧密的货币合作的目的，在此期间，马克持续升值。

第四阶段（1999—2002 年），实行欧洲第二汇率机制。以欧元为中心并将其作为记账单位，与还未加入欧元区的欧盟成员国之间建立双向汇率机制。欧洲形成了一个货币稳定区，并与美元抗衡，中东欧大部分国家的对外贸易由马克结算转变为欧元结算。2002 年，德国马克完成其历史使命，退出流通。

第八章　德国的证券市场政策

银行在德国证券行业中扮演着重要角色。德国银行认购股份公司的股票是众多股份公司经营资本的来源，因此，形成了德国特殊的证券市场。银行一方面认购、买卖股份公司的股票，另一方面又通过信贷追加企业投资，最后通过卖出企业股票收回其初始投资。19 世纪后期，德国银行随着工业体系的发展也逐渐形成了地方网络化，银行统一了证券买卖业务和金融信贷业务。此后，德国证券市场完全随着银行体系的扩张和银行业务的发展而同步发展（Hewson & Sakakibara，1977）。20 世纪初，德国金融体系逐步完善，产生了六大银行网络，以柏林为中心的证券市场完全从属于德国金融资本，大银行参与证券发行、流通和信用投机，与股份公司共同分享证券流通增值收益（Hetzel，2002；肖筱林、舒晓兵，2008）。

20 世纪 70 年代以来，世界各国相继掀起金融自由化的浪潮。伴随着金融管制的放松以及信息技术的应用，各国资本市场经历了划时代的革命。作为典型的实行银行主导型金融体系的国家，德国出台了一系列措施对资本市场进行改革，资本市场的组织结构与运作模式均发生了重大变化，改变了国内经济过度依赖信贷融资的局面。现如今，德国资本市场形成了全国性与地方性资本市场共同发展的格局，证券市场体系在全国范围内较为分散，促进了地方性中小企业成长与区域经济发展（Schrimpf et al.，2007）。

德国资本市场历经长期的发展，到今天已经发展成为一个多层次的资本市场体系，从理论的角度分析，德国资本市场一般可以分为三个层次：一是狭义上的资本市场——证券市场；二是广义上的资本市场——证券市场和灰色市场；三是交易所外市场（Bartov et al.，2005）。这种多层次的资本市场体系是德国资本市场自然发展的必然结果，也是德国资本市场发展到一定阶段和程度的必然要求，其适应了不同规模企业的上市融资要求。狭义资本市场即证券市场，又包括两个层次的证券市场：官方市场板和半官方市场板。这两个市场都是设立在交易所内的，只是立法者和各个交易所对它们要求的上市条件和上市规则不同。

一 德国证券市场体系

（一）德国证券市场整体结构

德国证券交易市场是由德国各地的证券交易所组成，证券交易所也是证券市场的信息中枢。德国目前有 7 个证券交易所，分别是由德意志交易所集团（Deutsche Börse AG，DBAG）控股的法兰克福证券交易所和 Xetra 电子交易平台（所），以及另外 5 个区域性交易所，即柏林—不来梅交易所①、杜塞尔多夫交易所、汉堡—汉诺威交易所②、慕尼黑交易所与斯图加特交易所③，这些交易所都是从《证券交易法》出台后正式形成的。德国已经形成了“一主多辅”的证券交易所格局，以交易量来看，法兰克福证券交易所是最大的证交所，其交易量占全国交易量的 60%—65%。各交易所的价格即时传递，紧密联系成一个整体（陈晗、蔡征，2018）。虽然受到各自当地政府正式而严格的控制，但是各证券交易所的交易规则都相同。交易所由董事委员会负责指导交易（见图 8-1），主要机构有上市委员会和正式经纪人协会。法兰克福证交所还有其他的委员会，如监管委员会、市场行情委员会、外汇交易委员会、固定利率证券委员会、未挂牌证券委员会和内幕人交易委员会等。

自 2007 年起德国证券市场管理分类方式均已与欧盟规定一致，每个交易所可经营两种现货市场（见图 8-2）：管理市场（Regulated Market）和开放市场（Open Market）。按欧盟规定，在欧盟境内的证券市场主要分为两类，公司如果要在欧盟境内筹资，必须选择其中一个市场：一是欧盟规范的官方市场，二是非官方管理市场。前者是直接遵循欧盟的法规，后者则由境内的各交易所自行规范。由于德国是欧盟的成员国，因此，为符合欧盟的规范，德国证券主管机关将其原有官方市场与管理市场

---

① 2003 年，柏林证券交易所与不来梅证券交易所合并。2007 年，合并后的柏林—不来梅证券交易所控股了 Equiduct 电子交易平台，该交易平台成为其主要的股票交易市场。

② 1999 年德国最古老的汉堡证券交易所与汉诺威证券交易所合并，组成汉堡—汉诺威证券交易所，成为德国北部最大的交易所集团。2017 年，控股汉堡—汉诺威证交所的 BOEAG 交易集团并购了杜塞尔多夫证交所，进一步扩大了其市场份额。

③ 2008 年，斯图加特证交所并购了瑞典第二大证券交易所 Nordic Growth Market，业务拓展到北欧市场。

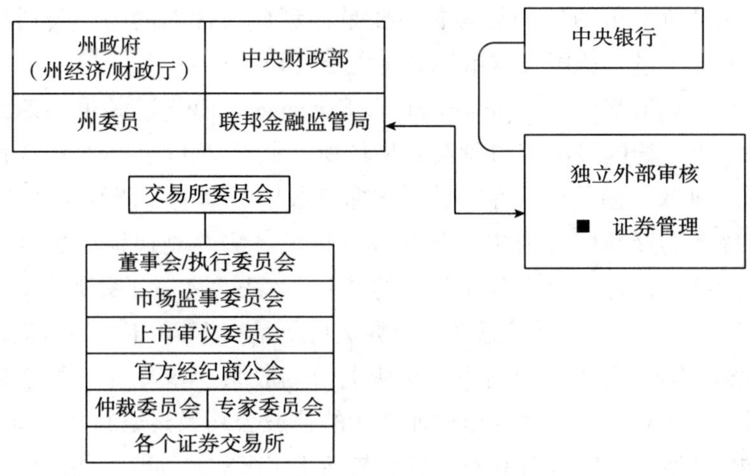

图 8-1 德国证券市场管理架构

合并成为单一的管理市场，划分在欧盟认定的官方市场规定之下，并将现有的开放市场划分在欧盟认定的非官方市场架构下，视为由交易所管理的市场（Exchange Regulated Market）。其中，管理市场的定义与进入条件主要规定在《证券交易法》《股票交易准入规定》等内容中，对于开放市场的进入条件则由境内各交易所自行制定的交易规则中规定。

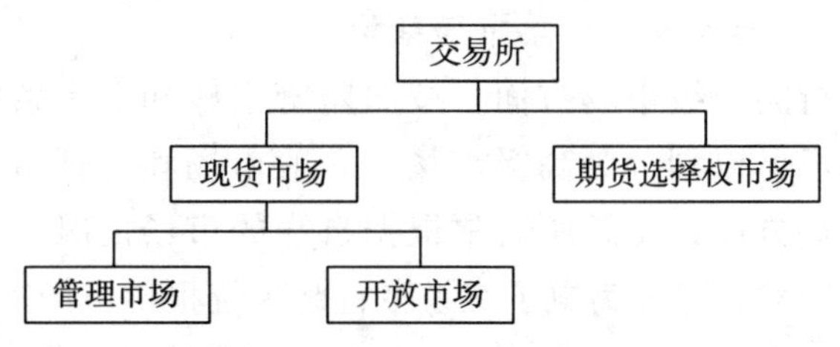

图 8-2 证券市场管理分类

不同市场的咨询揭露透明度要求也不相同，要进入管理市场必须至少符合一般标准（General Standard）与主要标准（Prime Standard）的规定，其中符合主要标准规定的咨询揭露要求度较高，符合全球性的标准；反之，要进入开放市场仅需符合参加标准（Entry Standard）、第一报价板（First Quotation Board）与第二报价板（Second Quotation Board，已在其他国内外交易所上市的）的规定，主要是便利成长性高的中小公司可快速且以较低成本进入德国资本市场募集资金（Bertoni et al.，2014）。

法兰克福证交所（Frankfurt Stock Exchange，FWB）是世界四大交易所之一，也是德国最主要的股票交易场所，截至 2017 年，其市场份额超过德国的 90%。而其他证券交易所均拥有股票、基金、债券等现货业务，但以二级市场交易服务为主，业务各具特色。法兰克福证交所是德国最重要的交易所，是“一主多辅”中的“主”。法兰克福证交所历史可以追溯到 1585 年，而形成近代意义的证券交易所是在 1820 年，当时奥地利国民银行成为第一只在法兰克福证交所上市的股票。1993 年，德意志交易所集团公司成立，成为法兰克福证交所的控股公司及运营机构。2012 年，德意志交易所集团完成对欧洲期货交易所 EUREX 的收购，同时运营德国最大的现货交易所和欧洲最大的期货交易所。2015 年，德意志交易所集团全资收购负责 DAX、EUROSTOXX50 等具有国际代表性指数编制的 STOXX 指数公司，进一步巩固了法兰克福证交所在欧洲的领先地位。截至 2017 年 12 月底，法兰克福证交所上市公司总市值约为 1. 9 万亿欧元，500 家上市公司，全年上市公司股票成交 1. 3 万亿欧元。法兰克福证交所上市公司主要分布于工业、金融服务业、软件业、医药行业，这 4 个行业占比超过总体的 50%。其中工业行业有 104 只股票，占总体的 22. 3%。在其非欧盟监管的公开市场上，还有约上万只挂牌股票。

（二）德国证券交易所股票市场结构

在证券发行的一级市场方面，按照监管主体和上市条件，德国证券交易所股票市场可以划分为高级市场、一般市场和公开市场。而在证券交易的二级市场方面，交易所通常根据自身的市场情况、证券流动性以及历史习惯等因素，又分为电子交易平台和传统报价市场。

（1）一级市场结构：高级市场、一般市场和公开市场

德国股票市场法律体系由三个层面构成：欧盟法层面、德国国内法层面和交易所规则层面。欧盟法层面相关法规主要包括《欧盟招股说明书指引》《欧盟金融工具市场指引》等；德国国内法层面相关法规主要包括《有价证券招股说明书法》《交易所法》《有价证券交易法》等；交易所规则层面主要包括《上市准入指令》《交易所交易规则》等。根据法律规定，德国股票市场总体分为两大类：受欧盟监管的市场和交易所监管的市场。其中，受欧盟监管的市场层级更高，是真正意义上的上市公司

市场，其透明度也更高。同时，受欧盟监管的市场根据信息披露程度和要求的不同，又分为一般标准和高级标准，两者的主要区别在于信息披露要求不同（Mayer，1988）。

（2）二级市场结构：双市场模式和单市场模式

Xetra 和 Frankfurt Floor 的运作方式。法兰克福证交所的 Xetra 电子交易平台成立于 1997 年，是法兰克福证交所最主要、流动性最好的交易平台；而 Frankfurt Floor 源自传统场内的现场交易市场，2014 年再次明确同 Xetra 平台分别独立运营，共同组成法兰克福证交所现货市场。这两个市场既独立运行又有着联系，是德国证券市场较为特殊的二级市场结构。

两个市场的交易方式有着较大不同。首先，对中央结算对手方（Central Clearing Party）的要求不同。Xetra 平台要求所有在其平台进行交易的股票必须支持中央结算对手方，而 Frankfurt Floor 并无此要求。其次，两者交易模式截然不同。Xetra 平台是订单驱动交易方式，属于连续竞价模式，订单逐一匹配连续成交，在开盘、日中和收盘阶段采取集合竞价。交易模式与中国沪深交易所 A 股市场较为接近；而 Frankfurt Floor 是报价驱动交易方式，主要依靠专家做市商提供报价，采取日内连续集合竞价，没有连续竞价阶段。再次，两者对证券流动性要求不同。除依发行人申请外，交易所拥有决定权，交易所会对证券的流动性进行评估，通常流动性较好、支持中央结算对手方的股票会在 Xetra 平台交易。最后，两个平台做市商责任不同。Xetra 平台的做市商称为指定赞助商（Designate Sponsor），Frankfurt Floor 的专家做市商称为专家（Specialist）。两者虽均提供指导性报价，但由于 Xetra 对流动要求较高，Xetra 平台对做市商报价价差、连续性等方面的要求更为严格。

两个市场联系密切。第一，两个市场挂牌股票在很大程度上是重合的。通常而言，在 Xetra 平台挂牌的股票均会在 Frankfurt Floor 上挂牌，特别是德国上市公司的股票，如 DAX 指数成分股。但 Frankfurt Floor 上挂牌了大量公开市场股票、外国股票的存托凭证等，这些证券并未在 Xetra 上挂牌。第二，两者间存在联通机制。法兰克福证交所每年均会根据当年证券交易情况以及发行人申请，调整股票挂牌的平台。Frankfurt Floor 上的某股票或基金可以调整至 Xetra 上进行交易；然而，如果 Xetra 上某股票或基金不再符合中央结算对手方的条件，或失去做市商支持，也可能被调整至 Frankfurt Floor，从 Xetra 上摘牌。第三，两者结算托管等后台支持是联通的。明讯银行（Clear Stream）同时为这两个市场提供结算托管服务，因此，两者证券托管后台是联通的，Frankfurt Floor 上买入的股票可以在 Xetra 平台上卖出，从而两个市场在一定程度上共享了流动性，保证两个市场上同一股票的价格基本一致（Cumming et al.，2018）。

（3）德国证券交易所形成双市场模式的原因

首先，历史习惯影响市场结构。历史上，证券交易均在一个集中的交易大厅中进行，由交易员面对面完成，专家做市商在交易达成方面发挥了很大作用。计算机技术的兴起使得传统的证券交易退出历史舞台，但以专家做市商为核心的交易模式仍然得到保留。

其次，流动性决定交易模式，根据证券流动性决定市场模式。由于交易所业务的拓展，很多中小企业股票和外国存托凭证在交易所挂牌，而这些证券流动性较差，如果完全采取连续竞价模式，部分证券可能难以成交。而 Frankfurt Floor 的专家做市商模式，可以为中小证券提供报价服务，有利于提高其流动性、促进成交。对于 Xetra 平台上的证券，其流动性较好，连续竞价交易模式有利于提高市场透明度，保持交易的连续性（Moshirian et al.，2011）。

最后，双市场模式符合交易所业务发展的需求。一方面，Xetra 平台可以集中、突出“明星证券”，给市场带来流动性好、重点突出的良好印象；另一方面，Frankfurt Floor 能容纳数以万计的中小企业股票和外国股票存托凭证，拓宽交易所服务范围的同时不会使“明星股票”淹没在中小股票之中。

（三）德国股票市场、债券市场和基金市场发展水平

按照机构分析法的划分，金融市场分为：股票市场、债券市场和货币市场，其中与非金融企业的融资活动联系较紧密的是股票市场、债券市场与基金市场，以下对德国的股票市场、债券市场和基金市场做一简要分析。

（1）德国股票市场

德国的股票交易市场由三部分组成：正式市场（Amtlicher Markt）、半正式市场（Geregelter Markt，主要交易小市值股票）和 OTC 柜台市场（Freiverkehr），主要由德意志交易所集团负责运营。德国主要的股票交易所坐落于法兰克福，其余的交易所较为分散，主要是一些私人交易所，所占份额也很小。如图 8-3 所示，总体来看，2007 年之后德国股票交易

总额占 GDP 比例增幅不大，且与其他 3 个发达国家以及中国相比排名靠后，而美国一直处于领先地位，并且中国在 2013 年之后股票交易额占比急剧上升。2015 年中国股票市场市值与 GDP 比值已追赶上美国，为 231.62%。德国只有 37.25%，排在最后一位。因此，德国股票市场的总市值并不算太低，但与其他发达国家和中国比较，全德国的股票市场相对于德国经济总量确实显得较小。

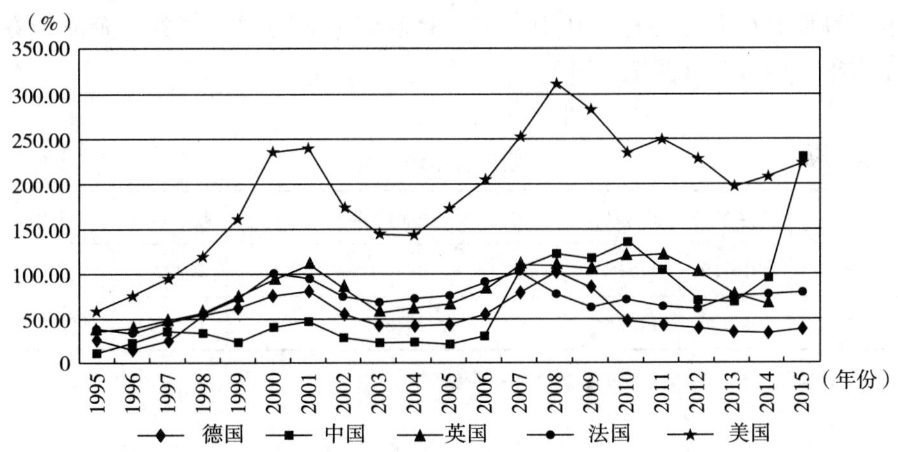

图 8-3　各国股票市场股票交易总额占 GDP 比例（1995—2015 年）

资料来源：笔者根据世界银行 2015 年报告绘制。

按照国际标准，德国股票交易量也偏低，并且主要集中在少数几个大蓝筹股上，因此，德国股票市场的流动性较差。德国普通民众参与股市的热情在主要发达国家中较低，这反映在德国公众持股比例偏低。其主要原因有二，其一，复杂的股权结构。德国上市公司股权集中度较高，非金融企业、银行、保险公司和富有的家族作为外部大股东交叉持股的现象极为普遍，同时上市公司信息披露透明度偏低（Barca et al.，2001）；其二，保护投资者水平低。一直以来，德国金融市场以间接融资的银行体系为主导，因此在投资者保护环节，以保护相关利益人的利益，特别是债权人利益为主导，对于保护普通投资者的重视程度相对较低。直到 1994 年，德国才颁布了禁止内幕交易的法案，要求金融机构予以执行。同时，德国银行在股票市场上扮演着重要角色，一方面，德国的大型商业银行普遍是德国 IPO 企业的投资银行和承销人；另一方面，德国银行对于德国股票市场的发展有着决定性的影响，甚至能左右股票交易政策的制定。因此，银行主导下的德国股票市场的发展受制于本国强势的银行体系、发展速度和发展质量，相对于发展成熟的英美等国的资本市场都存在明显的差异（Schmidt & Tyrell，2004）。

（2）德国债券市场

相对于股票市场，德国债券市场规模较为庞大。德国债券市场主要有五种债券在进行交易，其中大部分是政府债券与银行债券，企业债券只占很小的份额（见表 8-1）。

表 8-1　　德国债券市场结构　　单位：亿欧元，%

年份	债券市场	银行债券	占比	企业债券	占比	政府债券	占比
2005	29147. 2	17515. 6	60. 1	839. 4	2. 9	10792. 2	37. 0
2015	30461. 6	11541. 7	37. 9	2576. 1	8. 4	16343. 8	53. 7

资料来源：根据德国联邦银行 2015 年报告整理。

表 8-1 反映的是德国债券市场的存量结构，从中可见，2015 年，德国债券市场规模为 30461. 6 亿欧元，其中政府债券份额最大，为 53. 7%，这主要有两个原因：首先，德国公共部门债务总体增加；其次，与以往相比，公共部门对该市场的依赖性增加，而不再是银行融资，政府债券与银行债券合计占到了整个债券市场规模的 91. 6%。公司债券规模相比 2005 年有所上升，10 年间增长约 300%，但相对规模与银行债券和政府债券相比微乎其微。此外，对比 2015 年银行对非金融类企业贷款的数据可以发现：企业在债券市场上的融资规模只占银行对企业贷款的 19. 6%，这说明企业在债券市场上的融资活动仍处于相当有限的水平。相对于企业，德国银行在债券市场上要活跃得多。在德国，所有的政府债券都由德国银行组成的银团进行承销，德国银行对于整个德国债券体系起到了举足轻重的作用。

（3）德国基金市场

德国基金业的发展始于 1949 年，经过半个多世纪的发展，基金品种的创新活动对该行业的发展起到了重要的推动作用。封闭式基金是德国历史最为悠久的基金，随着1959年开放式不动产基金的出现，基金的投资范围扩大，其规模也大幅增加。20世纪60年代出现的债券基金得到了德国保守型投资者的青睐，这使得基金行业得到了快速的发展。到20世纪90年代，德国证券监管局也为进一步推动基金业加大创新力度，即三次修改金融市场法案，推出固定期限的债券基金。

德国的基金分为开放式基金和封闭式基金两大类，开放式基金是投资基金的主要形式，封闭式基金所占比例越来越小（约为10%），从20世纪90年代至今，德国开放式基金净资产始终保持稳定增长趋势（见图8-4）。

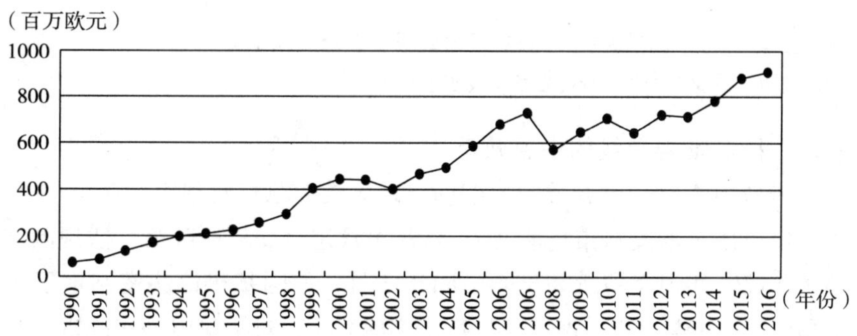

图8-4　德国开放式基金净资产

资料来源：根据德国资本投资公司联邦协会（BVI）2016年报告整理。

德国开放式基金的主要种类有：股票型基金、债券型基金、平衡型基金、房地产基金、保本基金等，其中发展较好的是股票型基金、债券型基金和平衡型基金，图8-5为这三种开放式基金资产变动情况，可以看出2010年之前，各类型开放基金变动幅度较大，但在2010年之后趋于平稳。值得注意的是，在2001年之后债券型基金和平衡型基金资产增幅不大甚至多次出现负增长，例如2003年平衡型基金减少7.3亿欧元，2006年债券型基金资产减少了9.62亿欧元。目前德国的证券投资基金规模还无法与美日英等国相提并论，甚至落后于法国和意大利，造成这一结果的原因是德国不够发达的证券市场（Cuthbertson & Nitzsche，2013）。

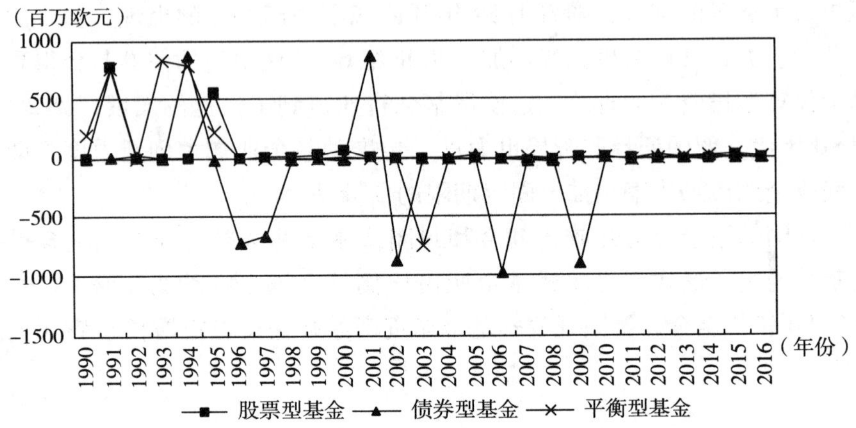

图 8-5　各类开放式基金资产变化情况

资料来源：根据德国资本投资公司联邦协会（BVI）报告整理。

二　德国证券市场的主要政策

德国政府为整合证券及期货市场，以达成资源有效利用，在 1994 年颁布了《第二次金融发行市场法案》，该法案规定将交易所政策、法规制定及监督工作都转移到交易所委员会。同年 7 月，德国基于该法案制定了《证券交易法》。1994 年后，德国又进行了多项立法，对金融市场实施进一步改革。随着证券市场迅速发展，市场管理由自律管理模式向政府监管模式转变。由于欧洲一体化进程的加快，在资本市场方面欧盟也相继颁布了一系列条例，协调统一各成员国资本市场监管规则，这些规则或条例在德国直接生效。因此，为使德国证券法与欧盟法律相互协调，同时适应其证券市场发展需要，德国对金融领域多部法律进行了修改，并对证券监管体制做出了改革。其主要立法和改革包括 1997 年颁布的《关于转化欧盟指令以协调统一银行和证券监管法律规定》，通过该法律，扩大监管机构的范围、增加受监管机构的义务；1998 年颁布的《第三次金融市场促进法案》，以扩大联邦证券监管机构对内线交易的调查权，增加上市公司大股东的报告义务等。2001 年 9 月德国宣布有关《第四级金融市场强化法案》，其目的在于增强对投资人的保护力度以及扩大德国资本市场的操作范围，它并非建构一个全新的金融市场法案，而是主要强调修正原有的相关法规，包括交易所法、证券交易法、投资基金公司法、国外投资法、公开说明书、银行法、抵押银行法、存款及投资人赔偿保护法及保险监督法。

随着欧盟的成立，德国为配合欧盟又进行了一系列金融改革。2003年3月德国政府再次发布《2006年金融市场强化方案》，以促进德国成为一个具有竞争力的现代金融中心并使投资人获得信心，吸引国际投资者。该方案的重点之一即为整合有关证券市场相关法规的十项计划，以强化企业诚信与落实企业责任。比如，设立独立机构监督财务报表、加重企业管理者的个人责任、加重资本市场犯罪者的刑事责任等；新增及修订相关规范，以扩大投资基金、避险基金及资产担保证券等方面在德国资本市场业务的范围等。2004年10月，德国再次修改《证券交易法》和《证券交易所法》，其中包括两个最重要的内容。一是扩大监管机构职能，特别是扩大联邦监管机构、州政府交易所监管机关和交易所监控部分的调查权；二是修改市场操作禁令，对市场操作行为构成要件做出修改。修改后的《证券交易法》第20条有关市场操作的构成行为规定是德国证券立法的最新突破。为回应欧盟颁布的以《市场滥用指令》为首的各指令必须转化为国内法案的要求，德国政府于2004年10月30日公布《投资人保护改善法》，主要内容包括：修订内线交易、市场操作等不法行为，交付公开说明书义务与责任等条款。

2007年5月德国颁布了《金融市场指令执行法》，在该法案通过后，包括证券交易法、交易所法、银行法、投资法在内的资本市场相关法规也随之修改。为回应对冲基金以及私募股权基金的发展并强化市场咨询透明度，德国于2008年8月通过《限制风险法案》，法案通过后《证券交易法》《证券收购法》等相关法律也一并配合修正。该法案增加对冲基金与私募股权基金投资人的法律遵循与通知义务，并对欲进行融资收购行为者制定明确的财务资格条件。2009年7月，为配合转化欧盟金融工具市场指令为德国国内法规，《证券交易法》得到最大幅度修正，特别是配合落实欧盟市场滥用指令与信息透明化指令，修改上市公司信息揭露的相关规范，包括持股申报通知中有关持股比例、通知期间等条款。最近一次对《证券交易法》的修订则在2011年，仅针对法案中第3条有关内部监管做了微调。

德国的《证券交易法》《证券收购与合并法》《证券公开法》《公开说明书法》共同构成了其证券管理的法律基础。而《银行法》与《投资法》则构成了资产管理方面的法律基础（张怀岭、付媛媛，2020）。

（一）德国股票发行和上市制度

20世纪80年代中期后，随着德国加入欧共体，欧共体关于资本市场的相关制度要求推进了德国股票发行和上市制度的改革。1987 年德国修订了《交易所法》和相关法规，加强对标准市场上市公司的监管，并建立了较低进入标准的调控市场层级，为中小企业搭建了利用股票市场进行融资的渠道。1990 年，德国为规范上市和未上市公司发行股票时的信息披露，先后颁布了《证券发行说明书法》和《证券发行说明书条例》。在 1990 年以前，德国股票发行制度以自律监管为主。1994 年和 1998 年，德国《第二次金融市场促进法案》和《第三次金融市场促进法案》分别实施，并在法兰克福交易所建立了资本市场的第三层次——新市场。在此期间，德国修改了包括《交易所法》和《证券交易法》在内的许多法律法规，放宽股票发行与上市的一些法律规定，同时加强了联邦证券监管局的权力。德国近十年来对股票发行与上市制度进行了多次重大改革，逐渐形成了一种介于核准制和注册制之间的“中间型”股票发行制度，但本质上仍属于核准制范畴（Ljungqvist，1997）。

德国证券市场主要由三大类上市企业组成，它们分别是：大型企业、中小型企业和高科技企业；与这些企业相对应的股票指数分别为：DAX（30）、MDAX（50）、SDAX（50）和 Tec-DAX（30），上述指数都对外国企业开放。DAX（30）是大型企业指数，也是德国股票市场的主要标准，是德国宏观经济的晴雨表，其选择的 30 家大盘成分股占到法兰克福证券交易所市值的 80%。MDAX（50）和 SDAX（50）是中小型企业指数。中小型企业是德国经济的支柱。MDAX（50）指数针对中型企业，其成分股包括德国证券市场中市值在 DAX（30）以下的 50 家上市企业，SDAX（50）指数则针对小型企业，在德国证券市场上有一个很重要的领域是：给小型企业提供了一个可以表现它们意图和筹资的平台，这对推动德国小型企业的发展起着重要的作用（史笑艳，2003）。Tec-DAX（30）是高科技企业指数，该指数收入了科技行业 30 家最大的公司。

在德意志交易所申请 IPO 上市，发行人需要在德意志交易所与拥有合法交易资格的金融机构或金融服务机构一并向德国有关许可部门报批。股票增发的程序相当简单，尤其是当再融资额不超过总股本的 10%时，只需公司董事会通过即可，不需要进行审批。

高级市场、一般市场和公开市场的发行由德国联邦金融监管局（BaFin）许可，准入市场挂牌由德意志交易所许可。BaFin 完全按照法律程序进行审批，实行注册制审批或备案审批，仅对报送材料的格式和完整性进行审核，而不对其内容进行调查，审批过程清晰可靠。有关上市申请文件主要包括：招股说明书、尽职调查、法律和信息披露意见、安慰信以及相关上市合同等。招股说明书囊括了发行人过去三年所有的财务数据、管理团队的信息和关于发行人市场目标、竞争者及成长策略的描述，为投资者做出参与发行人 IPO 的决定并提供所有必要的信息。

根据法律规定，欧盟招股说明书的审批时间不得超过 20 个工作日。BaFin 审查批准一份按照欧盟规定起草的英文招股说明书和随后在德意志交易所上市的材料最多需要 25 个工作日。所有要提交的材料和与德意志交易所的沟通都可以用英文。获得批准的欧盟招股说明书相当于欧盟通行证，即符合欧盟要求的在其他证券交易所上市的招股说明书，获得进入欧洲经济区内证券市场的许可，可以在德意志交易所上市，实现跨国发行股票。

德国的预发行制度对 IPO 定价体系的影响主要体现在交易价格在 IPO 询价之前确定，承销商定价权限受到市场约束和法制监管，提高了 IPO 定价的准确性，增加 IPO 定价过程的信息对称性，构成德国高效率定价监管体系的核心制度是其丰富的市场定价制度供给，通过预发行制度改善了投资氛围，浓重的理性投资氛围使得资本市场资源配置能力大幅度提升（杜峥平，2016）。

德国股票发行制度最大的特点是将各个层次资本市场的股票发行分类管理，不同层次的资本市场股票发行采取不同的管理体制，形成了既强调立法管理又注重自律管理的双重监管体制，强调了证券交易所在股票发行过程中的主体作用，实现了股票发行审核、发行定价与配售的市场化运作。德意志交易所集团是全球唯一集企业上市、证券期货交易、清算、结算与托管服务、信息产品和信息技术于一体的交易所运营机构。德意志交易所为全球企业提供快捷、低成本的跨境上市服务，企业可在欧盟 27 个资本市场融资。目前，德意志交易所为上市企业提供了三种高效率、低成本进行跨境交易以及跨交易所上市的途径。

第一，已在美国上市的企业可以通过 SEC 签署的文件在德意志交易所上市，从而节省时间及成本。对于已在美国上市交易的证券发行人来说，可以应用在美国已注册签署的文件书写欧盟招股说明书。

第二，在欧盟上市的发行人可享用欧盟通行证及免招股说明书许可制度。股票已在欧盟或者欧洲经济区监管市场上市的发行人能够通过更便捷的途径获利。

第三，在交易所监管市场快速上市（公开市场）。公开市场适合寻求高效低成本进入国际交易市场的发行人，而非寻求在欧盟监管市场进行证券上市交易的发行人。发行人在德意志交易所 IPO，通常要经历以下四个阶段，即规划和准备、结构设计、招股与推介、首日与持续交易等（见表 8-2）。

表 8-2　　德意志交易所 IPO 阶段

阶段	主题	内容
阶段 1	规划和准备	咨询德意志交易所
		公司内部组建上市团队
		选择顾问，如德交所上市合作伙伴
		选择银行承销团队
		建立公司内部符合法律要求的架构
		建立公司内部控制和报告机制
		提供监管部门允许公司上市的文件
		制定公司上市战略
		制订公司经营计划
阶段 2	结构设计	确定公司上市时间表
		构思上市方案
		财务、经营和法律方面的尽职调查
		准备符合欧盟规范的招股说明书
阶段 3	招股与推荐	准备投资者关系活动
		向投资者和分析师前期营销
		公布符合欧盟规范的招股说明书
		公布研究报告
		申请股权交易
		准备股票的托管与结算
阶段 4	首日与持续交易	确定公司股票上市价格、开始交易
		初始价格拍卖
		德交所出面在法兰克福证券交易所大厅组织公司上市活动
		在电子交易平台 Xetra 持续交易

资料来源：根据德意志交易所相关内容整理。

表 8-3 为中国证券交易所 IPO 阶段，中国企业上市需要经历成立股份公司、上市前辅导、股票发行筹备、申报和审议、促销和发行、股票上市及后续六大阶段，采用核准制（刘思宇，2018）。在核准制下，拟发行股票公司要充分公开企业的真实情况，这种制度与德国 IPO 程序相比，审查程序较为烦琐，牺牲了证券市场的效率，不利于新兴企业的发展，但中国的这种制度优势就在于发行的股票质量高，维持了证券市场的高品质和秩序，有效维护了投资者的利益。

表 8-3　　中国交易所 IPO 阶段

阶段	主题	内容
第一阶段	成立股份公司	确定成立途径（股份改革）
		制定改制方案
		聘请验资、资产评估、审计等中介机构
		申请设立资料
		召开创立大会
第二阶段	上市前辅导	聘请券商（主承销资格）
		辅导期≥1 年，有效期 3 年
		上市方案与可研报告（董事会）
第三阶段	股票发行筹备	确定发行结构
		发行目的
		发行规模
		分销架构
		投资者兴趣
		估值
		草拟招股书
		准备法律和会计文件
第四阶段	申报和审议	申报材料制作
		开始审议程序
		估值/定位
		准备对监管部门的意见提出回应
		刊登招股书

续表

阶段	主题	内容
第五阶段	促销和发行	审核后决定发行
		推出研究报告
		准备分析员说明会和路演
		向研究分析员作公司和发行的介绍
		询价、促销
		确定规模和定价范围
第六阶段	股票上市及后续	定价
		股份配置
		交易和稳定股价
		发行结束
		研究报道
		后市支持

（二）德国证券市场信息披露

信息披露制度是现代证券法律制度的核心，信息披露规则是证券市场最基本和最核心的规则。但依据证券市场交易的活跃程度与上市公司信息的披露程度，投资者是无法作出投资判断的，从而不敢对股票进行投资，使得资本市场交投不足，影响上市公司的融资和市场的繁荣。一方面，若政府证券监管部门和证券交易所要求上市公司披露过多的信息，不仅增加上市公司的披露成本，而且可能使市场充斥过多的信息，对于缺乏信息筛选能力的普通投资者来说，同样无法准确对股价作出评估。另一方面，当证券市场上的上市公司信息透明度不足时，因为公司证券在资本市场上是一种供投资人交易的风险金融商品，其品质在投资人决定投资时很难判断，而其未来的发展又受大量的风险因素的影响，如市场本身的风险、利息风险、汇率风险、企业经营风险以及市场信息风险，等等，所以，资本市场投资人应当有难以获得预期收益，甚至完全失去资本的投资心理准备。但是，为了尽可能地保护投资人的利益，降低其损失风险，增强投资人对资本市场的信心，进而推进资本市场的健康发展，立法者应当介入资本市场，并限制市场主体的私法自治权，通过制定一系列强制制度对发行人的行为进行规范（主力军，2005）。

依据德国《交易所法》第30条第3款的规定，申请在官方市场板上市发行证券的企业必须提交《上市申请说明书》等申请材料。而《上市申请说明书》内容的最低要求规定在《交易所许可法》中。此法共73条，以描述和列举的方式对发行人和证券的条件进行了规定，并针对不同的证券种类非常详尽地列举了《上市申请说明书》所必须披露的信息内容。该法的立法宗旨是为了强制上市申请人披露有关证券的信息，保障投资人能够依据充分的信息做出比较理智的证券投资决策（主力军，2006）。

一般而言，如果上市申请材料未依据《交易所许可法》要求应予披露的强制性信息，则该上市申请材料不但具有不完整性，而且同时具有不真实性。另外，由于立法的局限性，法律不可能将现实经济中和未来可能发生的情况都预料到，因此法律只是规定了信息披露的最低要求，而现实经济生活中某些信息在《交易所许可法》中未做明文规定，但也可能会对投资人的投资决策产生重大影响。假若申请材料的义务人未将这些信息予以披露，也可能因此而承担披露不实的责任。当然这些例外情况应该视个案而定，不能一概而论。

从表8-4可以看出，各发达证券市场在初次信息披露的内容上存在一定差异。如：法国巴黎证券交易所、中国台湾证券交易所、中国香港证券交易所要求上市前发布上市公告书，而其他市场包括德国法兰克福证券交易所对此则不作要求；另外，美国纽约证券交易所还要求发行人在上市前发布初步招股说明书，英国伦敦证券交易所要求发行人在发行前发布市场通知，中国台湾证券交易所则要求发行人上市前召开上市前业绩发布会（庞德良等，2015）。总体来看，德国法兰克福证券交易所在证券市场初次披露的内容与日本东京证券交易所基本一致，与以上其他发达证券交易所相比披露的信息更少。

表8-4　　各国（地区）初次信息披露的比较

信息披露方式	美国纽约证券交易所	英国伦敦证券交易所	日本东京证券交易所	德国法兰克福证券交易所	法国巴黎证券交易所	中国台湾证券交易所	中国香港证券交易所
招股说明书	要求	要求	要求	要求	要求	要求	要求

续表

信息披露方式	美国纽约证券交易所	英国伦敦证券交易所	日本东京证券交易所	德国法兰克福证券交易所	法国巴黎证券交易所	中国台湾证券交易所	中国香港证券交易所
公司上市报告	无要求	无要求	无要求	无要求	要求	要求	要求
备注	初步招股说明	市场通知				上市前业绩发布会	

资料来源：根据发达国家（地区）证券交易所信息披露制度安排整理得出。

证券交易所是证券市场的信息中枢，需要向市场投资者提供及时、准确、完整的关于挂牌证券的信息，特别是关于上市公司公告的披露。交易所在二级市场拓展证券介绍挂牌交易，大大增加了德国交易所平台上交易的现券数量，但同时给交易所的信息披露工作带来了较大困难。其主要困难在于，欧洲证券交易所为投资者提供较为复杂、智能化程度较高的订单类型，例如投资者可以选择其订单为日内有效、年内有效或直到投资者主动取消订单，如果交易所未能对挂牌公司分红、拆股、缩股等公司行为做出及时反应，删除市场上的订单，可能导致以错误价格成交，给投资者带来损失，向市场传递错误信息。

对于11000多只由做市商介绍的外国证券存托凭证，外国公司并无义务向德国交易所报告。因此，法兰克福证交所在处理这部分证券的信息披露时会遇到困难。法兰克福证交所主要通过两种方式确保信息的及时性和准确性。一是与第三方信息提供商合作。交易所与第三方信息提供商合作，获取关于外国证券公司行动的信息。二是交叉验证信息来源。国际上最知名的两个信息提供商是彭博财经资讯和路透资讯，而德国本国最重要的数据信息服务是WM数据公司。① 交易所可以将多方来源汇总，进行交叉验证。如果多方信息一致，则可以确定公司行动信息的准确性。一旦有一方出现不一致的信息，交易所业务团队就需要再行核实。如果最终无法核实该信息，交易所可以在公司行动发生日前暂停相关证券的交易，以防止给投资者带来损失。

（三）德国证券市场退市制度

德国证券市场的退市制度是主动退市制度，早在1998年德国就确立

① WM集团是德国本土的财经信息提供商，在国际市场上的知名度并没有彭博财经资讯和路透资讯高，但是在德国市场上仍占有较大市场份额。

了主动退市制度。主动退市是指经过证券交易所同意，上市公司主动提出撤回其在证券市场上市的情形。有的国家又将之进一步细化为撤回上市和下市。撤回上市就是指在多个市场上挂牌交易的上市公司主动提出撤回其在某个证券交易市场的上市；下市则是上市公司主动提出的撤回其所有市场上市的情形，即转化为非上市公司。主动退市是企业自主经营权的体现，是对企业发展战略调整的自主选择，也是发达国家常见的企业重组途径之一。

退市制度一般包括审批权限、审批的标准条件、具体退市程序等几个方面。一般而言，证券交易所对于是否批准上市公司主动退市具有较大的自由裁量权。在具体的退市条件上，德国采取对股票持续上市交易的表述，即不满足持续上市交易条件的就可以主动申请退市。这些持续上市要求一般包括：公司总资产、市值、盈利能力、公众持股数量等客观条件，以及公司治理结构、信息披露等公司制度等。

具体而言，德国的退市形式主要包括部分退市、降级、本国全部退市和全部退市四种情形，这是根据不同的退市范围所做出的划分。部分退市（Teil-Delisting）是指上市公司在多个股票市场同时上市的情况下，其保留在本国至少一个证券交易所挂牌交易，而向一个或者多个证券交易所申请退市。这种退市使得交易更加集中，而且仅仅发生形式上的退市，对投资者的利益影响不大。降级（Downgrading）是指上市公司从其本来上市的高级别的证券市场退出而转到相对低级别的证券市场挂牌交易。若是上市公司是从正式市场降级到被管制市场，这种级别的转换基本不会影响对投资者的保护。因为德国的四级证券交易市场是一个完整的体系，虽然被管制市场降低了股票发行人的义务规定，但是投资者仍旧有获取公司信息的渠道，同时股价也得到充分监管（王晓馨，2002）。而倘若公司是从正式市场或被管制市场一下降级到了“自由市场”，则意味着上市公司的股票不能再在公开的证券市场上进行交易，这种降级实质上成了“全部退市”的一种。本国全部退市是国内市场范围的“全部退市”，它是指上市公司的股票交易仅仅保留在外国相当等级的证券市场，而从所有的本国证券交易市场退出。同时，德国证券法对这种从本国证券市场的全部退市也加以限制，例如其退市原因的要求更加严格，要求公司是为了避免外国公司敌意收购等更高的利害关系，以确保投资者的利益。全部退市是从全球市场全部退市，顾名思义，它是上市公司从所有证券交易所退出，包括全部的外国和本国市场。由于这种情况对投资者利益必然造成损害，因此对其限制也就最为严格。主要体现在股票的转让、公司的信息披露义务、年度结算审计义务、补偿投资者等方面（王蕴哲，2016）。因此，德国主动退市制度设置的核心价值观在于保护投资者利益。其针对各种退市类型不尽相同的制度设计，无一不体现这种设计理念。同时，由于其市场体系的完整性和各个市场间相互转化的合理制度设置，使得主动退市的运作更加严谨。

三　德国证券市场制度的评价

（一）德中证券市场政策比较

第一，发展地方性资本市场方面。德国拥有多层次的资本市场，并且地方性资本市场发展较为完善，在20世纪90年代，德国证券市场体系形成了由一个全国性交易所、七个地方性交易所和一个电子交易系统Xetra构成的交易所网络。与法兰克福证券交易所相比，地方性交易所的市场准入要求相对宽松，平均上市费用也较低，在境外证券、金融衍生产品以及地方性中小企业证券交易上具有比较优势。不同细分市场的定位使德国地方性资本市场在服务地方性中小企业、发展地方经济、促使国内金融资源均匀化分布方面起到了重要作用。

目前中国地方性资本市场的定位是私募市场，资本主要来源于机构投资者和企业。长期以来实行以银行贷款为主导的融资体系，在资本市场的建设方面较为滞后。受企业规模、经营状况、上市费用等条件的限制，大部分中小企业尤其是地方性企业难以达到深沪两市的上市要求，资本市场对中小企业的支持有很大的提升空间。而地方性资本市场的设立不仅为区域性未上市股份公司解决股权转让与融资问题提供了平台，而且通过市场化与规范化的交易过程能够促使地方企业完善管理体制、激发企业创新活力。因此，地方性资本市场的建设对于推动金融资源均匀化分布、促进地方中小企业以及当地经济发展至关重要（宋凌峰、郭亚琳，2015）。

第二，证券市场监管模式方面。国际证券市场监管是以三种模式存在的，即集中行政监管、行业自律监管和综合间接监管。德国属于综合间接监管模式，是介于集中行政监管和行业自律监管之间的一种监管模式，该模式既强调集中统一的立法监管，又强调自律管理，是集中型和自律型两种模式的相互协调、渗透的产物（张梅琳，2006）。德国对金融业实行分业监管，德国联邦银行监管局、联邦证券监管局及联邦保险监管局分别负责对德国银行、证券、保险行业的监管工作（黄梅波、范修礼，2010）。证券监管是政府、行业等多重式的监管。集中行政监管由联邦证券监管局负责。联邦证券监管局主要监管各类证券，包括基金的交易行为，制定相关政策。行业自律监管由证券交易所负责，主要负责对违规行为的调查、与价格波动有关的信息披露、重大事项的披露、行为准则的制定等。证券交易所的调查主要是防止金融机构的内幕交易，其工作内容是：成立独立的调查部门，对机构广告、媒体报道、公开披露信息及监管部门和交易所监控系统的数据资料进行详细搜集，对有关信息是否对价格产生重大影响进行分析，对涉嫌违规案件进行立案调查，各州政府及联邦卡特尔局则起着辅助监管作用。

中国是由证监会建立集中统一的证券期货监管体系，在全国各地设立派出监管机构并垂直管理。但实际上，正是由于这种监管模式在职能和地区上的分割，引起监管主体存在多元化问题，例如中国人民银行负责发放证券商的经营许可证和审查财务情况，并拥有收回经营许可证和取消证券商在交易所的席位的权力；证监会负责二级市场的运营，调查和处罚违规行为；地方和中央政府主管机关负责确定股票发行公司。在这种多元化的证券管理体制下，容易出现权力纷争、各管理部门之间不协调等问题，耗费大量资源，降低市场效率。在监管模式方面，政府常用政策手段监管事故，政府是证券市场上的最大控制者，这并不符合国际惯例（柯湘，2014）。

第三，证券市场法律方面。德国证券法律是多层次的，通常没有统一的证券立法，有关证券的各种规范散见于多种法规中。德国有关上市股票发行和交易的规定在《证券交易法》《证券交易条例》《银行法》《投资公司法》《外国投资法》中均有体现；有关证券投资及其投资者权益保护的规定，则体现在《贸易法》和《刑法》等法律中。德国证券市场的监管主体是多方面的，又是松散的，即不设定专门的、独立的监管机构。而是由多个自律性的监管主体共同监督、管理市场。例如德意志联邦银行可制定和执行有关法规，有权干预证券市场；另外，证券交易所委员会、批准上市委员会、官方经贸人会社、证券交易所理事会等多种社会性机构也在某些方面对证券市场进行监管。

（二）德国证券市场政策对中国证券市场发展的启示

第一，发展地方性资本市场。中国地方性资本市场的建设还处于起步阶段，现行法规下尚不能进行金融衍生品的交易，地方性资本市场的主要业务局限于股权和债券的转让和融资服务。因此，地方性资本市场首先需要注重融资类金融产品的开发，加快创新融资产品的推出，挑选资信良好、公司法人治理结构合理的金融机构推出资产证券化产品。同时，加快夹层融资，并鼓励金融机构以创新产品为标的推出创新性金融产品，整合现有的地方性资本市场中介机构，形成引导资源有效配置的金融中介体系。另外中国企业在“互联网+”的商业模式创新上具有非常强的优势，尤其是生物科技、云计算、人工智能、高端制造较为成熟的地区，上市企业可以有序推出各种“独角兽”概念股，这也合理利用了中国经济创新驱动、转型升级的大背景。

明确地方性资本市场在金融中介机构的定位，健全市场机制，加快中介机构改革改制，促进非营利的政策性中介机构和营利性的金融中介机构协同发展，改变地方性资本市场金融中介无序竞争的局面。支持符合条件的地方法人申请注册地方性资本市场的会员，出台奖励政策引导证券机构辅导企业到地方性资本市场上挂牌交易（李哲，2013）。鼓励各类投资咨询机构、财务顾问机构、资信评级机构和律师、会计师、评估师事务所等机构入驻，开展地方性资本市场上挂牌交易的企业的辅导、咨询工作。

第二，健全证券市场监管体系。降低行政力量对证券业协会的干预程度，变“管制”为“监管”。主要是界定清楚证券业协会和证监会之间的关系，科学有效地划分权力配置。首先，要转变政府监管机关，尤其是证监会的监管理念，应最大限度地尊重证券业协会具有的自律监管权力。其次，当前中国证券业协会受证监会和民政部的双重监督，应通过法律方式使证券业协会脱离民政部的监管，其参与监管的行为和权力的行使置于证监会监管之下是当前中国国情决定的，为了更好地过渡也是不可撤销的，但是应该将这种面面俱到的权力、管理过渡到规则管理阶段和监督阶段，采用间接的方式给证券业协会的自律监管留有更大的自主空间，厘清行政监管和自律监管之间的权力界限，发挥证券监管的最大效用（于晓东，2015）。

第三，完善证券法规体系。从总体上看，中国证券市场已具备了现代证券市场的基本要素，但在证券市场的法制建设方面，仍有不完备之处，而且一些法律和法规也缺乏可操作性，证券市场监管体制和监管力度尚不适应证券市场的要求，有法不依、执法不严、违法不纠的现象时有发生。完善证券市场层次或体系，明确规定主板市场之外的创业板、场外交易场所；完善上市公司退市机制；完善监管制度，增加监管透明度；清理并减少行政审批等。总之，要在不断完善中国的证券市场政策法规的同时，结合中国新兴市场的特征，为世界证券市场政策体系建设贡献中国智慧。

第九章 德国金融监管政策

一 德国金融监管架构

德国有着严格谨慎的金融监管体系，其金融系统的稳定性也是世界公认的。1957 年，《德意志联邦银行法》的颁布标志着德意志联邦银行成为德国的中央银行。最初，德意志联邦银行兼具货币政策制定和金融监管的职能。2002 年 5 月，为适应混业经营的金融体系，德国成立了联邦金融监管局，负责对银行业、保险业和证券业的综合监管。而在 2008 年国际金融危机之后，德国为加强宏观审慎监管，又新设两个监管机构，即德国金融稳定委员会（FSC）和联邦金融市场稳定局（FMSA）。根据德国《银行法》的规定，德意志联邦银行和联邦金融监管局共同负责德国银行业的监管。目前，德国已经形成新的金融监管框架（见图 9-1）（郑凌云，2006；段军山，2010）。在此框架下，德意志联邦银行和联邦金融监管局仍然是主要的监管机构，联邦金融市场稳定局和金融稳定委员会协助宏观审慎监管（李长春，2008）。在监管职能界定方面，《银行法》对德意志联邦银行和联邦金融监管局有以下明确的界定：主权属于联邦金融监管局时，在制定重大的规定和决策时，联邦金融监管当局必须和德意志联邦银行协商并取得一致；德意志联邦银行必须对信用机构进行经常性的监督，并对信用机构的年报和其他报告进行分析；在中央银行研究涉及联邦金融监管局业务事项时，联邦金融监管局局长有权参加德意志联邦银行的理事会；德意志联邦银行和联邦金融监管局共同合作，相互间信息共享，除涉及内部人事变动情况外的各类信息、数据互不保密（Martin Schueler，2004；文娉、王天宇，2020）。

（一）德意志联邦银行[①]

德意志联邦银行是根据公法设立的具有法人资格的监管机构。1957

---

① 部分资料来源于德意志联邦银行官网，www. bundesbank. de。

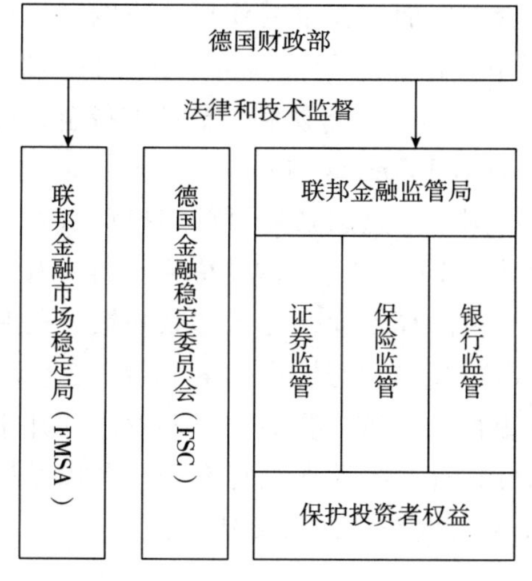

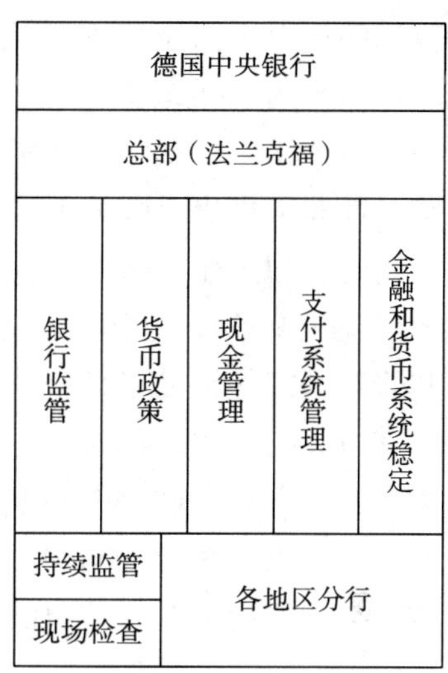

图 9-1　德国金融监管框架

资料来源：德意志联邦银行，www. bundesbank. de。

年，德国按照美国的美联储模式建立了德意志联邦银行（Detzer et al.，2013）。德意志联邦银行具有很强的独立性，不受联邦政府干预（关健，2008）。德国《银行法》中也明确规定，在行使本法律所赋予的权力时，央行可以不接受政府的指令。相关的制度安排（如德意志联邦银行理事会和执行理事会成员的任命程序和年限）以及经费的独立也保证了德意志联邦银行的独立性和权威性，从而避免德意志联邦银行在制定和执行货币政策中受到外来因素干扰（王继平、李岳，1997）。德意志联邦银行这一特点也为欧洲中央银行接受并继承。

1998 年欧洲中央银行正式成立后，德意志联邦银行即成为欧洲中央银行的组成部分。随之，德意志联邦银行的货币政策目标、货币政策制定和实施等也发生了重大而深刻的变化。① 这些变化主要包括以下四点：第一，德意志联邦银行的货币政策目标与欧洲中央银行的货币政策目标保持一致，即维持物价基本稳定；第二，德意志联邦银行在欧洲中央银行理事会拥有一个席位，其总裁参与月度货币政策讨论；第三，德意志联邦银行负责对德国金融机构实施货币政策，并且在欧洲货币体系再融

① 在欧洲中央银行体系确立之后，德意志联邦银行就失去了独立制定货币政策的功能。

资操作的技术方面及抵押品认定和管理方面发挥重要作用；第四，德意志联邦银行的货币政策工具与欧洲中央银行的货币政策工具保持一致，即公开市场操作（最主要的货币政策工具）、常备便利、最低准备金，以及临时性非常规货币政策工具（Detzer & Herr，2014）。

同时，德国作为欧盟的主要成员国，德意志联邦银行还担负着多重任务（见表9-1）。在国内，德意志联邦银行作为德国的中央银行，有持有和管理国家外汇储备的职责；在支付清算方面，德意志联邦银行还有保障支付和结算系统稳定性、安排执行国内和跨境支付等职责；在金融监管方面，德意志联邦银行负责对银行的监管。国际上，德意志联邦银行作为欧洲央行系统的重要组成部分，有执行欧洲央行系统任务以及协助欧洲央行的金融监管的职能（Vitols，2005；梁山，2012）。

表 9-1　德意志联邦银行职责

地区	职能	具体功能
国内	作为德意志联邦银行，担负货币政策制度和银行业监管等职责	• 持有和管理德国外汇储备 • 安排执行国内和跨境支付 • 保障支付和结算系统稳定性 • 参与银行监管
国际	作为欧洲央行的重要组成部分，执行欧洲央行系统的任务	参与执行欧洲央行系统的任务，实现价格稳定的目标

资料来源：德意志联邦银行，www. bundesbank. de。

德意志联邦银行在德国 9 个州都有分支机构，它利用自身网点优势负责每日向德国联邦金融监管局传送各银行集中的数据，为德国联邦金融监管局更好地行使监管职能提供依据。具体而言，德意志联邦银行负责对金融机构行使统计权力，金融机构必须按月向德意志联邦银行及其分支机构报送各类统计报表（乔博、安雅丹，2011）。此外，德意志联邦银行还负责对统计信息做出判断，尤其是关于金融机构资本金与流动性的信息。同时，德意志联邦银行的分支机构承担了对金融机构常规性监管的职责。2013 年，德国通过《金融稳定法》将宏观审慎管理权授予金融稳定委员会。其代表来自德国财政部、德意志联邦银行和联邦金融监管局等（李达、陈颖，2015）。德意志联邦银行在其中负责识别和评估金融稳定风险，评估宏观审慎政策的实施效果，为联邦金融监管局提交讨论报告和政策建议，同时拥有对金融稳定委员会政策决策的否决权。

为实现欧盟地区的共同监管，2014 年 11 月，欧洲央行发布了单一监管机制（Single Supervisory Mechanism，SSM）。该机制明确指出欧洲央行将直接监管 121 家重要性银行或银行集团，其中有 21 家在德国。也就是说，德国的 21 家重要性银行直接受到欧洲央行的监管（见图 9-2）。每家重要性银行都会由各自的联合监管团队（JSTs）进行实时的监管，联合监管团队的成员由欧洲央行、德意志联邦银行和联邦金融监管局的工作人员组成。

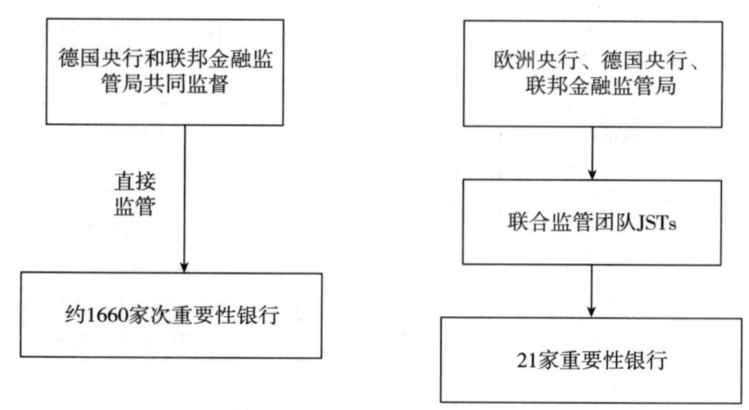

图 9-2 德国银行监管框架

资料来源：德意志联邦银行，www. bundesbank. de。

（二）联邦金融监管局①

2002 年 4 月，根据《联邦金融监管一体化法案》，德国成立了联邦金融监管局。联邦金融监管局将原有的银行业监管局（BAKred）、证券业监管局（BAWe）、保险业监管局（BAV）三个分业监管机构合并为具有综合监管能力的监管机构。德国联邦金融监管局为独立法人，收支独立，经费全部来源于监管对象的缴费，其收费标准按照监管对象资产总量的一定比例收取，支出仅接受联邦审计院的审计监督，业务工作接受联邦财政部的督导。联邦金融监管局由它的执行委员会领导，执行委员会共 5 人，包括一位主席，一位副主席及其他三位成员。其中，主席职位由德

① 本节内容主要来源于德国联邦金融监管局官网，www. bafin. de。

国财政部人员担任。执行委员会各成员都有着明确的分工，形成了联邦金融监管局的组织框架（见图 9-3）。虽然联邦金融监管局是一个综合监管机构，但由于银行、证券和保险业务存在较大差别，所以联邦金融监管局又下设了银行监管部、证券交易和资产监管部、保险监管部三个部门。联邦金融监管局的成立也标志着德国的金融监管由分业监管走向混业监管（肖筱林、舒晓兵，2008）。

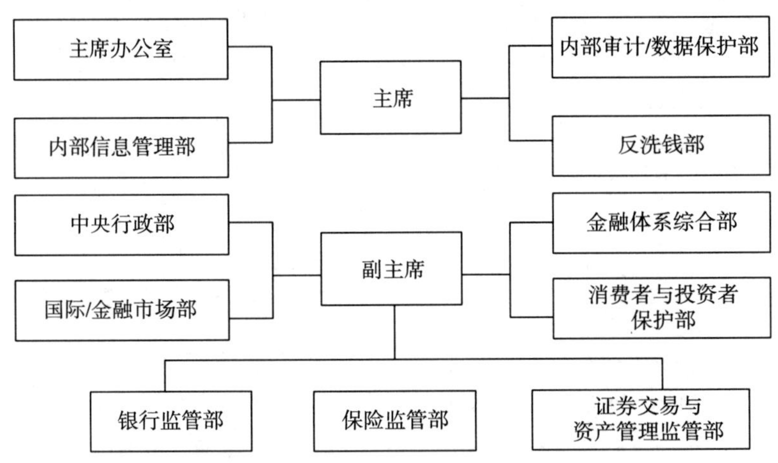

图 9-3 德国联邦金融监管组织构架

资料来源：德国联邦金融监管局，www. bafin. de。

德国联邦金融监管局内部按照监管对象的不同类别划分为不同的部室，比如：大银行监控部、区域银行监控部、合作银行监控部、人寿保险公司监控部、私人医疗保险监控部以及财产保险公司监控部等。

联邦金融监管局的目标是保证德国国内金融机构业务经营的合规性和安全性、防范金融风险、维护保险投资者和债权人的资产安全。① 其主要职责包括以下三个方面：第一，参与相关法律与政策的制定，向联邦财政部提出金融监管的法律建议；第二，负责市场准入，对境内新成立的金融机构及增设机构进行资格审查，并发放经营许可证；第三，负责检查金融机构的日常经营，对金融机构风险大的经营环节等进行审查，这种审查

① BaFin Functions，http：//www. Bafin. de/nn _ 720622/EN/BaFin/Functions/functions _ node htnl_ nnn = true.

一般在委托社会审计机构的基础上进行，联邦金融监管局根据审查结果可直接对发现的违规行为作出罚款、提出起诉、撤销董事会责任成员的任职资格、吊销营业执照等处罚。截至 2019 年，德国联邦金融监管局拥有 1400 多名员工，办公地点分设在波恩和法兰克福，负责统一监管 2700 家银行、800 家金融服务机构和 700 多家保险公司。德意志联邦银行与联邦金融监管局之间分工明确，可以确保统一的、高质量的银行业监管。

（三）其他金融监管机构

联邦审计院。联邦审计院作为最高政府审计机关依据有关法律规定对金融机构经营状况的合法性、经济性和效益性进行审计。审计的出发点可能是出现的亏损、信息暗示（如在新闻界）、议院讨论的焦点问题或经济审计公司审计报告中引人注目的问题等。具体审计题目可能涉及金融机构领导层是否按规定进行了工作，是否在适当的时间经济而节约地承担了工作，是否合理地对组织结构和工作程序做出了规定。联邦审计院的审计结果要报告给金融机构的管理部门，并且作为提交给联邦议会、联邦参议院和联邦政府的年度报告的组成部分。

社会审计机构。社会审计机构作为独立的监督机构，依据有关法律规定，对各类金融机构的经营和核算的真实性、合规性进行全面审计。目前，德国有 2000 多家社会审计机构，11500 多名社会审计师（注册会计师）。受联邦金融监管局等部门的委托，或根据金融机构的特定需要依法对金融机构的合规性和风险管理的有效性进行审计。社会审计机构审计结束后不仅要将审计报告提交给被审计的金融机构，而且依据《银行法》的规定，还应立即向联邦金融监管局和德意志联邦银行提交。联邦金融监管局若对社会审计师查出的问题有疑问或认为查出的某些问题有必要进一步审查时，可派专员或委托年度财务报表审计以外的社会审计机构进行专项审计。对社会审计机构查实的结果，联邦金融监管局有权依法予以处理。

德国联邦财政部。德国联邦财政部作为主管联邦财政和税收政策的机构，是联邦政府最重要的部门之一。该部下设若干司，金融政策司、货币政策与贷款政策司在金融监管中的职责表现在两个方面，一是主管对内对外的货币政策以及联邦政府的债务和资本市场政策；二是主管银行、股票市场和保险政策。德国在经济管理体制上采用中央集权模式。在联邦一级，财政部从业务上监督联邦金融监管局。联邦财政部对联邦金融监管局主要拥有三方面的权利：一是提名其主席。根据法律规定，联邦金融监管局的主席、副主席由联邦财政部提名，交由内阁审定，联邦总理任命。二是监督其经费运用及业务运转情况。联邦财政部通过派出人员联合发表意见来保证联邦金融监管局的工作符合自己的意图。三是向理事会提交金融监管方面的法规议案。由于联邦金融监管局无权制定监管法规，只能通过联邦财政部向议会提交法规议案。

二 德国银行业监管

德国银行业金融机构可以分为两大类：全能银行和专业银行。自1961年德国《银行法》颁布以来，德国一直遵循全能银行的制度。在《银行法》中，对于银行的业务范围几乎没有限制，因此，多数的德国银行都属于全能银行，它们拥有多种金融业务的牌照，会同时开展存款、贷款、电子银行业务，也可以经营有价证券、客户理财及保险等多种金融服务业务。德国的全能银行包括三类：私人银行（即商业银行）、储蓄银行、合作银行。德国的金融体系是建立在银行体系之上的，因此，对银行业的监管一直是德国金融监管中最为重要的部分（Detzer，2013）。

（一）德国银行业的监管主体

在德国国内，银行业的主要监管主体是德意志联邦银行和联邦金融监管局，同时，德意志联邦银行还会与德国联邦财政部（Federal Ministry of Finance）以及银行业协会的外部审计师和审计机构等多个部门合作，保障对银行业的有效监管。此外，金融稳定委员会等机构也会协助监管。在国际上，欧盟为保障欧洲经济和金融体系的稳定运行，欧洲央行负责对德国21家重要性银行的监管。德国银行业受到来自国内和国际的多个监管机构的共同监管，但是这些监管机构的监管范围和监管任务有所区别。下面对德意志联邦银行、德国联邦金融监管局和欧洲央行这三个主要监管机构的职责进行介绍。

1. 德意志联邦银行

德意志联邦银行在银行业监管中发挥着重要作用，其在德国的9个地区设有办事机构，并拥有118家下属分行，这些机构形成了德意志联邦银行较为完整的分支网络，通过分支机构网络，德意志联邦银行可以对各州银行的日常经营活动进行持续监管。在监督资本充足性和流动充足性方面，德意志联邦银行对在德的约2000家信贷机构和1500家金融服务机构的偿付能力、流动性以及风险状况进行监督评估，评估标准不仅包括风险大小和风险结构，还包括风险管理的充足性（Deutsche Bundesbank，2014）。德意志联邦银行还会评估银行机构内部风险评估方法是否符合标准。此外，德意志联邦银行也会定期收集银行的流动性报告、资产负债表、月度报告等数据信息，并对涉及银行流动性和资本金的信息进行分析，最后，德意志联邦银行会将这些数据信息和分析报告提供给联邦金融监管局。德意志联邦银行在日常监管中不会直接干预银行业务，而是通过制定标准来约束银行的经营活动，比如制定流动性和资本金标准等，以保障金融体系稳定高效运转。

2. 德国联邦金融监管局

联邦金融监管局作为德国联邦层面的综合监管机构，其主要目标是保障金融市场正常稳定地运行。联邦金融监管局对银行业的主要监管职责包括：一是对市场准入的审查，负责新成立银行及增设机构的资格审查，包括最低资本金、高层人员资格审查等，并发放经营许可证；二是对银行日常经营的检查，主要对银行自有资本、流动性、大额贷款及风险大的经营环节进行审查。联邦金融监管局在执行监管过程中，也不会直接干预银行业务，而是通过颁布行政法规和进行特别检查等方式来实现监管。在银行业监管方面，联邦金融监管局与德意志联邦银行密切合作，德意志联邦银行负责收集数据信息，并根据这些信息出具分析报告。德意志联邦银行向联邦金融监管局提供原始统计数据和分析报告，联邦金融监管局利用这些数据和报告再进行分析，并出具风险报告，以达到监管的目的。由于德国国内银行数量众多，联邦金融监管局对银行业的审查主要依靠德意志联邦银行每日报送的金融数据。

3. 欧洲央行

欧盟银行监管的主线是一体化，即欧盟货币一体化、金融市场一体化和监管一体化三者联合（廉银萍，2016）。欧债危机之后，欧盟积极推动形成银行联盟，以保证欧盟地区的银行业监管能实现共同监管。2012年5月，欧盟委员会主席巴罗佐正式提出银行业联盟的概念。2014年11月4日，单一监管机制正式实施，欧洲央行直接监管120家重要性银行。欧洲央行直接监管的120家重要性银行掌握着欧洲地区82%的资产，对这些重要性银行监管的重要性不言而喻。德国有21家重要性银行直接接受欧洲央行的监管。

（二）德国银行业的监管措施

德国银行业有着严格的监管体系，以法律法规的形式对银行的准入标准、流动性标准和资本充足性等进行严格规定。德国银行业监管的法律法规主要有三个来源（Mckinsey Global Institute，2007），分别是欧盟法律、德国国家基础法律、巴塞尔协议框架。欧盟立法者可以使用的立法工具有两个，一是指令（Directive），二是法规（Regulation）。欧盟的指令是一种法律行为，它要求成员国在不指定手段的情况下实现特定的目标。换句话说，它概述了某些必须遵守的规则，但每个成员国决定如何通过国家法律确保遵守。而欧盟的法规是对所有成员国有直接影响的具有约束力的立法行为。它们在整个欧盟得到全面适用，这意味着它们直接适用于每一个成员国，并可通过法律立即执行，就像任何地方立法一样。

1. 德国银行业的准入

在德国，任何想要从事银行或金融服务的机构都需要获得书面授权。德国对银行和金融机构的授权机构是德国联邦金融监管局。德国联邦金融监管局负责对银行、金融服务机构以及支付和电子货币机构进行授权（Citigroup Corporate and Investment Banking，2006）。只有满足授权规定的条件（见表 9-2），银行或金融机构才能获得德国联邦金融监管局的授权。[①]

表 9-2　德国银行业准入条件

要求	具体准入条件
初始资本要求	• 当机构成立时，必须证明它有最低资本或初始资本，初始资本的数额取决于机构的业务性质 • 对证券交易银行的初始资本最少为 73 万欧元 • 对开展存款业务的信贷机构，初始资本最少为 500 万欧元 • 对投资顾问、投资经纪人、合同经纪人、投资组合经理以及进行证券配售的公司无权获得或占有客户的资金及证券，也不能从事金融工具的交易活动，需要提供一个至少 5 万欧元的最低资本证明
董事会成员要求	• 信贷机构和金融机构在提供金融服务的过程中，有合法授权能够占有或者取得客户资金、证券所有权的业务，必须有至少两名“合适且恰当”的董事会成员 • “合适且恰当”指的是从业人员已经获得了足够的理论知识和实践经验，使他们能够以适当的方式开展新业务 • 联邦金融监管局会咨询德国联邦中央刑事登记局（Bundeszentral register）和中央工商登记局（Gewerbezentral register），以确保这些人员的“合适且恰当”

① 德国联邦金融监管局，www. bafin. de。

续表

要求	具体准入条件
股东要求	• 申请人必须申明所提议的机构中的大股东以及这些大股东所持有的资产规模。这些大股东必须是“适当”的人，如果他们不是，或者出于其他任何原因不符合审慎健全的监管标准，那么德国联邦金融监管局可能会拒绝授权
其他要求	• 授权申请必须提交一份可行的商业计划，说明拟议业务的性质、机构的组织结构以及适当的内控系统 德国联邦金融监管局会检查提议机构是否采取了必要的组织措施，以便能够以适当的方式开展业务

资料来源：德国联邦金融监管局，www. bafin. de。

2. 对银行业流动性的监管

在银行业流动性监管方面，除了与国内监管机构合作以外，德意志联邦银行还会与巴塞尔委员会进行合作。巴塞尔委员会希望通过加强对国际活跃银行的监管来加强金融稳定性。为此，巴塞尔委员会设定了银行监管的全球标准，虽然它的决定没有正式法律效力，但其会员国的法律会自愿遵守。在这方面，德国的资本监管要求（Capital Requirements Regulation，CRR）中有明确的规定，即德国的资本监管要求直接将《巴塞尔协议Ⅲ》中（以下简称《巴Ⅲ协议》）的第Ⅵ部分中对流动性覆盖率（Liquidity Coverage Ratio，LCR）和净稳定资金比率（Net Stable Funding Ratio，NSFR）的规定标准直接转变为使用德国信贷机构的法律。《巴Ⅲ协议》中，要求最低流动性覆盖率标准①为100%，各银行的流动性覆盖率不得低于这个最低值，并且流动性覆盖率规定维持30天的最低流动性缓冲，以覆盖在市场范围、特殊的压力情境下发生的任何净现金流出。自2014年3月31日起，各机构需要每月按照《资本监管要求》中的要求和标准报告流动性覆盖率。为了使机构能够逐步适应新的流动性覆盖率的最低要求，从2015年起有一个60%的最低流动性覆盖率，这个最低标准每年会逐渐上涨，到2019年达到100%（见表9-3）。

① 流动性覆盖率计算公式：流动性覆盖率 $=\frac{\text{高质量资产价值}}{\text{压力背景下30天内总净现金流出}}$，其中分子是指高质量资产在压力条件下的资产价值，分母是指按情景参数计算出的总净现金流出。

表 9-3　　最低流动性覆盖率实施时间

时间	2015 年 1 月 1 日	2016 年 1 月 1 日	2017 年 1 月 1 日	2018 年 1 月 1 日	2019 年 1 月 1 日
最低流动性覆盖率标准	60%	70%	80%	90%	100%

资料来源：《巴塞尔协议Ⅲ》，流动性覆盖率和流动性风险监管工具。

3. 对银行资本充足性的监管

资本充足率是监管机构对银行风险监管的一个重要指标。德意志联邦银行对本国银行业资本充足性的规定按照《巴Ⅲ协议》中的相关要求执行。根据《巴Ⅲ协议》，银行的核心一级资本占银行风险资产的最低比例由原来的2%上调至4.5%，并要求建立资本保护缓冲资金和逆周期缓冲资金，来加强银行对风险的抵抗能力。除了提高普通股核心一级资本最低标准外，《巴Ⅲ协议》还将核心一级资本充足率提高到了7%。

当然，在整个银行业监管中，联邦金融监管局承担着监管措施的具体执行，包括协助欧洲央行的监管、对新入银行机构的授权、对银行资本金要求的监管等多个方面。在单一监管机制建立之后，德国的银行业监管会受到单一监管机制的约束，联邦金融监管局会直接引用许多欧盟的监管规则或监管标准，如对流动性的要求则是直接采用《巴塞尔协议Ⅲ》中的流动性要求。联邦金融监管局的银行业监管主要任务如表 9-4 所示，包括了银行和金融服务金融机构的市场进入审查监管、日常经营持续监管和风险监管等多个方面，保障了对银行业全方位的监管。

表 9-4　　联邦金融监管局对银行和金融服务机构的主要监管任务

监管任务	内容
授权	任何一家想要在德国开展银行或金融服务的公司都需要获得联邦金融监管局的书面授权，对于储蓄信贷机构的授权需要获得联邦金融监管局和欧洲央行的一致同意。联邦金融监管局对新入企业还有最低资本金的要求
资本金要求	联邦金融监管局必须保证信贷机构满足资本金要求，德国的资本金要求法规（Capital Requirements Regulation，CRR）中对银行机构的资本金有详细的规定
流动性要求	德国的《资本金要求法规》直接引用《巴塞尔协议Ⅲ》中的流动性要求，流动性覆盖要求维持 30 天的最低流动性缓冲

续表

监管任务	内容
风险管理	德国《银行法》提供了一个基于原则的风险管理框架，联邦金融监管局会根据风险管理最低要求（Mindestanforderungen an das Risikomanagement，MaRisk）来对银行机构的风险管理进行监管

资料来源：德国联邦金融监管局，www. bafin. de。

三 德国证券业

目前，德国共有 7 家证券交易所和 3 家期货交易所，分别是法兰克福证券交易所、慕尼黑证券交易所、斯图加特证券交易所、柏林—不来梅证券交易所、杜塞尔多夫证券交易所、汉堡—汉诺威证券交易所和 Xetra 全电子交易所；欧洲期货交易所、汉诺威商品期货交易所、莱比锡电力能源期货交易所。其中，法兰克福证券交易所是最大的证券交易所，交易量占德国证券交易量的 90%以上（王夏敏，2006）。

（一）德国证券业的监管主体

联邦金融监管局成立以前，德国采取的是分业监管模式，证券业监管由联邦证券监管局负责。在联邦金融监管局成立之后，证券业监管由联邦金融监管局承担（Kraus H.，1984）。联邦金融监管局对证券业监管的目标是保证市场的透明、完善和保护投资者利益。德国的证券业监管的基础法律是《联邦证券交易法》（Wertpapierhandelsgesetz，简称 WPHG）。德国证券业的监管主体除了联邦金融监管局外，各州交易所监管机构也承担相应的监管职责（见图 9-4）。这种监管结构可以追溯到 1896 年德国《交易所法》，当时该法已经规定德国政府应派员到交易所实施市场监察。在进行证券业监管过程中，各监管主体之间有着明确的分工（见表 9-5），为整个德国证券业监管提供了坚实的基础。联邦金融监管局对上市公司的内幕交易、恶意卖空行为、操纵股价、公司并购、高频交易以及公司信息公开等进行严格监管。各州交易所监管机构则负责对交易所的合规监管、交易数据的记录整理以及可疑行为的调查等。

德国证券交易监管体制的特点体现为：两个监管主体“平行监管、各有侧重、共同协作”（《上海证券报》，2018）。一是两个监管主体不存在隶属关系，平行实施监管。德国是联邦制国家，行政州拥有较大的自主权，当地交易所监管部门隶属州政府，与联邦金融监管局互相独立；

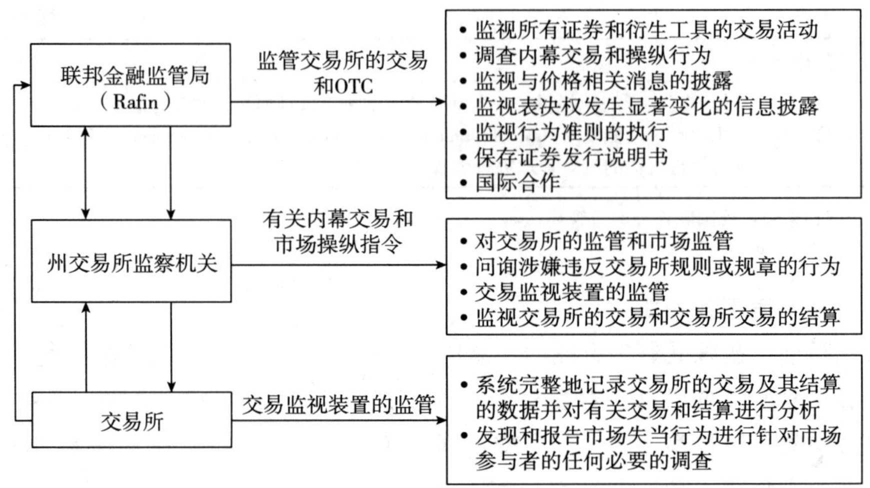

图 9-4　德国证券监管架构

表 9-5　德国证券业各监管机构职责分工

监管机构	职责
联邦金融监管局	• 调查内幕交易的违法行为 • 监管即时公布业务情况义务 • 监管重大表决权变动情况的公布 • 监管在经济业务中对行业行为规范准则的遵守 • 收管存放招股说明书 • 监管操纵股价行为 • 监管并购行为 • 负责各国监管组织间的国际合作
各州交易所监管署	• 监管交易所对法规的施行及市场运作 • 监管对交易所法规的遵守情况 • 监管调查交易所及业务运作的规范性和违章现象 • 在交易所现场对内幕交易进行调查及对紧急情况处理 • 与交易监察部的监管及合作
交易所交易监察部	• 监察交易所的交易过程和业务处理 • 完整无缺地记录整理交易数据 • 在有疑点的交易价格出现时进行调查

资料来源：尚福林：《证券市场监管体制比较研究》，金融出版社 2006 年版。

二是联邦金融监管局侧重行为监管，州政府侧重主体监管。联邦金融监管局主要负责从联邦层面监管内幕交易，市场操纵及违规信息披露等行为，同时代表德国处理证券市场相关的国际事务。而州政府主要负责对交易所场所监管，包括交易所的设立和许可、高级管理人员任免、交易所运营商义务的履行、交易所规则修改和交易行为监管等；三是法律明确规定监管机构间的协作机制。对于交易所的监管，德国法律规定，州政府交易所监管机构和联邦金融监管局需互相紧密协作，交换相关信息，协助对方履行其法定职责。

1. 联邦金融监管局

在德国，交易所监管和上市公司监管是区分开来的。交易所监管是由各州交易所监管机构进行监管，而上市公司的监管则是由联邦金融监管局来承担。联邦金融监管局下设证券监督和资产管理部门，对证券监管的重点是对上市公司的监管，会对上市公司的内幕交易、市场操纵等进行严格监管。联邦金融监管局的主要目标就是保证市场透明，保护投资者利益。

2. 各州交易所监管机构

德国在 8 个州共有 10 家证券和期货交易所，各地的交易所都由所属州的交易所监管部门进行监管。各交易所都有自己的上市审批部，还设有交易所监管署和交易所监察部。交易所监管署和交易所监察部主要是对具体的证券交易进行监管。在监管目标方面，各州的交易所监管机构与联邦金融监管局有所区别，其更加注重对证券交易合规的监管，而联邦金融监管局则侧重对上市公司透明度的监管。

（二）德国证券业的监管措施

在早期，德国证券市场主要接受各种债券作为上市证券，调整债券发行与交易的法律相对比较发达。随着工业革命的发展，特别是随着从英国引进的股份有限公司在德国的发展，股票逐渐成为德国证券市场上的重要交易形态。在此过程中，德国逐渐发展出自己的证券交易场所。与英国证券监管不同，德国证券监管有自己的特点与措施，主要反映在以下两个方面。

（1）分类管理、区别对待的监管机制。在德国有三类证券交易市场，其监管机制与之相对应（马洪雨、康耀坤，2011）：第一类是官方市场，就是一般性大公司市场（相当于中国上海、深圳交易所的主板市场）。对这类官方市场上市公司和股票交易的监管是以国家的《证券法》为标准，监管较松；第二类是新兴市场，即地方性小公司市场（相当于俗称的二板市场)。开辟这样的市场，其目的是使地方性中小企业有市场融资的渠道和机会。在法兰克福交易所，这类市场的股票被称为特别小的股票，由证券交易所直接监管，德国对这类市场的监管最为严格；第三类是自由交易市场。主要是国外已上市公司来此市场交易的股票，以美国证券市场的股票居多。证券交易所对这类公司股票的交易控制得不是特别严格，来此类市场进行交易，只需找经纪人填写相关申请表格即可，监管相当宽松。

(2) 政府与行业监管分工明确、互相协作。联邦证券监管局主要监管各类证券，包括基金的交易行为，制定相关政策。行业监管由证券交易所负责，主要监管违规行为的调查，与价格波动有关的信息披露、重大事项的披露行为准则的制定等。证券交易所的调查主要是防止金融机构的内幕交易，其工作内容是：成立独立的调查部门，对机构广告、媒体报道、公开披露信息及监管部门和交易所监控系统的数据资料进行详细收集，对有关信息是否对价格产生重大影响进行分标，对涉嫌违规案件进行立案调查等。各州政府及联邦卡特尔局则起着辅助监管作用。如，根据反不正当竞争法以及竞争限制法等规定监管不正当竞争行为和机构的兼并行为等。

四　德国保险业

德国的保险监管制度以严格、完备的法律体系为基础。对保险业的监管最早可追溯到1902年《帝国商业保险公司法》，根据该法成立的帝国商业保险监管办公室于1902年7月开始运作；1910年1月，其《保险合同法》正式实施。历经“一战”“二战”等多个时期，《帝国商业保险公司法》改名为《保险监管法》并几经修改，保险监管部门也先后更名为联邦保险、建筑和贷款协会监管办公室以及联邦保险监管办公室。德国的《保险监管法》和《保险合同法》构成了德国保险监管制度的基本框架（Duncan，1984；Downs & Sommer，1999)。2002年，德国通过《统一金融服务监管法》，开启银行、证券、保险混业监管模式。德国联邦金融监管局下设保险监管局，依据《保险监管法》《保险合同法》等法律法规，对保险公司市场准入、保险市场行为、保险准备金计提、保险公司财务风险管理以及保险资金运用等方面进行集中监管。

德国保险监管体系与联邦制国家政体相对应。在联邦一级，其主要负责监管跨州经营的私营保险公司和竞争性的国有保险公司；而在州一级，监管主要是对在特定州经营的私营保险公司和竞争性的国有保险公司进行监管（王姝，2013；Berry-Stölzle & Thomas，2010）。主要经营业务区域在德国的保险公司，必须获得一份相应的监管机构颁发的许可证，这个监管机构负责以动态的标准监控这些保险公司。非欧盟国家的保险公司如果在德国建立分支机构、开办业务，也要遵守上述规定（Pohlmann，2012）。主要业务区域在其他欧盟或欧洲经济区国家，同时在德国开展业务的外国保险公司，由其母国监管机关负责监管，但是一旦联邦金融监管局察觉到这种类型的外国公司违反了德国的法律法规时，可以联系相应的有资格的外国监管机构对其违规行为进行查处。联邦金融监管局可以以保险监管法令（Insurance Supervision Act）为依据采取任何适当的和必要的手段来阻止或纠正不遵守监管要求的行为。联邦金融监管局拥有广泛的权力，比如要求公司提供产品信息和相关文件、进行现场检查、参加监事会议和董事会议等。对违规行为，联邦金融监管局可对保险机构处以最高 15 万欧元的罚款。在特定的情况下，联邦金融监管局有权指派专门人员替换公司管理层、监事会或公司内设的其他机构的人员。在必要时联邦金融监管局可以撤换经理人员甚至收回经营许可证。

由于德国是欧盟成员国，其保险业还接受欧盟实施的有关保险的指令监管。欧盟不同成员国监管机构之间的合作以现有的欧洲经济共同体指令为基础。与国际合作的支持性框架不同，欧共体指令能够而且经常对监管合作制定有约束力的条款，在一些情形下直接消除了合作的法律障碍。欧盟实施的各种金融方面的指令对欧盟金融一体化和监管合作具有极其重要的作用。在保险方面，欧盟近几年颁布了或正在研究一些法规、指令，对于欧盟保险业的发展和监管水平的提高具有重要的意义（金果、张秋秋，2007）。

欧盟的偿付能力标准（Solvency Ⅱ）、保险调解指令（The Insurance Mediation Directive）、欧洲再保险指令（The European Reinsurance Directive）对包括德国在内的欧盟成员国的保险业监管都有重大的影响（陈敬元，2017），例如，保险调解指令要求成员国的保险中介机构要在所在国进行登记和注册，以符合较为严格的审查标准，而德国的保险中介人基本没有什么特别管理，欧盟的这个新指令迫使德国保险业做出更多让步，进行更多有利于消费者但同时增加保险人成本的改革。经过长年的斟酌之后，2007 年德国政府终于决定执行欧盟的这项规定。

（一）德国保险业的监管主体

德国保险监管的主要目的是保证保险公司的偿付能力，即保险公司在任何时候都有能力兑现对客户的承诺，以保护投资人利益。德国保险监管最主要的监管机构就是联邦金融监管局。在2002年之前，德国的保险业监管是由保险业监管局进行监管，联邦金融监管局成立之后，原有的保险业监管局被撤销，保险监管的任务也由联邦金融监管局来承担。德国保险业的监管主要是按照保险机构的性质和注册地来分类的，大概可以分为四大类：在德国注册的公共或私人保险公司、规模较小的区域共同保险协会、注册地在欧盟其他成员国的保险公司、社会保险公司。这四类保险公司的监管主体是不同的（见表9-6），分别是联邦金融监管局、各州的监管机构、保险公司注册地所在国家的监管机构、政府代理机构。

表9-6　德国保险分类及其监管主体

保险公司类别	注册地在德国的私人或公共保险公司	规模较小的区域共同保险协会	注册地在欧洲经济体或欧盟其他成员国的保险公司	社会保险公司
监管机构	联邦金融监管局	各州的监管机构	注册地所在国家的监管机构	政府代理机构

资料来源：德国联邦金融监管局，https：//www. bafin. de。

《保险监管法》规定，在德国注册的私人或公共保险公司均受到联邦金融监管局的监管。2004年12月，德国的再保险业务也受到联邦金融监管局的监管。截至2015年末，联邦金融监管局监管着567家保险公司和31家养老基金[①]，只有不到900家的规模很小的区域共同保险协会受各州的监管机构监管。注册地在欧盟其他成员国或欧洲经济区的保险公司，其首要监管机构是其注册地国家的监管机构，但是这些保险公司在德国的分支机构一旦有违反德国法律法规的情况，联邦金融监管局有权对其监管机构进行询问。社会保险的监管则不受《保险监管法》的约束，比如法定医疗保险基金、法定养老保险基金、法定以外保险和法定失业保险等社会保险机构会直接受政府代理机构的监管。

① 德国联邦金融监管局官网，https：//www. bafin. de/EN/Homepage/homepage_ node. html。

（二）德国保险业的监管措施

德国保险业虽然受几个不同主体的监管，但是联邦金融监管局占有绝对重要的地位。联邦金融监管局有多种方法来对保险业进行监管（付荣辉等，2016）。根据《保险监管法》，联邦金融监管局可以发出任何适当并且必要的指示来确保投保人的利益。此外，该法案还赋予了联邦金融监管局一些特殊权力，如撤销保险公司某项业务的授权，对保险公司进行压力测试和情景模拟等。联邦金融监管局主要从以下几个方面对保险业进行监管（见表 9-7），分别是偿付能力、业务授权、自有资金要求、公司治理、投资、金融集团、职业退休准备金和报告程序。

表 9-7　联邦金融监管局保险业的主要监管任务

监管项目	内容
偿付能力	最新的偿付能力Ⅱ监管制度在 2016 年 1 月 1 日正式生效，该指令引入了基于全面风险评估的偿付能力要求，并对资产和负债制定了新的评估规则
业务授权	在德国开展业务的保险公司必须获得联邦金融监管局的授权
自有资金要求	自有资金包括基本自有资金和辅助自有资金，所有的自有资本金要求均按照偿付能力Ⅱ指令的标准进行监管
公司治理	偿付能力Ⅱ指令的第二大支柱就是公司治理，对保险公司有以下几方面的要求： • 组织结构透明，职责分工明确并且适当 • 对关键管理人员有特定要求 • 对公司风险管理体系和风险管理职能的要求 • 保险公司对自己的风险和偿付能力评估的要求 • 对内控系统和合规职能的要求 • 对内部审计的要求 • 对保险精算职能的要求 • 对外包业务的要求
投资	保险经营者在进行投资活动时，要谨慎选择投资的类型、范围和质量，保险公司必须分配足够的资产到担保资产上，以保证保险公司在任何时候都能履行保险合同义务
金融集团	金融集团的监管基本要素包括财务状况、偿付能力、集团内部交易等
职业退休准备金	职业退休准备金与个人养老金计划共同作为偿付能力Ⅱ指令的第三大支柱
报告程序	对保险公司、再保险公司和保险集团都有报告和披露信息的要求

资料来源：德国联邦金融监管局官网，https：//www. bafin. de/EN/Homepage/homepage_node. html。

除此之外，联邦金融监管局还建立了风险分类体系，对保险业实施基于风险导向的分类监管和现场检查。在综合考虑保险公司业务活动及相关风险的性质、范围和复杂性后，联邦金融监管局将保险公司划分为不同风险等级，以此确定监管的强度和力度。将保险公司根据市场影响力和发展质量两个维度进行风险分类。市场影响力分为“非常强”“强”“中”“弱”四个等级，养老基金根据其总投资额进行衡量，健康保险公司、财产（意外）保险公司和再保险公司根据其总保费收入进行衡量。发展质量从高到低分为 A 到 D 四个等级，评估要素包括净资产、财务状况和经营成果、增长情况和管理质量（陈敬元，2017）。此外，联邦金融监管局对受 Solvency Ⅱ约束、负有监管职责的所有保险集团也从集团层面进行风险分类，并增加了利润转移、控制协议等评估要素。联邦金融监管局根据风险等级确定对哪些保险公司开展现场检查以及检查的频率和深度。

对于保险业的监管，联邦金融监管局始终将防范重大风险作为重要监管任务（罗伟，2010）。一是防范系统性风险。联邦金融监管局采取了一系列提升保险业抗风险能力的针对性措施来防范系统性风险。比如，2011 年出台应对低利率环境的保费准备金规定，2014 年通过《德国人身保险改革法案》，持续降低新业务的利率上限（2017 年 1 月 1 日起为 0.9%），不断强化保险公司的股本（保险业总股本和混合资本从 2000 年的 66 亿欧元增加到 2015 年的 181 亿欧元），持续对保险公司进行压力测试，并主动接受 IMF、欧洲保险和职业养老金管理局（EIOPA）开展的压力测试；二是防范保险资金投资风险。根据《保险监管法》，保险公司投资必须配置充足的保证资产，并指定一家受托人管理，保证资产的处置须经受托人同意。受托人负责评估某类资产能否确定为保证资产，并确保保证资产的安全性和充足性。Solvency Ⅱ约束下的保险公司必须遵循“审慎人原则”，制订内部投资计划，确保投资的安全性、流动性和盈利性。相关法律法规制定了大量的风险管理条款。对于暂未纳入 Solvency Ⅱ的保险公司，德国《投资法规》规定了允许投资的资产范围以及分散投资、资产负债匹配、投资管理系统和内部控制程序等要求；三是防范其他重大风险。联邦金融监管局通过建立举报机制、开展现场检查等多种手段，严厉打击未经批准经营保险业务的行为。同时，联邦金融监管局持续密切关注 IT 安全问题，与联邦信息安全办公室等主管部门以及行业协会、IT服务供应商开展广泛对话，积极参加G7集团（Group of Seven，七国集团）网络专家组等与数字化、网络安全有关的国内和国际组织，引导保险公司加强IT风险管理。此外，联邦金融监管局还积极推动通过巨灾风险证券化向资本市场转移巨灾风险，通过完善线索与信息系统防范保险欺诈风险，等等。

五　德国与欧盟其他主要国家的金融监管政策比较

欧盟金融监管体系是欧洲经济货币联盟的重要组成部分，也是欧洲一体化发展的重要成果。为了协调各成员国的金融监管，欧盟建立了许多金融监管委员会。比如，在银行信贷方面，有银行业咨询委员会、欧洲银行监督管理委员会、联络小组等；在证券业方面，有欧洲证券监管委员会、欧洲证券委员会等；在保险业方面，有保险监管者委员会、保险委员会等。此外，欧盟还成立了两个跨部门的监管协调机构：跨部门监管者圆桌会议和混合技术小组。前者每年会定期召开会议，主要任务是就不同论坛之间的跨部门问题进行非正式的信息交换；后者是为审慎监管问题开展准备工作的跨部门技术论坛，主要对适用于金融集团的审慎监管框架提案提出建议，以便欧盟委员会制定有关的共同体法令。

当然，在欧盟金融监管体系的框架下，由于各成员国的经济和金融发展水平、金融监管文化、金融监管水平各有不同，金融监管的模式和目标等也不尽相同（见表9-8）。

表9-8　　　　德国与欧盟其他国家金融监管对比

国家	监管模式	金融监管目标	监管机构
德国	综合监管	确保德国金融体系的完整、稳定与正常运作，确保投资者合法权益，增加人们对金融市场的信心	• 德意志联邦银行（Bundesbank） • 德国联邦金融监管局（BaFin）
法国	功能监管	加强监管金融部门和风险监控，评估金融体系的风险和弱点，确保储户安全，确保支付系统和市场基础设施的顺利运行	• 法兰西银行（Banque de France） • 审慎监管局（ACP） • 金融市场监管局（AMF）
波兰	综合监管	确保对银行监管、资本市场监管、保险监管、养老金计划监管以及对电子货币机构的监管，确保波兰金融市场的正常运行，培养波兰金融市场的竞争力	• 波兰国家银行（NBP） • 波兰金融监管局（PFSA）

续表

国家	监管模式	金融监管目标	监管机构
意大利	功能监管	负责对中介机构审慎监管，确保金融机构遵守监管规章制度，保证整个金融体系的稳定和效率	• 意大利央行（Banca d’ Italia） • 全国企业及交易所委员会（CONSOB）
荷兰	双峰监管	负责稳定金融系统和银行、养老金及保险的审慎监管，以及对整个金融体系中的各类主体，包括银行业、证券业、保险业中的行为进行监管	• 荷兰中央银行（DNB） • 金融市场管理局（AFM）

第十章　中德金融政策比较分析及启示

一　中德金融政策比较

（一）货币政策

在央行和一体化监管机构的关系上，德国并未采取两者分离的传统模式，而是让央行在一体化监管中占据更大比例。其原因在于，德国属于欧元区，其央行的货币政策已被欧洲中央银行货币政策所取代，而仅仅作为货币政策的执行机构，德国央行（即德意志联邦银行）在一体化监管体系中的冲突已然消失。同时，在欧洲中央银行体系中，具有更大监管权力的德意志联邦银行会产生更大的影响力。

1. 央行独立性

在欧洲各国的中央银行中，德意志联邦银行独立性最强，它依据《德意志联邦银行法》制定货币政策，展开货币流通调节、经济资金融通以及国内外银行清算业务，尤其是在稳定物价方面发挥着重要作用。所谓独立自主，是指货币政策是属于政府之外的央行的职责，而不是由联邦政府所管辖，此外政府也不得干预央行的货币政策。德意志联邦银行的首要职责是保持物价和币值稳定，其次才是促进经济增长。在欧洲中央银行成立之前，货币政策属于欧元区各成员国央行的职权。在德国主权的范围内，德意志联邦银行通过调节主导利率以促进经济增长。也就是说，当经济不景气的时候，通过调低主导利率可以增加商业银行的流动资金，而当经济发展过热时，即可适当收紧闸门，调高主导利率，以此抑制商业银行的流动性。在欧债危机爆发之前，欧洲中央银行采取了相同的做法，它与德意志联邦银行之间没有矛盾与分歧。欧洲中央银行是根据德意志联邦银行的模式和原则成立起来的。德国作为欧洲中央银行的第一大股东，约占央行全部股份的19%。在制定欧洲中央银行的法律或者公约时，欧洲中央银行具有独立的地位。虽然法律和原则是一致的，但欧洲中央银行所处的大环境已经发生了变化。相较于现在，德国政府过去对欧洲中央银行的独立性非常尊重，从不会对欧洲中央银行的货币政策评头论足，但是如此局面现已不复存在。当前欧洲中央银行货币政策掌门人是法国人和意大利人，首席经济学家是比利时人，德国人不再是主导力量。虽然这在表面上并不影响欧洲中央银行的独立性，但是主导力量总是很难去除本国属性的影响，这为“长期再融资操作(LTRO)”提供了可能。欧洲中央银行自决定购买希腊等欧元区其他国家的国债起，其与德意志联邦银行之间的矛盾和冲突就一直存在。首先是带领德国率先走出金融危机的德意志联邦银行行长阿克塞尔·韦伯于2011年2月宣布辞职，他的辞职是在抵制欧洲中央银行从次级市场购买陷入债务困境的欧元区国家债券的行动失败之后。同年9月，欧洲中央银行首席经济学家兼欧洲中央银行执行理事会成员的德国人于尔根·斯塔克宣布辞职，其辞职原因是他坚决反对欧洲中央银行购买政府债券计划。总而言之，无论是欧洲中央银行从二级市场购买国债，还是实行长期再融资操作，德意志联邦银行都从未放弃抵抗。2011年11月，接替阿克塞尔·韦伯担任德意志联邦银行行长的魏德曼明确提出，依据欧盟公约规定，欧洲中央银行的职责是创建长期金融可信性，并保持价格稳定。德国货币政策的理念是货币政策不能为财政政策买单。民选政府本身具有冲动性，无论是为了保障就业而刺激经济，还是为了满足下层需要而增加公共福利开支，其最终结果必然是入不敷出。而长此以往，财政赤字将成为难以承受的重担。为了打破政府的这种梦想，德国在“二战”后货币改革开始时，就从法律层面明确了央行的独立性，并且不允许政府干预央行的货币政策。

而中国的央行隶属于中央政府，这使得中国的中央银行既是政府的机构，又具有金融机构的功能，即中国人民银行并不具有明确的独立性。中国人民银行受国务院的直接领导，任何关于货币政策的重大变动都必须经由国务院会议批准通过，其行长也由中央亲自任命。加之中国党政一体的政治制度，所以通常认为，中国人民银行缺乏独立决策权，其只是中央政府统一政策的执行机构。中国人民银行属于国务院，因此，根据财政政策开展货币政策是一种常态，而2008年的国际金融危机就是典型例子。国际金融危机之后，中国人民银行决定实施财政4万亿元刺激计划，货币政策随之不断宽松，多次调低存款准备金率。为了应对国际金融危机出台的一揽子计划为中国经济稳定发展起到了推动作用，但自

2011 年起，刺激计划的负面效应也逐步显现，对经济的促进作用和后期的“不良反应”都是显而易见的。然而，中国人民银行真的毫无独立性吗？从长期来看，中国人民银行在货币政策决策中的地位上升了多少？为什么在近 20 年间中国仍然能够将价格保持在较低水平？与主流意见有所不同，部分学者认为，中国人民银行虽然受政府领导，政治上缺乏独立性，但是其在政策的制定和实施过程中仍然具有较大的自主权，中国人民银行在经济决策中的地位也有显著提升，中国人民银行并不是简单的政策实施者，而是具有重要作用的参与者。更加重要的是，随着经济全球化的日益增强和中国经济市场化改革的不断深化，增强独立性也成为中国人民银行变革的重要内容之一。

2. 货币政策工具

从长期来看，德意志联邦银行尊崇“价格稳定高于一切”的理念，将控制通货率在最低水平作为货币政策的首要目标，对其他目标的支持不能以价格稳定受损为代价。在价格稳定政策目标框架之下，德意志联邦银行选择具有基准性质的银行同业拆借利率，而非选取传统的货币供应量指标作为货币宏观调控的中介变量，其原因在于，同业拆借利率能够较好地反映德国金融市场资金供求关系，且与德意志联邦银行的信贷、再贴现等货币政策工具的关联度高，同时可控性较好。随着德国加入欧洲货币一体化，德国不得不向欧洲中央银行转让货币主权，由此失去了在货币发行过程中的铸币税收益，同时难以得知德意志联邦银行基础货币的投放量；而欧洲中央银行作为欧盟共同货币政策的参与者，其统一的货币政策将以欧元区利益为准，其中某一成员国的利益则很难兼顾，即使是类似于德国这样的欧盟大国也是这样（焦莉莉、焦晓松，2005）。因此，德意志联邦银行仅仅根据流动性标准来统计本国不同层次货币供应量是存在一定难度的，而选取同业拆借利率作为中介变量是德国加入欧元区之后实施货币政策的一种替代策略。

在向市场经济转变的过程中，中国于 1998 年以后逐渐形成具有中国特色且稳健的货币政策，以坚守币值稳定为根本目标，正确处理支持经济增长和防范金融风险的关系，同时以提高贷款质量为前提，保持货币供应量适度增长，支持国民经济持续、快速且健康的发展。为稳步推进利率市场化、提高金融机构自主定价能力、指导货币市场产品定价、完善货币政策调控机制，中国人民银行培育建立了报价制的中国货币市场基准利率体系。2007 年 1 月 4 日，中国货币市场基准利率初见雏形，其由全国银行间同业拆借中心所发布的上海银行间同业拆放利率正式运行。事实证明，上海银行间同业拆放利率自推出以来，其进展和成绩有目共睹，具有显著的积极影响。尽管中国货币政策依然对部分直接的货币政策有所依赖，但是在开放的金融背景之下，货币政策已经从直接手段转变为越来越灵活的间接手段。

3. 货币政策与财政政策的协调

在德国，财政政策和货币政策掌握在不同决策者的手中。财政政策由联邦政府制定，在实现经济增长的同时需要考虑欧盟的财政标准要求；而货币政策是由德意志联邦银行具体实施，但在运用货币政策工具时不可与欧洲中央银行共同的货币政策产生冲突。换句话说，德国的宏观调控采取的是一种附带约束条件的分散决策的架构模式。虽然德意志联邦银行与政府之间保持着较强的独立性，但是这并不意味着德国财政政策与货币政策两者之间彼此毫无关系。只有两大政策相互协调、相互制约，才能够共同推动德国经济的不断发展。近些年来，德国如同大多数国家一样，其相关经济政策都是围绕经济增长、充分就业、价格稳定等目标来制定实施的，不同目标之间有时相互掣肘，难以实现兼顾，但在实现以上目标的过程中，德国采取的做法是给每个经济目标指派一种最能发挥作用的政策工具。具体而言，德国政府将经济增长、充分就业纳入财政政策的目标框架，然后通过财政支出、税收和转移支付等政策工具来调控社会总需求；德意志联邦银行则以价格稳定作为首要任务，降低对其他目标的关注，德意志联邦银行对利率、货币供应量等的调整则能够较为迅速地影响到物价水平。不可否认，这种以经济增长为核心的财政政策和以价格稳定为核心的货币政策的搭配，符合国际经济学的“丁伯根法则”，也就是说，在分散决策的情况下，将每一政策工具分配给它能够发挥最大作用的目标。德国目前的宏观调控实践基本遵循了这一法则。在与欧洲经济融合的几十年中，德意志联邦银行虽然一直强调均衡发展，但其在宏观金融目标的抉择中却优先选择了“汇率稳定”与“资本自由流动”。根据克鲁格曼的“三元悖论”理论，德意志联邦银行在较大程度上听从欧盟共同的货币政策，不得不放弃本国货币政策的独立性。如果德国货币政策的运用受限，其宏观调控只能越发依赖于财政政策，可能会呈现出财政政策有效、货币政策低效或无效的运行趋势。

通常情况下，财政政策主要应用于结构调节，而货币政策更加适合于总量调节。但在实际的配合中，中国的财政政策和货币政策在结构调节方面均收效甚微，从而导致中国产业结构和产品结构调整进度较为缓慢（郭晔、赖章福，2010）。历史上，中国的财政和货币政策的相互配合在抑制通货膨胀和反经济周期方面都发挥了积极作用，例如，为应对亚洲金融危机及其后续影响，1998 年起财政政策从“适度从紧”转向“积极”，实际赤字率突破 1%，货币政策从“适度从紧”转向“稳健”，存贷款利率、存款准备金率等均连续下调。相类似的，为应对国际金融危机，2009 年财政政策转向“积极”，实际赤字率一度突破 2%，货币政策也转向“适度宽松”，为稳增长创造较为宽松的流动性环境。但是在政策制定过程中，财政和金融两大部门之间缺乏全面、有效的沟通和协调，从而在宏观调控中政策难以达到预期效果。同时，财政政策和货币政策在更高水平和更深层次上的配合也存在一些问题，主要表现在：一是财政政策和货币政策调控责任不清、分工不明；二是两大政策的制定缺乏协商、两部门执行时协调不够；三是在经济发展方式的调整上，两大政策配合不到位，如发行国债、企业改制、住房保障等方面未充分发挥其作用。当前，财政政策和货币政策都应坚持促进经济高质量发展这一基本取向，充分发挥财政政策和货币政策在促进创新发展等方面的协同效应。财政政策在重大工程建设和重大技术攻关领域发挥激励、引导和带动作用，货币政策在促进科技成果转化、激发科技创新动力等方面发挥积极作用。此外，在服务实体经济、脱贫攻坚、生态文明建设上等方面共同助力，为经济高质量发展营造稳定的宏观经济环境（何德旭，2019）。

（二）信贷政策

1. 信贷征信制度差异

中德两国的信贷征信制度存在差异，德国的信贷征信模式体现了实行公共信贷与民营信贷分工共存，公共征信负责大额信贷的征信，而民营征信则针对小额贷款展开，德国的信贷征信模式最能体现该特征（马敏，2011）。自 2006 年中国人民银行征信中心正式成立并投入运营，表明中国实际上选择了一条由政府主导信贷征信制度发展的道路，以公共征信为主，民营征信发展缓慢。

2. 政策性银行机制差异

中德两国的政策性银行机制也存在差异。德国复兴信贷银行作为德国的政策性银行，自成立以来，根据德国经济发展和德国联邦政府政策变化，不断调整其信贷支持行业和领域，但始终坚持以政策性业务为主体。德国复兴信贷银行主要通过国家立法和银行公司治理两种形式实现其以政策性业务为主的业务取向，避免同商业银行形成竞争。而中国的三大政策性银行兼营政策性业务和商业性业务，业务实行分账经营，难以厘清边界，且存在与商业银行竞争的道德风险。两者的差异表现在：①德国复兴信贷银行监事会由相关联邦政府部门的部长、国会任命的成员和相关银行机构代表组成，监事会对银行执行委员会也形成有力监督，保证了德国复兴信贷银行经营的政策性。中国三大政策银行中中国国家开发银行公司治理机构设置最为规范，设立了股东大会、董事会和监事会，但与德国复兴开发银行相比，在董事会和监事会人员构成上仍显不足；中国农业发展银行和中国进出口银行近几年才成立规范的董事会，但高管层在公司治理中拥有更大的发言权。②德国复兴信贷银行设立了独立性较强的中小企业建议理事会，负责对德国复兴信贷银行的中小企业融资进行指导，有利于促进和监督德国复兴信贷银行对中小企业的投资促进活动。中国三大政策性银行对特定政策性领域的信贷支持，并未建立由独立性较强的行外相关政府部门人员组成的业务指导委员会对该业务进行指导和监督。银行高管层对政策性业务开展具有较大的决策权，政策性业务开展的强制性和透明度较弱。③德国复兴信贷银行用法律形式明确规定了其功能，即规定了其可以从事的贷款业务种类，降低了其大量开展商业性业务的可能。与《德国复兴信贷银行法》相比，中国对三大政策性银行的职能和业务领域进行规定的《国务院关于金融体制改革的决定》仍不够具体，并且国务院文件的法律效力层次低于立法。④为了避免同商业银行竞争，法律规定德国复兴信贷银行必须通过商业银行开展业务；德国复兴信贷银行应发放中长期贷款，在特殊情况下需要发放短期贷款时应获得监事会同意。通过限制德国复兴信贷银行直接向客户发放贷款和限制德国复兴信贷银行发放短期贷款，有效地避免了其同商业银行开展竞争。中国三大政策性银行都是通过其分支机构直接向客户发放贷款，且对政策性银行发放贷款的期限也没有特别明确的规定，没有充分利用这两个阻止政策性银行与商业银行竞争的工具。⑤德国明确了德国复兴信贷银行与商业性银行的关系为补充性原则和中性原则。中国在国务院《关于金融体制改革的决定》中也提出了政策性银行"不与商业性金融机构竞争"的原则，但是，由于没有上升到立法层次，有的政策性金融机构在发展的中后期并未严格执行上述规定。⑥德国复兴信贷银行通过设立独立子公司实现政策性业务和商业性业务彻底分离。而中国的三大政策性银行兼营政策性业务和商业性业务，业务实行分账经营，难以厘清边界，且存在与商业银行竞争的道德风险。中国政策性银行对其经营的商业性业务和政策性业务大多采取的是分账经营的做法，对两种业务的隔离程度相对于德国复兴信贷银行的独立子公司形式，更容易产生道德风险。

3. 中小企业融资差异

德国银行业的突出特点是银行很大程度上从事所谓的"关系贷款"业务。"关系贷款"是企业和银行进行信贷融资所采用的一种常见做法。该类贷款对中小型企业而言特别重要，对德国经济亦发挥着重要作用（华蓉晖、马丁·迪尔，2010）。民间机构对中小企业融资的重要作用是德国中小企业间接融资中的一大特点，德国的储蓄银行、合作银行、青年企业经营者协会面向企业提供各种综合性的支持与服务，直接或间接地促进了中小企业的间接融资环境的改善，壮大了中小企业的资金实力。其中，储蓄银行是中小企业最重要的合作伙伴，在全国各个地区和城镇都有独立的分支机构。为了提高中小企业的产权资本化程度，储蓄银行开办了许多地方性的产权投资公司和风险基金，还开办了100多家创新中心，以合理的价格向中小企业提供有关设施和技术支持，通过专家意见网络系统为技术项目进行高水平的评估，使创新企业能够迅速得到融资。合作银行与中小企业联系也较密切，其提供的服务与储蓄银行较相似。在德国西部，75%的工商业者和60%的手工业企业都是合作银行的成员，26%的中小企业以合作银行为开户银行。合作银行在资金上支持中小企业和青年经营者开发一些偏远乡村地区。德国中小企业与它们的银行之间关系密切。中国中小企业融资市场经济起步较晚，金融体系不完善，资本市场不健全，民众的融资意识还十分薄弱，表现在：①融资社会化支撑体系不完善。虽然设立中小企业创新基金、建立中小企业融资担保体系等社会化的支撑，但从总体上看，中国中小企业融资的社会化程度仍然较低，突出表现为社会信用制度不健全、融资中介机构不规范和融资担保体系不完善等。②融资渠道单一。中国的资本市场侧重为大中型国有企业服务，上市门槛太高，对大多数中小企业而言，难以通过资本市场直接融资。但中小企业发展的高风险、高收益性质，迫切需要风险投资的参与。中国的风险投资刚刚起步，总体规模偏小，还远远不能满足“孵化”中小科技型企业的需要。同时，商业银行出于贷款的安全性原则，多倾向于中小企业技术创新。③银行贷款融资整合化程度不高，由于分业经营的限制，目前中国银行的信贷融资基本上与风险投资公司的股权融资处于隔离融资状态，不仅不能为中小企业提供系列化、配套化的金融服务，也使银行信贷资金无法分享中小企业的高额回报。④融资市场化水平较低，中小企业的资金来源主要是自我积累和代价高昂的民间借贷，融资倾向于内源化，基本上是走自我积累谋发展的道路。特别是在中小企业发展的初期，由于风险高，不确定性大，往往使市场资金望而却步。

4. 再担保体系差异

为解决信贷担保银行承担风险较大的问题，德国联邦政府、各州政府及担保银行共同组建了一个新的信贷担保体系——再担保体系，即担保银行为企业提供信贷担保的风险由担保银行和州政府、联邦政府共同承担。联邦政府、州政府分别从税收收入中拨出一部分资金，作为再担保基金，并借此对信贷担保决策施加影响，以推进联邦及各州的经济计划。德国在再担保安排中，贷款银行只承担20%的贷款风险，剩余80%的贷款风险由联邦政府、州政府和担保银行分担。其中，中央联邦政府承担36%，所在州政府承担29%，担保银行承担35%，但风险承担比例也不是一成不变的。中国的再担保体系，担保机构规模较小，资金放大倍数小，担保资金利用效率不高，风险控制措施较少，政策性担保代偿偏高，协作银行过少，担保机构承担的责任过大。从分担比例的情况来看，政策性和互助性担保机构承担的比例一般为70%—80%。商业性担保机构由于缺乏政府背景，而且机构规模较小，因此，很难让银行同意承担相应责任，均承担100%的责任。

5. 特殊的产业信贷政策

（1）科创企业的金融支持比较

中国和德国的金融市场有很大的相似性，如两国都属于大陆法系。银行贷款是企业融资的主要渠道，资本市场相对不发达，融资结构主要是间接融资（Patrick Behr & Reinch，2015）。对于中小企业，尤其是科技类企业，德国政府主要通过税收扶持、市场化融资、信贷融资等方面助力企业发展。

在德国，德国复兴信贷银行是科技企业提供金融服务的主力，各种理财产品的开发和委托贷款模式的运用，不仅提高了商业银行参与其中的积极性，还实现了企业与银行风险共担机制。同时，德国针对寻求直接融资的创业企业提供了一条“政府+市场”的新模式，例如高科技风险投资基金的建立、科技创新联盟的成立和引导政策性银行提供贷款，充分发挥财政资金的杠杆作用，有效撬动私营部门的直接投资。除此之外，在德国，担保银行是一个独立的银行机构，立足于政府提供反担保的基础，政府、贷款银行和担保银行之间的信用风险配置得到了有效实现，确保了长期有效运行的保障机制和真正有需求的小微科创企业的信贷来源。

当前，中国经济发展从要素驱动逐渐转变成创新驱动，科创企业的发展对于中国经济和科技的发展起到十分重要的作用。近几年，科创企业的外源性融资渠道不断创新拓宽，“科创贷”、科技贷款担保补助、科创板开放在一定程度上缓解了科创企业的融资约束，但中国科技创新型企业更多的还是依赖于金融机构的间接融资，而间接融资又多为商业性银行的贷款，直接融资的比例过低，这对新兴产业的发展造成了严重的负面影响。这类现象出现有以下几个原因：①科技型中小企业追求迅捷性的临时融资。企业临时性融资往往要求具有较高的迅捷性而非需求量大。但目前，商业银行对资金需求的审批机制复杂、烦琐、耗时，尤其是对临时资金的需求，这种审批机制往往会错过企业的市场机会。②科创企业有较高的融资风险。在产品创新初期，产品开发、生产和销售都存在很大的风险。主要表现为经营环境的影响，大而不可预测。③金融供求失配问题比较严重，这很大程度上是信息不对称导致的。由于科创企业初期的信息透明度低，与投资者之间的信息不对称性很强，再加上主要资产形式多为无形资产，无形资产价值不易判断，又具有时效性，因此并不能作为合格抵押品，加剧企业初创期的融资困难。④直接融资门槛较高。当企业进入成长期，市场将扩大的时候会受到证券法的限制和对经营年限与最低资本规模的要求，企业很难直接获得企业债券市场和资本市场的融资。⑤风险投资基金规模有限，并不能满足企业的融资需求。通常是针对某一特定部门的经济和行业，并且对投资方向、运行机制等都有严格的规定。

（2）房地产金融政策

德国实行独特的住房储蓄合同贷款模式。该模式是一个封闭经营的融资体系，存贷利率不受资本市场供求和通货膨胀等因素的影响。对住房价格的有效调控使其相对稳定，保证了居民储蓄的购买力不会发生显著变化，从而进一步促进住房储蓄模式的可持续发展。同时，德国所有的住房贷款都是固定利率，其中储蓄房贷款利率固定不变且低于市场利率。另外，德国固定利率抵押合同期限一般不超过 15 年，平均期限为 11 年半。这一类长期住房利率安排能较好地抵御金融市场的周期性波动。德国的个人信用体系也非常完善，几乎所有的公民都有在银行的信用记录。而且德国房地产评估是交由政府以外的第三方机构负责。抵押贷款证券化操作强调信用，具体模式不同于西方许多国家。此外，德国的低收入居民，参与住房储蓄可以得到政府的储蓄奖励和购房奖励。

在中国，央行的货币供给政策对房地产周期的影响主要有两方面。在供给方面，影响房地产开发投资；在需求方面，影响房地产的消费能力。当央行加大货币供应量时，会促进房地产投资，人们的需求量过大，房地产行业一派繁荣。利率政策主要包括基准利率的调整、存贷款利率的限制、住房贷款利率和房地产开发的特别规定等。利率政策与房地产发展周期呈现反向性关系。央行为了降低房地产市场的融资成本，会采取降低人民币贷款和金融机构存款基准利率的措施（孟根其木格、春晖，2012）。同时，金融机构降低人民币存款准备金率，会使银行体系的流动性达到最适宜的状态。充分反映了政府在努力地合理掌控房地产市场。利率调整的关键是坚持基准利率的有利引导作用，以达到房地产融资成本降低的目的。2019 年 8 月发布的《商业性个人住房贷款利率调整公告》进一步将市场化机制引入房地产市场，释放 LPR 改革潜力，保持流动性合理充裕。

（3）绿色金融政策

德国是国际“绿色金融”的主要发源国。经过几十年的发展，相关政策日趋成熟，其制度也相对完善。德国实施“绿色金融”的经验主要有以下三点：第一，国家参与。这是德国发展“绿色金融”过程中最重要的特征。例如，德国出台政策，在一定程度上对环境保护、节能减排项目予以贷款贴息政策，对环境保护和节能性能好的项目，可以给予优惠的信贷政策，中央政府对利率差额予以贴息补贴。事实证明，以贴息的形式支持环保节能项目取得了良好的效果。国家用较少的资金动员了大量的环境保护和节能项目，有显著的杠杆效应。第二，发挥政策性银行的作用。德国复兴信贷银行在整个“绿色金融”体系中发挥了重要作用，不断开发“绿色金融”新产品。而且德国复兴信贷银行的环保节能的理财产品，无论是最初的融资还是后期金融产品销售，都脱离了政府干预，项目都是通过公开招标的形式进行，确保过程的公平性和透明度。第三，环保部门的批准。这是德国“绿色金融”发展成功的关键。在德国实施“绿色金融”政策的过程中，环境保护部门在审核中起着重要的作用，以确保贴息政策能准确地支持节能环保项目。任何一个环保项目都必须在得到地方或上级环保部门认可的前提下去申请贴息贷款。

中国的环境政策和法律制度尚未完善。环境经济政策也处在摸索阶段。地方保护主义和政策执行力弱等问题在环境保护领域仍然普遍存在，环境信息也不透明。金融机构不仅缺乏专业的环保知识，还面临着信息获取成本高的问题。央行的征信系统所提供的“环保信息”涉及企业范围仍然很窄。大多数没被列为国家监控范围的企业或项目，在环保上的违规行为只能通过实地调查或媒体报道获得，有些甚至难以获得。同时，金融机构的股东、投资者和员工并没有较强的环境保护意识和社会责任感。金融机构在公司治理中还没有建立起支持绿色金融发展的配套制度，也缺乏符合绿色金融发展需要的约束性和激励性机制。目前，金融相关部门绿色金融政策的目标还主要局限于实施“两高一资”企业的短期信贷政策和促进节能减排，缺乏对绿色金融的全面战略安排和政策支持。总之，绿色金融还没有完全提升到中国金融机构的战略水平，战略准备工作还没有完全展开。已经进入实践探索阶段的金融机构，大部分仍停留在具体业务层面，尚未制定出有针对性的绿色金融战略目标和发展计划。

（三）外汇政策

1. 监管体制

中国的外汇制度在改革开放后逐步推动外汇交易的市场化进程和人民币价格形成机制的形成；在 1999 年欧元提出之前，德国的外汇制度是独立的，基于市场和国内外经济环境的变化而不断演变，在欧元区建立之后根据整个欧洲中央银行的方针政策，德国推行一体化，更好地应对美元、日元、人民币的强势冲击，以稳定本国在国际贸易中的优势。在监管体制上，德国与中国奉行两种完全不同的监管理念。德国是基于德国联邦金融监管局（BaFin），监管局是集德国联邦银行监管局（BAKred）、德国联邦保险监管局（BAV）、德国联邦证券监管局（BAWe）三者为一体，是监管模式的完全整合；而中国采用的是分行分业分散式的监管模式，中国外汇监管的法律体系与德国相比还不够完善。

2. 外汇储备

在两国的外汇储备量上，中国于2006年取代日本成为外汇储备最多的国家，并在2014年6月达到39932亿美元的历史最高点，占当年GDP总额的38%，随后逐渐减少。而德国的外汇储备在2012年9月达到2039.8亿美元的历史最高点。由此可见，无论是外汇储备的绝对量，还是占GDP的相对量，中国外汇储备都远远高于德国。

3. 参与主体

从外汇交易的参与主体来看，截至2020年6月，中国国家外汇管理局批准投资额度的合格境内投资者达到152家、合格境外投资者295家。总体来看，中国的市场交易中合格的市场交易主体还远远不足。相较于中国，德国外汇市场的交易主体在数量和类别上都要更加丰富。

总而言之，中国外汇市场目前尚处于起步阶段，其与规范的国际性外汇市场相比还存在较大差距。中国外汇市场主要是国内银行间的外汇市场，国家规定金融机构不能在该市场以外进行外汇交易，但是对于不同外汇之间的交易，国内银行可以自由参与国际市场的交易。目前，中国外汇市场依然存在一些问题，具体来说，一是市场交易规模较小，由此产生的市场交易量也小，甚至低于周边部分小国的外汇交易量；二是交易主体较为单一，缺乏外汇经纪人；三是外汇市场尚不统一，外汇调剂市场与银行之间的外汇市场并存；四是缺乏外汇市场的管理机制和监管机制，调节机制和相关法律法规也有待完善；五是市场清算和信用风险不断增大，交易主体不平等现象逐渐凸显（丁志杰等，2018；王雪、陈平，2013）。近些年，随着人民币国际化水平的稳步提高，2016年人民币加入SDR货币篮子，人民币国际化进入新阶段。这标志着在宏观管理方面，中国已经进入政策调整的敏感期。德国在政策调整上的差别处理及其对货币国际化产生的不同影响，对人民币具有历史借鉴意义。

对比两国外汇相关政策措施，证明了放开汇率和资本账户的前提是实体经济、金融市场、政府三个部门做好充分的应对准备。故在向“货币政策独立+浮动汇率+资本自由流动”的宏观金融政策组合转变过程中，要处理好汇率波动对国内金融市场稳定性的冲击，应对好跨境资本流入国内金融市场对实体经济作用机制的影响，尤其是做好对系统性金融风险的防范和管理。

表 10-1　　中德外汇政策对比

	中国	德国
第一阶段	1949—1978 年，外汇实行了高度集中的分配管理体制，集中所有有限的外汇资源，实行统一管理	1945—1973 年，这一阶段的汇率制度可以称为可调整的固定汇率制
第二阶段	1978—1993 年，实行以外汇上缴和外汇留成制度为基础的计划与市场相结合的管理体	1973—1978 年，德国马克汇率实行联合浮动汇率制度。马克对欧共体内部实行固定汇率，而对外实行浮动汇率
第三阶段	1993—2005 年，进行进一步的市场化外汇管理体制改革，实行了银行结售汇制度	1979—1998 年，对内可调整盯住、对外自由浮动的汇率制度
第四阶段	2005 年至今，实行意愿结售汇制度，推动人民币价格形成机制的建立	1999 年至今，以欧元为中心和记账单位，与尚未加入欧元区的欧盟成员国建立双向汇率机制
监管机制	“一委一行两会”分行分业监管	德国联邦金融监管局一体化监管模式
参与主体	主要包括中央银行、外汇银行、外汇经纪人、外汇交易商、跨国公司、外汇投机者、进口商和其他外汇供求者	可划分为境内外的商业银行、外汇经纪人、非银行机构、中央银行四类主体
外汇储备量	2014 年 6 月，外汇储备量达 39932 亿美元的历史最高点，占当年 GDP 总额的 38%。2014 年以后逐渐减少	2012 年 9 月外汇储备量达到 2033.3 亿欧元的历史最高点
定价机制	做市商制度	做市商制度

资料来源：根据国家外汇管理局官网（http：//www.safe.gov.cn）和德国联邦金融监管局官网（http：//www.bafin.de/）资料整理。

（四）证券市场政策

1. 地方资本市场

德国拥有多层次的资本市场，并且地方性资本市场发展较为完善，在地方性证券市场方面，20 世纪 90 年代，德国证券市场体系形成了由一个全国性交易所、七个地方性交易所和一个电子交易系统 Xetra 构成的交易所网络。与法兰克福证券交易所相比，对比全国性交易所，地方性交易所的市场具有准入要求宽松、上市费用较低等优势。在境外证券、金融衍生产品以及地方性中小企业证券交易上具有比较优势。在德国，地方性资本市场的细分与定位使其在服务地方中小企业、促进地方经济发展及金融资源均衡分布等方面有着积极作用。

目前中国地方性资本市场的定位是私募市场，资本主要来源于机构投资者。中国企业部门长期以来实行以银行贷款为主导的融资体系，在资本市场的建设方面较为滞后。受企业规模、经营状况、上市费用等条件的限制，大部分中小企业尤其是地方性企业难以达到上市要求，资本市场对中小企业的支持存在很大的提升空间。而地方性资本市场的设立不仅为区域性未上市股份公司解决股权转让与融资问题提供了平台，而且通过市场化与规范化的交易过程能够促使地方企业完善管理体制、激发企业创新活力。因此，地方性资本市场的建设对于推动金融资源均衡化分布、促进地方中小企业以及当地经济发展至关重要。

2. 证券市场监管

国际证券市场监管是以三种模式存在的，即集中行政监管、行业自律监管和综合间接监管。德国属于综合间接监管模式，是介于政府监管型和行业自律型之间的一种监管模式，该模式既强调集中统一的立法监管，又强调自律管理，是集中型和自律型两种模式的相互协调、渗透的产物。政府与行业监管分工明确、互相协作的监管组织体系。德国对金融业实行分业监管，德国联邦银行监管局、德国联邦证券监管局及德国联邦保险监管局分别负责对德国银行、证券、保险行业的监管工作。证券监管是政府、行业等多重式的监管。政府监管由联邦证券监管局负责。联邦证券监管局主要监管各类证券包括基金的交易行为，制定相关政策。行业监管由证券交易所负责，主要负责违规行为的调查，与价格波动有关的信息披露、重大事项的披露、行为准则的制定等。证券交易所的调查主要是防止金融机构的内幕交易，其工作内容是：成立独立的调查部门，对机构广告、媒体报道、公开披露信息及监管部门和交易所监控系统的数据资料进行详细搜集，对有关信息是否对价格产生重大影响进行分标，对涉嫌违规案件进行立案调查。各州政府及联邦卡特尔局则起着辅助监管的作用。

中国是由证监会建立集中统一的证券期货监管体系，在全国各地设立派出监管机构并垂直管理。但是，实际上，正是由于这种监管模式在职能和地区上的分割，引起监管主体存在多元化问题，例如中国人民银行负责发放证券商的经营许可证和审查财务情况，并拥有收回经营许可证和取消证券商在交易所的席位的权力；证监会负责二级市场的运营，调查和处罚违规行为；地方和中央政府主管机关负责确定股票发行公司。在这种多元化的证券管理体制下，容易出现权利的纷争、各管理部门之间的不协调，耗费大量资源，降低了市场效率。在监管模式方面，政府常用政策手段监管证券市场，政府是证券市场上的最大控制者，这并不符合国际惯例。

3. 证券市场法律体系

德国证券法律是多层次的，通常没有统一的证券立法，有关证券的各种规范散见于多种法规中。德国有关上市、股票发行和交易的规定在《证券交易法》《证券交易条例》《银行法》《投资公司法》《外国投资法》中均有体现；有关证券投资及其投资者权益保护的规定，则体现在《贸易法》和《刑法》等法律中。德国证券市场的监管主体是多方面的，且又是松散的，即不设定专门的、独立的监管机构。而是由多方的、自律性的监管主体共同监督、管理市场。例如德国联邦储备银行可制定和执行有关法规，有权干预证券市场；另外，证券交易所委员会、批准上市委员会和证券交易所理事会等多种社会性机构从某些方面对证券市场进行监管。

（五）金融监管政策

1. 金融监管模式

世界金融监管机构的类型主要分为两种：分离和融合。中国从 2023 年开始改革施行的金融监管框架从“一委一行两会”转变为在中央金融委员会和中央金融工作委员会统一领导下的“一委一行一局一会”新格局，即中央金融委员会、中国人民银行、国家金融监督管理总局和证监会。虽然仍然体现的是分业的监管模式，但在一行两会的基础上进行了进一步的监管整合，这也是中国促进金融业监管协调、走向市场监管的新一步，能更有效避免监管漏洞和重叠现象。德国联邦金融监管机构的结构考虑到行业之间的差异，成立了独立部门来对银行、保险、证券进行监管。这些跨行业的任务是由德国联邦金融监管局集成，它将以往的银行监管、保险监管和证券监管的单一监管机构整合起来并集金融、保险服务业功能于一身。德国联邦金融监管局是一个联邦机构，由联邦财政部长掌管，具有法律特征。在波恩和法兰克福各有一个办公室，大约有1000名员工。德国联邦金融监管局控制2700家银行，800家金融服务机构和多家保险机构。新的德国金融监管制度明显有助于监管机构之间的信息交流，增强组织间的协同效应，增强德国的金融中心地位，巩固和发挥其在国际金融中的地位和作用。

2. 金融监管体系

由于金融体系的发展水平和金融体制的差异，德国和中国的金融监管体制存在较大的差异（吴淑君、徐小庆，2009）。目前，德国的金融监管模式是混业监管（或称统一监管），而中国的金融监管模式是分业监管。中国与德国的金融监管在监管的法治环境、监管模式、监管目标和监管手段上都存在差异（见表10-2）。

表10-2　　中德金融监管比较

	中国	德国
法治环境	中国金融监管领域的法治建设，不论是立法还是执法方面，都还不够健全完善	德国是一个高度法治的国家，有着完善的法律体系、司法制度和执法。健全完备的法律制度从根本上保证了德国金融体系健康运行和发展
监管模式	中国采取的是分业监管模式，目前中国的“一委一行一局一会”，包括中央金融委员会、中国人民银行、国家金融监督管理总局和证监会四个机构对整个中国金融体系进行监管	德国实行的是混业监管，主要金融监管机构是德意志联邦银行和联邦金融监管局。联邦金融监管局负责银行、证券、保险的综合监管
监管目标	中国仍然属于分业监管模式，银行与保险的监管目标与证券业并不完全一致，但在中央金融委员会的领导下，中国金融监管目标进一步得到协调	德国金融监管的目标是保证整个金融体系正常稳定的运行，保护客户和投资者的利益
监管手段	中国的金融监管手段主要是行政监管手段，核心是行政审批和行政管制	德国金融监管的一个重要方面是依赖非政府力量来进行监管，减少政府的直接干预

资料来源：笔者整理。

根据授权，德国联邦金融监管局并不在各州设立各州的下属机构。

德意志联邦银行在全国9个地区的办事处和这些办事处下属的118个分行承担国家银行的日常业务活动。但是，这些分行只负责银行监管的日常事务，并负责向金融监督局报告监管情况，由德国联邦金融监管局作出最终决定。同时，中央德意志联邦银行是唯一有权向金融机构行使统计权力的机构，这使得金融监管当局无权单独从金融机构收集任何形式的统计信息。但是，监管要求所需的必要信息可从中央德意志联邦银行获得。中央德意志联邦银行关于金融机构资本和流动性信息的报告也要提供给金融监管机构。同时，中央德意志联邦银行在三个方面对金融业进行审慎监管。一是通过对金融机构的风险类别的监控并对其审计。二是中央银行发挥在董事会和管理委员会监管部门中的监督作用。例如，德国联邦金融监管局（BaFin）管理委员会，21个代表主要包括联邦财政部、德意志联邦银行和其他监管机构。管理委员会由联邦财政部主持，管理委员会负责监督德国联邦金融监管局（BaFin）管理层，决定联邦金融监管局（BaFin）预算并提出如何完成特殊监管的任务。三是中央德意志联邦银行和监管当局共享信息、技术、人员和行政等资源。这在一定程度上保证了中央银行在一定程度上和范围内能够参与金融监管。

中国的金融监管框架，形成了“一委一行一局一会”的格局。从2023年开始，国务院金融稳定与发展委员会办公室不再保留，将其职责划入中央金融委员会办公室，进一步强化了中央层面对金融监管工作的统一领导，有助于对金融风险的防控和提高金融监管效率。中国人民银行的金融发展职能之一是统筹产业发展规划，不参与发展计划的编制，以达到发展和监管职能的分离；打破统筹立法、金融立法之间的失衡，避免发展与监管冲突、进程滞后等问题；统筹金融业并购重组、对外开放的审查。

3. 金融监管目标

各国对金融业监管目标因各自在银行法和证券等金融法规上的不同而存在差异。总体而言，比较统一认同的有三大目标：第一，维护金融业的安全与稳定，防止金融业的垄断，以保持金融效率；第二，保护公众利益；第三，维护金融业的运作秩序和公平竞争。中国在对金融业监管目标的设定上与德国有一定的异质性。这种差异主要体现在两个方面：一是统一性与分散性的差异；二是目标优先级的差异。

（1）统一性与分散性差异。不同于中国的分业型监管体制，德国实行混业型监管体制，这种监管体制上的差异是中德两国金融监管目标差异的根源。由于德国监管体制的统一性，其监管目标的重点更加统一和清晰。而在中国的分业监管体制下，中国资本市场的各个领域拥有其各自不同的金融活动，从而导致各个资本市场领域的收益和风险的特征不同，进而使得金融各行业的监管目标不同，比如说，树立起公众对银行的信心，维护银行业的正常运行就是中国银行业的监管目标。对于证券业来说，基本目标是要保护证券投资者的合法权益，在此基础上鼓励证券公司的进一步发展，最后通过对市场系统性风险的防范维系市场稳定且健康的发展。总而言之，对中国市场而言，监管目标因其领域不同而具有分散性，难以用统一的标准进行详细度量。对德国而言，金融市场的稳定运行是其最重要也是最基本的目标，投资者和客户的基本利益、金融资产的安全是其派生目标。

（2）目标优先级差异。德国金融监管目标的重心是要保证德国金融业的正常运行，进而派生出对客户、投资者利益以及金融资产安全的保证。中国主要实行“一委一行一局一会”的监管体制，金融机构的主体是银行，而银行的主体——国有商业银行均为国家所有，因而银行的信用风险并不是中国监管的主要问题。国家金融方针、政策以及中央银行货币政策是否有效实行是中国监管的主要问题，进而促使中国在监管目标上的重心不同。

4. 金融监管内容

德国对金融的监管主要由两部分组成：一部分是内部监管，例如德国联邦金融监管局等监管部门；另一部分是外部监管，比如审计经济公司对上市公司的监管。由于这种内外监管的干预，导致了德国的资本市场监管具有很强的外部力量。而中国的金融市场，主要是由证监会、银保监会进行分业监管，但由于中国的金融机构数量众多，这种完全依靠内部的监管往往会出现心有余而力不足的现象，导致中国现阶段出现了种种监管漏洞。近几年中国开始出现了外部监管与内部监管融合的趋势，但由于政府与社会机构之间存在信息不对称，这种共同监管的模式并没有得到进一步的发展。

中国财务监管主要是由财政部负责，主要是通过金融机构提供的财务信息对其财务数据和财务指标进行分析，从而判断金融机构的总体风险。德国联邦金融监管局则十分重视金融机构财务信息的收集过程，对这些财务数据的质量进行严格的审查，运用《巴塞尔协议》规定的指标或其他财务指标对金融机构的流动性、偿债能力以及应对风险能力等进行分析。

5. 金融监管方式

德国金融监管最重要的特点之一就是依靠非政府力量监管银行，而较少使用直接的政府监管措施。金融监管部门放松了对金融业管制的同时加强了对金融业监管。德国金融监管部门放松了对资金来源、业务范围、经营领域、利率等方面的控制措施，同时从宏观方面加强了对金融业的监管。实现了从规则监管向风险监管的转变，强调内部控制制度的建设，强调市场机制的作用，防范金融风险，实现安全高效的目标。

在中国，金融监管形式有三种，一是监管部门的直接监管。它是中国最主要的金融监管形式。这种形式可分为两种方法，即金融行政管理和金融稽核管理；二是中国人民银行或监管部门监管委员会可以委托银行内部审计监督，也可以委托外部第三方，如会计师事务所、审计事务所、咨询评估机构；三是成立行业自律银行业协会，进行行业内的协调和监督。针对上述不同的监管形式，有三种不同的监管方式，即法律监管手段、行政监督手段和自律手段。中国改革开放后，形成了一系列的银行法规，其中以中央银行法和商业银行法为代表。但是由于长期行政化管制形成的路径依赖，中国的银行监管手段依然是以行政监管手段为主。这种行政监管手段主要体现在银行市场准入限制、价格管制、分业监管等方面，其核心是行政审批制和行政管制。

二 德国金融政策对中国经济金融的可能影响

中德两国经贸领域合作紧密。2020 年，中国连续 5 年成为德国最大的贸易伙伴，并首次成为德国第二大出口目的地国。德国是中国在欧盟内最大的贸易伙伴，中德双边贸易额是中国与英、法、意三国贸易额的总和，占中欧贸易总额的近三成。中国自 2016 年起已连续两年成为德国在全球最大的贸易伙伴，300 万家德国企业平均 7%的销售额、30 家德国 DAX 指数企业平均 15%的销售额均来自中国市场。

德国与中国在经济交流上有着很强的互补性，德国制造业技术先进、附加值高，在全球制造装备领域占据领先地位，是世界上最具竞争力的制造业之一（BMBF，2015）。中国拥有庞大的消费市场和需求量，劳动力素质不断提升，近年来，在互联网和智能制造方面有后发优势。德方或可从中国现有的专业知识和研究能力中获益，利用中国的创新潜力和销售机会，同时可为中国提供先进技术以及可资借鉴与学习的“过来者”的经验（Kagermann & Anderl，2016）。两国在产业和技术上的互补性将长期存在，创新合作必将带动两国经济发展实现新跨越。当前，中国正面临经济结构调整，以技术进步推动经济发展，加快产业转型升级的挑战，中德经济合作空间广阔，潜力巨大。

2017 年德国央行做出将人民币资产纳入外汇储备。在德国与中国、欧盟的经济贸易交流如此活跃的背景下，德国央行做出这样的政策决定，充分体现了德国在外汇储备上的多样化需求，此举也是人民币在加入国际货币基金组织（IMF）特别提款权国际货币篮子所必然导致的趋势，各国对于中国和人民币稳定发展充满了认同和信心（佚名，2018）。从欧洲初始设立人民币清算银行，建立人民币离岸金融工具交易平台，到欧洲、奥地利、德国和法国等 60 多国或地区的中央银行将人民币纳入储备货币，人民币跨境使用随着贸易、人员往来和投资得以在欧洲持续稳定的深化。

中国和德国的经济发展在当下看来势头良好，两国之间的投资和金融合作蓬勃发展。作为亚洲和欧洲最大的经济体，中德两国位于新丝绸之路经济带两端，依托“一带一路”倡议，中德在此框架下开展更多务实合作，例如德国物流巨头敦豪集团借助“一带一路”基础设施，打通铁路、海路和公路的运输线路，中欧班列更是彰显了“一带一路”互联互通的重要意义，2020 年开行中欧班列 1. 24 万列、发送 113. 5 万标箱[①]，推动了中德经济发展和贸易流通。近年来，中德双方在科研和产业合作上进一步加强，2017 年签约的中德智能制造合作试点示范项目——新能源汽车项目是两国企业在这一领域的首次合作（潘亚玲、妮莎，2018）。“一带一路”倡议就是中国构建人民币“币缘体系”的重要平台。“一带一路”倡议强调实现“五通”（即政策沟通、设施联通、贸易畅通、资金融通和民心相通），其中“货币流通”就包含了构建国际金融新秩序的意涵。在“一带一路”框架下中德两国企业联手开拓第三方市场，可以实现优势互补，多方共赢，人民币在未来中德贸易的各个领域都将发挥重要作用。

---

① 中国国家铁路局网站，http：//www. nra. gov. cn/。

三　德国金融政策对中国金融政策的启示

（一）强化央行审慎管理职责及其与货币政策的配合

金融危机后，为弥补之前的监管缺位与协调不足，欧盟在 2010 年建立了欧洲金融监管体系（ESFS），构建了一个涵盖宏观审慎监管和微观审慎监管的多层次监管框架。其中宏观审慎职能主要由新成立的欧洲系统性风险委员会（ESRB）负责，ESRB 发起机构为欧洲中央银行，主席由欧洲中央银行行长兼任，秘书处设在欧洲中央银行，成员单位包括欧盟层面的监管机构和欧盟成员国层面的监管机构。ESRB 要求各成员国明确负责本国宏观审慎监管的机构，并指出各成员国央行应在其宏观审慎框架中发挥主导作用（王琳等，2018）。宏观审慎监管要与以防范危机和稳定经济为目标的货币政策相配合，成功的货币政策与宏观审慎监管是相辅相成的，只有二者协同合作才会增强政策的效果。因此，只有由中央银行来主导宏观审慎监管，才有可能实现在币值稳定与金融稳定之间寻求一个最佳平衡点，创造一个真正稳定的金融环境。IMF 经济学家 Blanchard 指出，将宏观审慎监管职能集中于中央银行，有利于其考虑货币政策对杠杆率和风险偏好等因素的潜在影响，与此同时，货币政策与宏观审慎政策结合又能提供大量应对危机的逆周期性工具（Blanchard，2010）。

从中国现实情况来看，《中国人民银行法》赋予了中国人民银行维持金融体系稳定这一基本职能，但履职手段和工具还存在不足，伴随着金融全球化、金融业综合经营和金融机构创新业务的快速发展，金融的稳定性愈加不确定。因此，根据现实情况修订《中国人民银行法》已提上日程，统筹协调和配置必要的履职手段和工具，以保障中国的金融体系持续稳健运行。中国目前应进一步加强对宏观审慎工具的深入研究，紧密结合中国金融业发展的实际情况，研究并系统地扩大宏观审慎工具箱。宏观审慎政策工具箱的建设对于落实宏观审慎政策，强化执行效果非常关键。监管部门应当根据境内外两个市场，将各类不同的宏观审慎工具纳入统一框架综合考虑，增强化解系统性风险的能力。

强化中国人民银行监管职责，健全货币政策和宏观审慎政策“双支柱”调控框架，应强化中国人民银行的监管职责，进一步加强中国人民银行与金融监管机构间的合作。中国人民银行及各金融监管机构间应当构建信息共享平台，促使各部门能更快、更准确地获取市场信息。央行要继续完善“双支柱”调控框架，研究更明确、量化的宏观审慎政策目标。将金融稳定纳入货币政策目标，与宏观审慎监管配合以达到经济稳定增长与金融市场稳定发展的双重目标。各监管机构应继续加强宏观审慎监管方面的理论研究，加强与国际监管机构的信息交流，建立国际化的金融监管规则以应对金融深化改革与金融国际化（吴婷婷、项如意，2020）。

（二）加强监管协调

从中国金融监管组织机构的设置来看，政府和中央银行均参与宏观审慎管理，且政府参与的程度较高。在当前多机构参与宏观审慎管理的情况下，强有力的政策协调是使宏观审慎管理高效运行的关键部分。但是，中国的宏观审慎管理协调机制的具体措施和细节还需要完善。而欧盟和德国监测、评估和预警系统性风险，开展宏观审慎管理工作，都建立在能及时、充分获得基本信息的基础上，没有及时、准确、充足的信息，难以监测和评估风险，更无法进一步预警风险。因此，欧盟和德国十分重视宏观审慎和微观监管的信息共享，赋予宏观审慎管理机构从监管当局等渠道获取信息的法定权力。欧盟和德国的金融监管框架都确立了宏观审慎对微观监管的建议和反馈机制。

完善宏观审慎政策框架，需要加强与其他政策、其他监管部门的协调，题中之义就是要完善监管协调机制。中央财经领导小组第十五次会议再次强调，防控金融风险，要加快建立监管协调机制，加强宏观审慎监管，强化统筹协调能力，防范和化解系统性风险。这意味着，加快建立监管协调机制，加强宏观审慎监管或将是“积极稳妥推进金融监管体制改革”的方向。国务院同意建立由中国人民银行牵头的金融监管协调部际联席会议制度，其具体职责包括货币政策与金融监管政策之间的协调等。

就中国实际情况而言，虽“金融监管协调部级联席会议制度”具有信息共享的作用，但中央银行仍然难以及时获得全面的信息，信息不足、信息延迟将极大影响系统性风险的监测评估工作。因此，短期内，宏观审慎管理协调机制的重点应该是推动金融信息收集和共享机制的建立。有效识别系统性风险，进而对其进行防范化解需要有全面可靠的数据支持，但在当前的组织机构模式下，各个机构各自负责一部分信息收集，彼此之间信息共享不充分，且信息统计口径并未统一，存在较高的信息交流成本，阻碍了宏观审慎管理的高效推进。

为了保证不同机构之间顺畅的信息交流，需要明确各个单位负责提供的信息和频度，构建宏观审慎管理数据共享平台，各个机构定期上传信息，提升系统性风险识别的信息基础。从长期来看，应建立以国务院金融稳定发展委员会为基础的正式宏观审慎管理协调机制，予以法律保障，明确决策机制、约束机制以及问责机制等，以确保宏观审慎管理实施的协同性和透明性。在宏观审慎管理数据平台的基础上，由国务院金融稳定发展委员会组织创建宏观审慎管理数据库，及时采集和整理宏观经济数据和各金融监管机构所反馈的信息，从而推动系统性风险和宏观审慎管理的相关研究。

中国现有的监管协调机制，以多方、高层金融协调监管协调部际联席会议为主。2004 年 6 月，中国银监会、中国证监会、中国保监会三方签署的《中国银行业监督管理委员会、中国证监会监督管理委员会、中国保监会监督管理委员会关于在金融监管方面分工合作的指导原则》，但相关联席会议、工作机制后来没有得到很好执行。2013 年中国建立的金融监管协调部际联席会议制度也主要是以多方、高层会议为主，相关具体的支撑、业务操作层面的沟通机制仍不够。在金融监管协调机制构建中，应当根据两两机构、部门之间的需要，确立两两之间的合作、沟通协商机制，并确立常设协调委员会、具体工作组等，提高监管协调的有效性。

（三）健全危机管理和系统性风险处置框架

欧盟和德国在处置受困金融机构时，以维持基本金融服务功能为前提，以尽量减少纳税人和储户损失为准则，设立主要由金融机构预先交费的处置基金和存款保险基金，处置手段包括担保、重组、设立过桥机构等。特别是德国在处置风险机构时，多采用转移问题资产的方法，尽量维持机构的正常运营。而德国的法定存款保险制度仅仅具有付款箱职责，不能在银行出现问题时及时干预个人。但德国在自愿基础上形成的商业银行补充存款保险计划除限额赔付外，还具有早期干预、提供流动性支持、介入银行管理等职能。德国银行协会建立在自愿基础上的存款保障也被赋予了新的内容，立法者肯定了建立在自愿基础上的存款保障有利于银行体系在竞争中因面临不同风险而采取不同的措施。因此 1976—1977 年，德国银行业的三大群体（合作银行、储蓄银行和商业银行）改造了其存款保障机制，发展成目前所具有的形式。那些拥有较高存款金额的存款者面临风险型决策时可以在银行协会就金融机构对存款的保障情况进行咨询（何广文、冯兴元，2003）。

从中国情况来看，国务院总理李克强于2015年2月签署第660号国务院令，《存款保险条例》自2015年5月1日起施行，中国的存款保险制度正式建立。中国独特的存款保险制度立足于国情和现实需要，同时充分吸取了国际经验和教训，不仅具有“付款箱”的功能，还具有对风险的检测和处置职能。下一步，应做好存款保险制度的组织工作安排，将存款保险制度与最后贷款人职能和审慎监管进行合理的结合，形成完善的金融安全网，健全中国危机管理和系统性风险处置框架。

在系统性风险评估监测方面，欧盟建立系统性风险监测打分表，覆盖经济体内外几大类指标，通过监测偏离度进行系统性风险提示。德国ESRB定期发布风险监测表，以反映各领域风险情况。同时，欧洲中央银行注重压力测试等前瞻性风险监测手段，对欧元区银行体系开展压力测试并作为政策的辅助手段。中国应研究建立符合自身经济金融特点的监测指标体系，特别是要建立反映金融系统内部联系以及实体经济与金融体系联系的指标，增强风险监测的全面性。同时，应注重前瞻性指标的探索，提高风险监测的预测能力。

以微观视角应对银行系统性风险是《巴塞尔协议Ⅱ》中最致命的缺陷。对此，建立宏观审慎视角下的风险管理框架成为各界人士的共识。2009年G20峰会指出，“宏观审慎管理和审慎管理之间存在相辅相成的关系，各国在防范系统性风险时应注意宏观审慎管理思想”。巴塞尔银行监管委员会在对2004年出台的《巴塞尔协议Ⅱ》进行整理的基础上，先后提出了大量监管方案，总称为《巴塞尔协议Ⅲ》。2010年9月，《巴塞尔协议Ⅲ》作为新时期全球银行业监管的方案被投入使用。《巴塞尔协议Ⅲ》将宏观审慎管理放在战略重心位置，囊括了修改后的资本管理框架、新增的流动性管理框架、系统性风险缓冲等具体内容。

不同程度的冲击需要不同的监管措施来处理。银行系统性风险监管应是一个协调宏观审慎管理、微观审慎管理、货币政策、财政政策、利率政策和汇率政策等其他政策，从事前防范、事中监测和事后应对三个层次开展的宏观的、整体的、全面的风险管理框架。

（四）政策性银行改革

政策性金融方面，德国以政府赠款和国家增信作为政策性金融利器，为政策性银行提供稳定的低成本融资来源，进而确保政策性银行在留足自身合理利润空间之后，依然可以向“三农”领域提供低于市场1—2个百分点的优惠贷款。其作用，一方面确保“三农”得到优惠资金注入，另一方面确保政策性银行形成自我发展良性机制，在支持政策性、公益性“三农”项目上发挥更大作用。德国中央银行在结构性货币政策工具箱内，可以选择再融资和存款准备金率等工具，有针对性地支持涉农金融机构及相关涉农产业（王元凯、常伟，2015）。建议中国比照德国政策性金融设计，加强对农业政策性银行的整体规划，重点解决资金来源问题，确保无成本、低成本资金占资金总量的一定比例。建议中国对农业政策性银行进一步增信，以提高农发行债券的竞争力，降低资金筹集成本。同时，加快出台《中国农业发展银行法》，以法律形式落实各项措施，实现依法治行、依法监管。同时，参照德国农村金融发展历史，响应国家政策导向，认真分析农业供给侧结构性改革背景下的农村金融需求，加快推出农业政策性保险、农业政策性融资担保以及农业政策性金融租赁，向“三农”领域提供多元化、结构化金融供给。

从德国复兴信贷银行的作用看，虽然海外业务不足其业务总量的10%，但是更好地体现了国家和政府意志，政策性更为突出，政治地位更为重要。近年来，随着世界格局和力量对比演变，新兴市场和发展中国家在全球治理中的地位和作用不断提升。中国提出的“一带一路”倡议、发起的“金砖+”国家领导人对话机制，对于打破贸易保护主义，助力经济全球化，促进沿线国家和地区经济发展都具有重要意义。加强金砖国家与国际组织的合作，有利于在其框架内加强沟通和协调，共同推动落实国际货币基金组织份额改革决定，以增加新兴市场国家和发展中国家代表性和发言权。

作为政策性银行，应当以政府意志和政策导向为引领，积极融入和服务国家战略，在“一带一路”倡议实施和“金砖+”合作模式中有所作为，可以借鉴德国复兴信贷银行成熟的“四向交互”（即德国政府、德国复兴信贷银行、合作国家政府、合作国家项目执行代理）金融合作模式，积极探索海外战略布局，参与“一带一路”沿线国家、金砖国家、新兴市场与发展中国家的基础设施和产业投资合作示范区等重点工程建设。

（五）中小企业金融服务

支持中小企业发展，欧盟国家特别是德国建立了较为完善的融资体系，多类型中小银行治理各具特色，有序发展。在机构上，除德意志银行等少数大型私人银行外，德国从储蓄银行到州立银行，从复兴信贷银行到担保银行，再到合作银行，近2000家银行无不把中小企业业务视为重点。在服务上，欧盟特别是德国为中小企业提供从创业到创新，从几千欧元到几千万欧元的信贷支持，服务覆盖从管理规范的中型企业到手工工匠。在政策支持上，各级政府提供反担保、税收减免、国家信用支持等一系列鼓励措施。

德国目前共有20家担保银行，包括2家联邦政府担保银行、13个州立担保银行，每个州至少有一家担保银行。担保银行不直接接受企业的担保申请，只通过储蓄银行、合作银行、商业银行等贷款银行从事担保。德国的联邦政府和州政府提供了两级反担保，损失发生后，德国担保银行只需要承担贷款金额的16%—32%。同样的情况发生在中国时，企业的信用担保机构将会承担高达90%左右的贷款损失，甚至达到100%，所以，各级政府应为了推动企业发展而提高反担保力度（傅永，2014）。

在中国，银行等金融机构要不断改善对中小企业提供的金融服务。可以着力于以下两点：一是鼓励民营银行发展，改善金融供求关系，形成大、中、小多元的金融机构体系，扭转信贷资源在大企业和中小企业之间的错配现象。存款保险制度的实施彻底解决了银行对存款人存款风险的顾虑，民营资本设立银行的节奏可以适当加快。二是完善不良贷款处置机制，减少资金沉淀，防止产能过剩行业对信贷资金的挤占。在实际操作中，各银行也应积极与德国复兴信贷银行、德国担保银行等开展合作，引入中小企业贷款业务操作的技术和经验，缓解中小企业的融资压力，提升金融业服务中小企业的水平。解决银行和企业信息不对称的问题，降低中小企业信贷的风险和成本，激发商业银行为中小企业提供贷款的动力。中国人民银行征信系统已经实现了信息共享，在此基础上补充完善金融机构之间对企业信用评价结果的共享机制。金融机构之间对中小企业信用评价结果的共享不但可以提高对中小企业信用调查的效率，还可以综合利用各个金融机构不同的业务优势，汇集中小企业不同角度和层次的信用调查信息（赵婉妤、王立国，2016）。

要支持中小企业发展的资金不依赖财政补贴或再贷款，而是在国家信用支持下通过市场化融资，从而硬化财务约束，提高效率。政策性银行可不直接接受中小企业申请，而是依赖商业银行开展业务，发挥资金成本优势，与商业银行形成合作共赢而非竞争重叠的关系，同时也有助于控制风险。且政策性银行的经营以不造成新的扭曲为原则，旨在缓解金融市场失灵，填补市场空白。完善中小企业信贷担保体系，增强政府的反担保支持。在联邦政府和州政府两级反担保制度下，德国担保银行仅承担最终信贷损失的16%—32%，而中国目前中小企业信用担保机构承担80%以上甚至全部损失，相比之下，中国各级政府无疑应加大反担保力度。还需建立相应的税收支持政策。建议只要担保企业收入仍用于担保业务发展，应免除一期税费。建立担保风险补充机制。德国规定，如果损失率超过3%，将通过增加担保费率、政府增加损失承担比率、投资人增资等方式补充资金。该补充基金每五年评估一次。中国应建立制度化的担保风险补偿机制，缓解市场风险、经济周期等因素对中小企业信贷担保带来的经营压力（王怀宇，2014）。

（六）重视内源性资本补充

德国是银行主导型经济体，金融和实体经济关系集中体现为银企关系。从企业部门融资结构看，银行贷款也占主导地位。1999 — 2018 年，银行贷款占新增外源融资比重为 55. 9%；随后的 10 年（2009 — 2018 年），该比重攀升至 61. 3%。然而，从微观企业视角看，德国企业更为重视内源性资本补充，而非单纯依赖银行融资支持。根据德国复兴信贷银行的调查，2017 年，德国约有 49%的中小企业运营资金来源于内部收益积累，外部融资支持的力度很有限；有 52%的受访中小企业认为内部增长比单纯依靠银行贷款更重要（KfW，2018）。

就像德国谚语“知识和才干造就成功，其余的靠碰运气”描述的那样，德国企业主认为企业自己的发展内因更重要。《创新与管理 4. 0 德国企业经营及实体经济成功之路》归纳了德国企业成功的九条原则，这些原则包括目标着眼长远、以创新引领市场、深耕全球专业细分市场、基于核心能力开展多元化经营、保持与客户的长期紧密关系、与同行合作共赢、吸引并留住核心员工、奉行谨慎保守的财务政策及正视冲突以化危为机（赵振勇，2019）。如何挖空心思获取外部融资支持，似乎并不是德国企业思考的主要目标；在德国，给企业提供合理适度的融资支持，更多体现的是银行服务实体的结果，而非原因。

2018 年，德国非金融企业负债与所有者权益之比为 91%，总负债规模小于所有者权益；中国这个比值为 130%，中国工业企业总负债是所有者权益的 1.3 倍（见图 10-1）。从上述数据可知，同为银行主导型的金融体系，德国企业对外部债务融资的依赖程度相对较低；中国企业则体现出资本金支持相对薄弱，内源性融资补充力度偏弱。实际上，债务负担重是长期困扰中国企业发展的重要问题之一，也成为妨碍企业顺畅获得外部融资的制约性因素。主要体现在两方面。

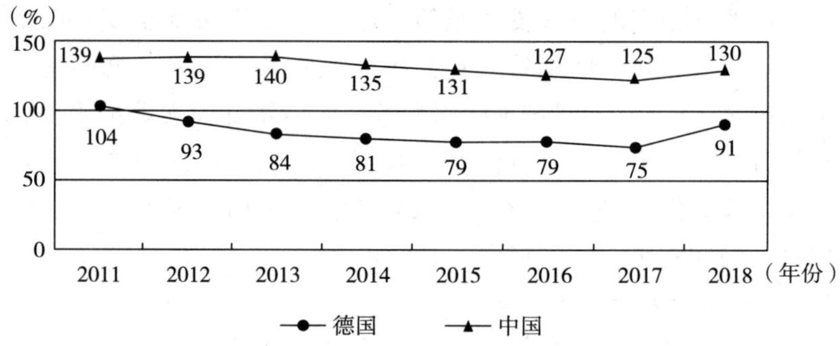

图 10-1　中德非金融企业负债与所有者权益比重比较

资料来源：国际货币基金组织（IMF）、中国国家统计局。

首先，中国国有企业缺乏稳定持续的资本补充渠道。中国自 20 世纪 80 年代进行“拨改贷”之后，财政对国有企业的资本再注入渠道减少了。前固定资产投资是由财政拨款的，同时财政每年还向企业增加定额流动资金，企业的资产负债率保持在较低水平。实行“拨改贷”之后，一定程度上解决了国有企业资金“吃大锅饭”、资金使用效率不高的问题，有助于把银行和企业各自办成自担风险、自负盈亏的市场主体，但没有随之建立起企业资本金的补充机制。这样的结果是，随着企业规模的扩张，杠杆率（负债率）不断地上升。杠杆率高了就直接制约企业的偿债能力，自然影响到企业继续融资乏力。

其次，民营和中小企业资本不实。在当前的经济发展阶段，一些民营和中小企业存在粉饰报表、虚假出资、循环注资等情况。同时，中国企业公司治理基础有待进一步完善，资产转移、利益输送、利润腾挪等违规行为都造成了民营和中小企业融资难、融资贵的局面，是上游货币政策、中游银行体系以及下游企业微观主体共同作用的结果。借鉴德国经验，解决实体融资问题，除了政策当局采取积极举措外，还应考虑从改善实体部门盈利能力和资本结构出发，通过提升企业竞争力、强化公司治理、优化利润分配机制、健全资本积累渠道等方式，夯实微观企业的资本充足状况，引导企业树立以内源性融资为先的策略，为有效获取外部信贷融资提供较好的财务基础，从而促进银企关系的进一步融合和良性循环。

（七）政策性住房金融政策

德国的政策性住宅金融主要采取了互助储蓄银行模式。它是依法设立的专门从事住房契约型储蓄的金融机构，并享有政府优惠政策扶持。德国住房互助储蓄银行运作的基本特点是“自愿储蓄、政府奖励、先存后贷、低存低贷”。具体来说，其资金主要来源是购房者的自愿储蓄，借款人须先履行低息储蓄义务，才有资格获得低息固定利率贷款。

特别值得赞许的是德国住房互助储蓄银行有一套完善的公平配贷机制，并与商业银行合作提供“组合贷款”的融资安排。对借款人资格的评定标准，除考察可支付能力外，对存款人的储蓄年限、资金积累状况及对住房储蓄的贡献进行评估，以评估值的高低来确定贷款资格和贷款顺序，以保证每个储户都能得到公平的配贷机会。此外，德国住房储蓄银行与其他各类金融机构有组合贷款安排，以保障借款人在一个窗口一次性获得全部贷款的金融服务。在20世纪90年代金融创新的浪潮中，越来越多的住房互助储蓄银行成为上市公司，通过在资本市场融资、增设新储蓄品种等，不断地开辟新的资金来源，优化资产负债结构，使其在激烈的市场竞争中立于不败之地，独特的低息固定利率住房贷款更深受广大消费者的欢迎（汪利娜，2016）。

住房储蓄制度在德国的运行是很成功的，这其中政府的作用也非常明显，政府通过法律对住房储蓄制度进行了明确的界定，同时通过政府奖励有效刺激了该制度的发展壮大。而与德国相比而言，中国的住房公积金制度为强制储蓄制度。从实际情况来看，中国的公积金制度存在一定的弊端。首先，强制储蓄难以反映公积金缴存者的真实意愿，提取和使用存在一定难度。其次，农民工等体制外的中低收入者被该制度排除在外，没有办法享受到制度带来的优惠，因此该制度未能充分发挥对中低收入者住房保障的作用。另外，政府和企业对于公积金制度的优惠政策加大了缴存者的贫富差距，甚至存在“劫贫济富”的问题。

在未来，中国应该吸取德国的经验，逐渐转变成自愿储蓄，转变现有的公积金制度，并设立专门的国家住房储蓄银行。参照德国住房储蓄银行的成功运作经验，国家为参加住房储蓄的中低收入者提供储蓄鼓励措施。这样，农民工和其他中低收入者可以通过自愿储蓄获得信贷享受国家的政策补贴，从而在一定程度上缓解城镇住房问题。同时，那些没有住房问题的家庭不再需要缴纳住房公积金，应当直接反映在工资收入中，从而节省了各种提取和使用途径带来的麻烦，以达到提高家庭的可支配收入的目的。向自愿储蓄转变的过程有利于制度目标更具针对性，使政府更加注重为有实际住房需求的低收入居民提供财政支持，充分发挥政策性金融在稳定住房价格中的作用（张江涛、闫爽爽，2017）。

在机构资金使用方面，应符合住宅政策性金融机构的运营模式，发挥其最大的社会效益。除了必需的个人住房信贷业务，还有住房项目贷款和保障房信贷业务，努力拓宽增值保值渠道。一是以个人住房贷款为主，包括新购住房贷款、旧房改造贷款等。中低收入群体将得到重点资助，这会一定程度地提高住房私有化程度，但一定要限定购置住房的目的为自用而非投资。二是提供住房建设贷款，包括新房和改建的贷款，并专款专用、严格审查。三是贯彻实施政府的其他住宅政策，如出租公房、发行债券筹资建房等。此外，还可以加强宣传，向其他住房金融机构提供贴现、担保等服务，引导更多的金融机构开展住房融资活动（沈惟维、桂俊，2018）。

要想较好地解决住房问题，完善的法律法规是重要保证。中国的政策性住房金融市场发展至今，相关法律法规仍亟须完善。为此，需在充分调研的基础上，由住建部牵头，财政部、人民银行、银保监会、发改委、人社部、民政部等部委参与，效仿新加坡、德国，切实通过立法的形式，保障政策性住房金融市场的健康发展。在此过程中，一是要明确其发展规划、管理机构、市场主体和市场运行的监督机制。二是要优化住宅政策性金融机构的公司治理结构，厘清其业务边界，拓展其资金来源并确保合理使用，以保障机构的正常运营。

（八）金融政策支持科技创新

（1）积极引导政策性金融机构和商业银行加强合作，探索委托贷款和股权贷款的发展模式。德国复兴信贷银行是由财政部出资设立的公营政策性银行，并受财政部和经济与技术部监管。同时，德国联邦政府对其业务提供补贴和担保，并对其营业收入免征所得税。德国复兴信贷银行在欧洲复兴计划和共同任务框架下开展中长期信贷业务，主要目的是促进地区中小企业以及高新技术企业的发展，同时对环境保护、市政建设等符合政策规定的贷款项目实施利率优惠（魏维、郭红玉、梁斯，2016）。在德国，以德国复兴信贷银行为主力，为科技企业提供金融服务，开发多样的理财产品；在委托贷款模式的创新运用中，实现商业银行的风险分担，提高了商业银行参与的积极性。因此，中国可以借鉴德国的经验，促进金融机构的金融服务发展，丰富融资产品创新类型；创新委托贷款模式，力求能促进机构和贷款机构之间风险和利益的共享与分担，以提高商业银行参与的积极性；探索投贷联动模式，允许金融投资机构的高度专业化的风险密切合作，开展投贷联动、股票和债券融资服务，通过风险与收益的平衡，实现金融服务科技创业的灵活性和可持续性（范文仲、吴婕，2015）。

（2）参与和推动设立科技风险投资基金，利用金融杠杆撬动社会直接融资。风险投资的健康发展是科技型企业融资的基础。德国探索了一条新的政府与市场相结合的模式对创业企业直接融资，表现在建立高科技风投基金，政府成立了科技创新联盟同时引导银行向科技型企业提供贷款和其他风险投资，发挥金融资源的杠杆作用，有效地利用私营部门的直接投资。中国可以借鉴德国的经验，引导和利用政府资金，大力发展和加强包括天使投资基金、风险投资基金、私募股权基金和其他风险投资机构在内的资金流向科技型企业（范文仲、吴婕，2015）。充分利用政府产业引导基金，其在投资时更多地考虑投资的社会效益而非盈利，这恰恰契合了战略性新兴产业在初创阶段投资风险大、回报周期长、社会效益高等特点。目前，中国的专利开发、技术创新、新产品开发多由中小企业完成，对中国实施创新驱动发展战略、推动产业转型升级具有重要意义。政府产业引导基金很好地克服了市场在战略性新兴产业领域无法有效配置资源的问题，进一步解决融资难题，缓解企业资金短缺问题。

（3）完善政策风险补偿和风险分担机制，为科技创业企业在安全、财政收入、中介服务等方面营造良好的环境。在德国，作为一个独立的担保银行，政府提供了反担保之后，可以促进政府、担保银行和贷款银行之间的信用风险配置的有效实现，确保长期有效运行和信贷流动的保障机制，使真正有融资需求的小微企业和科技企业得以满足。所以中国需要进一步加强信用风险分担机制，设立信贷风险补偿资金，形成科技企业、商业银行和融资性担保机构之间风险共担、利益互享的多赢格局。政府的参与可以有效促进该机制的建设，为科技创业企业的发展提供风险补偿基金制度，为科技创业设立专门的担保机构，从而提高银行与担保机构合作的稳定性。此外，在税收方面可以考虑进一步加强税收优惠政策，支持高新技术企业和中小企业的发展，政府引导和财政支持，加大法律框架，利用相关的社会化信息和培训等中介服务建立长效机制，为促进企业的自主创新营造良好环境（范文仲、吴婕，2015）。

（九）绿色金融政策

（1）政府鼓励。保护环境和气候，促进资源再生已成为当前全球发展面临的最重要的挑战和目标，发展绿色金融是大势所趋。中国银行业正面临市场化条件下的转型，依靠产品创新和特色化、差别化服务盈利正在成为各银行努力的目标。兴业银行在 2008 年 10 月宣布采纳“赤道原则”以判断、评估和管理项目融资中的环境与社会风险，成为中国首家“赤道银行”，其将绿色金融业务作为其战略核心业务。而绿色金融恰恰能够成为一种能为银行业带来新的利益增长点的新型金融产品。因此，政府应鼓励更多的银行承诺采用赤道原则成为赤道银行，一方面可与世界共享绿色金融所带来的收益，另一方面也尽到了企业可持续发展的社会责任。

（2）政府担保和贴息。德国联邦政府对德国复兴信贷银行的所有债券提供担保，在国际信用等级上是 3A 级的，因此，融资成本相对来说较低。同时，德国联邦政府对环保项目的低息贷款给予一定额度的贴息，为德国复兴信贷银行的发展提供了保证。中国地方政府也可效仿德国做法，以政府信用为赤道银行的绿色金融债券作担保，提高债券的信用等级，从而便于银行以较低的成本在市场上筹集到资金用于支持环保项目，获得较好的收益。同时，采取财政贴息等方式加大扶持力度，鼓励各类金融机构加大绿色信贷的发放力度（李怡佳，2017）。

（3）第三方评估。德国复兴信贷银行的绿色债券以及债券融资所支持的项目都要经过有资质的、独立的机构进行评估后才能发行和实施。中国也可由政府指定有资质的、独立的第三方评估机构对银行的绿色金融债做出等级评估，同时，融资所支持的项目也应经环保部门审核认可，有助于确保项目的合规性和防范风险。

（4）税收优惠。绿色金融产品是银行履行社会责任，促进环境和自身可持续发展而提供的服务，具有正向、积极、意义重大的社会效应。在德国，德国复兴信贷银行是国有的，不用向国家缴纳股利，也不用上缴所得税。这种政策性资金的介入，当然要以国家财政为后盾，要结合社会目标原则。但是，需要形成“政策性资金、市场化运作、专业化管理、信贷式放大”的机制。中国政府也可考虑对银行绿色金融产品的收益适度降低税率，实行优惠的税收政策，从而激励银行大力发展绿色金融。

（5）与环保部门建立有效的信息沟通和披露机制。目前中国国内银行对各种节能产品的节能效果没有后续的跟踪和评价。商业银行的关注重点一般在项目借款人或投资者的实力，它不反映绿色金融带来的环境效益。商业银行和其他金融机构在进行信贷业务管理的时候，企业环评信息应被纳入企业信用信息数据库，用以加强商业银行信贷风险控制，以确保信贷安全。因此，商业银行应加强与当地环保部门的信息交流和沟通，及时获取融资企业的环境使用数据，定期监测项目，出具项目跟踪报告并向公众发布。一方面商业银行能够及时了解项目的环境实时数据，确保该项目的进展符合低碳可持续发展的要求，另一方面通过信息披露，社会公众也能对该项目进行监督。

（6）鼓励私人资本参与。德国复兴信贷银行发行的绿色债券面值较小，便于私人投资者进行较小数额的投资。保护环境和保护气候是 21 世纪的最大挑战之一，要实现这一目标，公共部门和私营部门之间的合作必须加以改进和加强。绿色金融需要更多的私人资本投资。调动蕴藏在民间的巨大资金投入环保事业，公共部门获得更多资金发展环保项目，私人资本获得收益的同时使资本的使用具有积极的社会意义（李怡佳，2017）。

（7）加强国际交流合作。中国在构建绿色金融体系上起步比较晚，应增强在节能环保金融服务领域与国际金融组织和国外经验丰富的银行的交流与合作，借鉴经验，引入先进做法，更好地促进国内绿色金融服务与国际接轨，快速健康发展。

（十）选择适配的金融发展模式

一国金融繁华的背后，或许就是另一个国家的金融贫瘠。一些国家数十年来一直背负外债，不仅在私人领域，也在国家领域，像德国这样的国家却在累积顺差，有人说，这是一件好事，反映了经济的强势；但是，更多的人认为，德国经济的发展趋势是欧元区产生危机的先兆（Horn & Joebges，2009）。在欧盟，关于德国向其他国家输出贸易逆差和债务杠杆的批评声音一直不绝于耳，甚至有学者一度发出了“欧洲恐德”的呼吁（Markovits & Reich，1991）。从这个意义上说，世界容不下几个金融大国。

从德国的金融发展模式中可知，首先，金融体系与经济体制、经济结构相辅相成。Vitols 批判性地研究“工业化时机”（TOI）的问题，认为工业化起飞与金融结构变化尽管存在“时间差”，但两者具有密不可分的关系（Vitols，2001）。德国以间接融资为主导的金融结构，能较好地服务于实体经济，有效支撑了德国两次工业化的赶超以及 20 世纪六七十年代德国工业的复兴。20 世纪 90 年代后，德国试图遵循英美的路径，推动金融体系向“盎格鲁—撒克逊”体系下的市场主导型模式转型，但成效不大，银行体系仍占主导地位。与德国类似，中国改革开放后，高速增长的银行信贷投放成为工业化进程的重要助推力量。其次，金融体系没有最优选项，要主动适配经济发展转型。通过对 43 个经济体 100 多年前的跟踪研究发现，密集的信贷与工业化追赶的进程关系密切，进入“工业化晚期”（Late Industrialization）后，其效果通常会减弱。20 世纪 90 年代，德国进入工业化中后期，虽然依然坚持银行主导的金融体系，但股票等直接融资手段日趋丰富，在金融体系中的比重逐渐上升。

同时，改革开放后中国取得的巨大经济成就引发了德国各界越来越多的关注，并且就中国为什么能成功进行了较为深入的分析，讨论能从中国学到什么。德国《商报》以“中国应当挥别增长癖”为题，对中国经济从数量增长转向高质量发展的战略决策表示赞赏。德语区知名媒体《新苏黎世报》认为，改革开放和高效政府是中国取得成功的关键，决绝的执行力和长远规划是其他所有国家都难以匹敌的。西门子公司首席执行官乔·克泽尔指出，中国供给侧结构性改革给经济增长提供了新动力，中国在自动化、人工智能等高端制造业领域让西门子等企业看到了巨大机遇，是值得西方国家好好学习的。在德国，30%的受访者认为中国的营商环境“好”或“非常好”，好评率仅次于法国的39%；而对美国和英国营商环境给予好评的德国经理人比例分别为17%和8%。此外，中国的金融发展进程也一直被德国所关注。德国法兰克福金融与管理学院教授霍斯特·勒歇尔指出，中国金融业改革和开放的新举措不仅有利于中国改善资本配置、提高经济效率，也令外国机构得以更好地投资中国市场。

参考文献

中文文献

［荷］艾芬格、［荷］德·汉：《欧洲货币与财政政策》，向宇译，中国人民大学出版社2003年版。

蔡彤娟、金山：《欧元区单一货币政策区域非对称效应的实证研究——基于VAR方法的检验》，《国际金融研究》2012年第6期。

蔡云：《ECB统一货币政策与EU单独财政搭配的“冲突”思考——基于蒙代尔-弗莱明模型的探索》，《云南财经大学学报》2009年第25卷第5期。

操佳佳：《德国复兴信贷银行的经营启示》，《中国金融》2018年第18期。

曹洁云、刘云：《浅析我国巨额外汇储备面临的风险及其对策》，《北京理工大学学报》（社会科学版）2008年第3期。

陈晗、蔡征：《德国证券市场的交易运作机制及监管监察架构》，《上海证券报》2018年4月23日第7版。

陈敬元：《德国保险业风险防控的实践与启示》，《中国保险》2017年第12期。

陈武：《欧盟共同农业政策演变与德国农村信贷市场概况》，《农业发展与金融》2006年第1期。

陈西果：《欧元困境：成因及启示》，《华北金融》2010年第6期。

陈小五：《关于德国金融业发展的几点认识与启示》，《上海经济研究》2007年第7期。

陈新田：《论德国农业现代化的经验及其启示》，《江汉大学学报》（社会科学版）2005年第2期。

陈雨露、马勇：《金融体系结构、金融效率与金融稳定》，《金融监管研究》2013年第5期。

陈振明:《政策科学:公共政策分析导论》(第 2 版),中国人民大学出版社 2003 年版。

陈志昂:《欧洲货币一体化的内在矛盾》,《世界经济》1998 年第 3 期。

邓聿文:《为企业节能减排构筑“绿色信贷”》,《上海证券报》2007 年 7 月 20 日第 7 版。

丁纯、纪昊楠:《新冠肺炎疫情下的欧盟经济与中欧经贸关系》,《当代世界与社会主义》2020 年第 6 期。

丁纯、李君扬:《德国“工业 4.0”:内容、动因与前景及其启示》,《德国研究》2014 年第 4 期。

丁纯、强皓凡、孙逸修:《欧盟债券市场一体化:进程、推动、障碍与前景》,《同济大学学报》(社会科学版)2019 年第 30 卷第 6 期。

丁建定:《德国就业保障与就业促进政策》,《中国社会保障》2003 年第 5 期。

丁志杰、严灏、丁玥:《人民币汇率市场化改革四十年:进程、经验与展望》,《管理世界》2018 年第 34 卷第 10 期。

董治:《德国中小企业融资体系研究》,博士学位论文,中国社会科学院,2017 年。

杜晓郁、路明:《“藏汇于民”:金融改革的系统工程——德国经验的研究与借鉴》,《中国管理信息化》2015 年第 18 卷第 23 期。

杜峥平:《我国企业首次公开募股定价监管问题研究》,吉林大学出版社 2016 年版。

段军山:《金融监管体制变迁与国际比较》,《金融与经济》2010 年第 4 期。

范文仲、吴婕:《德国在金融服务科技创业企业方面的经验和启示》,《国际金融》2015 年第 12 期。

范一杨、郑春荣:《新冠疫情背景下德国在欧盟领导角色分析》,《德国研究》2020 年第 35 期。

范祚军、夏文祥、陈瑶雯:《人民币国际化前景的影响因素探究》,《中央财经大学学报》2018 年第 4 期。

方超:《通货膨胀目标制与我国货币政策框架调整研究》,硕士学位论文,安徽财经大学,2012 年。

［奥］冯·贝塔朗菲：《一般系统论：基础、发展和应用》，林康义等译，清华大学出版社 1987 年版。

付荣辉、张杰、刘永刚：《国际保险监管模式比较分析及借鉴》，《金融理论与教学》2016 年第 1 期。

傅道忠、汤菲：《德国经济政策实践及其借鉴》，《当代财经》2003 年第 2 期。

傅丽：《欧元体系财政与货币政策协调性分析》，《中南财经政法大学学报》2003 年第 4 期。

傅勇：《德国中小企业融资体系》，《中国金融》2014 年第 4 期。

［美］富兰克林·艾伦、道格拉斯·盖尔：《比较金融系统》，王晋斌等译，中国人民大学出版社 2002 年版。

高基生：《德国证券市场行政执法机制研究》，《证券市场导报》2005 年第 4 期。

高丽、杨红丽：《欧元区货币政策实践及对我国的启示》，《西南金融》2015 年第 1 期。

宫少林：《德意志联邦银行的货币政策》，《管理世界》1993 年第 5 期。

关海霞：《欧债危机和德国应对危机的政策分析》，博士学位论文，北京外国语大学，2014 年。

关健：《德国的金融体系与监管》，《金融博览》2008 年第 5 期。

关健：《解读德意志联邦银行与金融监管体系的构架》，《中国外汇》2008 年第 4 期。

郭德：《关于我国货币政策中介目标——货币供应量的研究》，硕士学位论文，湖南大学，1999 年。

郭伟、刘扬：《危机、纾困与复苏——试论新冠肺炎疫情下欧盟与法国的政策应对与纾困措施》，《国际金融》2020 年第 8 期。

郭晔、赖章福：《货币政策与财政政策的区域产业结构调整效应比较》，《经济学家》2010 年第 5 期。

郝婷：《德国的金融体系和金融监管》，《河北审计》2003 年第 2 期。

何德旭：《大家手笔：增强财政政策和货币政策协同效应》，《人民日报》2019 年 11 月 5 日。

何广文：《德国联邦银行货币政策工具的改革与完善》，《德国研究》

1994 年第 4 期。

何广文：《德国金融制度研究》，中国劳动保障出版社 1999 年版。

何广文、冯兴元：《德国存款保险的制度特征及其对中国的启示》，《德国研究》2003 年第 4 期。

何广文：《德国金融制度研究》，中国劳动社会保障出版社 2000 年版。

何国华：《发达国家金融体系的演变考》，《广东金融学院学报》2006 年第 5 期。

何建雄、魏革军：《欧盟金融制度》，中国金融出版社 2015 年版。

何为：《欧元区的货币政策：目标与策略——读〈欧元区的货币政策〉》，《中国金融》2010 年第 7 期。

洪昊、王立平：《欧央行抵押品调整特点及对我国的启示》，《武汉金融》2016 年第 11 期。

胡光耀：《浅谈德国中央银行的货币政策》，《湖北社会科学》1993 年第 5 期。

胡坤：《德国货币政策中介目标研究》，《德国研究》1997 年第 4 期。

胡琨：《国际金融危机背景下德国银行体系刍议——功能结构主义的视角》，《欧洲研究》2016 年第 4 期。

华蓉晖、马丁·迪尔：《欧洲银行业的监管特点及其对我国的启示——以德国和瑞士为例》，《金融理论与实践》2010 年第 1 期。

黄达：《金融学》（第 3 版），中国人民大学出版社 2012 年版。

黄立新：《欧元与欧盟的财政政策协调》，《欧洲研究》2003 年第 1 期。

黄梅波、范修礼：《金融监管模式的国际比较：五国案例分析》，《福建论坛》（人文社会科学版）2010 年第 12 期。

黄淼：《论我国金融监管体制的改革与对策建议》，《中国市场》2011 年第 35 期。

焦莉莉、焦晓松：《欧元区财政与货币政策非对称性搭配的经济效应分析——搭便车问题的蒙代尔—弗莱明模型分析》，《商业研究》2005 年第 19 期。

金碚、原磊：《德国金融危机救援行动的评析及对中国的启示》，《中国工业经济》2009 年第 7 期。

金刚、张秋秋：《欧盟国家保险监管模式比较》，《保险研究》2007年第1期。

柯湘：《中国证券市场监管权配置——基于不同监管模式的比较》，《中南财经政法大学学报》2014年第4期。

克里斯蒂娜·拉加德、王宇：《对政策的信心是降低不确定性的关键》，《金融发展研究》2020年第9期。

邝雄、张佐敏：《基于历史信息锚定预期形成机制的货币政策有效性》，《系统工程理论与实践》2018年第5期。

李达、陈颖：《欧盟和德国金融监管改革的实践及启示》，《金融发展评论》2015年第4期。

李富有、于静：《欧洲模式借鉴：东亚货币合作的路径选择与政策协调》，《当代经济科学》2004年第2期。

李国强、娄毅翔：《德国经济政策取向、特点及启示》，《重庆理工大学学报》（社会科学版）2012年第26卷第12期。

李华友、杨姝影、李黎：《绿色信贷加快德国转入绿色发展轨道》，《环境保护》2010年第7期。

李建伟：《1990年以来人民币汇率的演变特点与影响因素分析》，《重庆理工大学学报》（社会科学版）2010年第24卷第11期。

李瑞民：《何谓赤道原则》，《国际融资》2007年第5期。

李淑静、贾吉明：《德国证券化担保的发展与思考》，《当代经济》2015年第21期。

李晓辉：《德国区域经济政策的经验及启示》，《广东经济》2013年第6期。

李怡佳：《德国绿色金融实践及对中国的启示——以德国复兴信贷银行为例》，《西部金融》2017年第7期。

李长春：《金融监管一体化模式：德国的经验与启示》，《经济与管理》2008年第4期。

李哲：《金融监管制度下的证券监管：发达国家的基本经验及启示》，《社会主义研究》2013年第2期。

厉义：《联邦德国金融体系简介》，《浙江金融》1994年第4期。

廉银萍：《欧盟银行单一监管机制的实践及启示》，《对外经贸》2016年第3期。

梁山：《德国中央银行监管角色及其对我国的启示》，《南方金融》2012 年第 2 期。

林进成：《联邦德国：控制物价的优等生》，复旦大学出版社 2005 年版。

刘斌：《德国外汇市场发展的经验与启示》，《中国货币市场》2007 年第 3 期。

刘博：《德国农村土地证券化经验及借鉴》，《中国土地》2015 年第 9 期。

刘程、佟家栋：《欧元区非常规货币政策的实施及其绩效述评》，《南开经济研究》2017 年第 4 期。

刘翠微：《欧盟拿出哪些财政货币“大招”应对新冠疫情》，《中国财经报》2020 年 8 月 15 日第 6 版。

刘宁、赵美贞：《德国马克汇率变迁及对中国的启示》，《湖北经济学院学报》2007 年第 5 期。

刘诗瑶：《德国国债二级市场发展状况分析》，《期货日报》2018 年 10 月 25 日第 5 版。

刘思宇：《借壳上市的中小企业上市方式研究》，《科技经济导刊》2018 年第 26 卷第 31 期。

刘兴华：《欧元区东扩：基于中东欧国家视角的解析》，《国际论坛》2008 年第 3 期。

刘兴华：《德国财政政策与货币政策的走向及其协调》，《德国研究》2009 年第 24 期。

刘英杰：《德国农业和农村发展政策特点及其启示》，《中国乡镇企业技术市场》2004 年第 11 期。

刘永焕：《德国产业结构调整及其经验借鉴》，《对外经贸实务》2014 年第 1 期。

刘淄：《国际收支持续顺差下汇率升值的经验与启示——以日本、德国为例》，《南京财经大学学报》2009 年第 1 期。

柳清瑞：《德国促进弱势群体就业的政策》，《中国劳动》2009 年第 5 期。

罗剑朝、庸晖、庞玺成：《农地抵押融资运行模式国际比较及其启示》，《中国农村经济》2015 年第 3 期。

罗秦、龚辉文：《“后金融危机时代”各国税收政策变化评述：德国篇》，《国际税收》2011 年第 11 期。

罗伟：《国际保险监管模式比较研究》，硕士学位论文，吉林大学，2010 年。

罗文：《德国工业 4.0 战略对我国推进工业转型升级的启示》（节选），《工业经济论坛》2014 年第 1 卷第 6 期。

罗泳泳、邱金龙、刘雪萍、綦文竹：《德国金融体系的发展历程及其启示》，《经营管理者》2012 年第 5 期。

马洪雨、康耀坤：《证券市场不同发展模式的政府证券监管》，《中南大学学报》（社会科学版）2011 年第 1 期。

马敏：《我国信贷征信制度建立和发展的经济学分析》，《财经问题研究》2011 年第 5 期。

马宇：《金融体系风险分担理论研究综述》，《金融教学与研究》2006 年第 1 期。

孟根其木格、春晖：《中国货币政策对房地产价格影响的实证分析》，《北方经济》2012 年第 12 期。

孟艳：《欧元区国家财政政策与货币政策协调研究》，《财政研究》2010 年第 11 期。

娜仁图雅、蓝志勇：《欧盟 CAP 发展历程及未来趋势》，《世界农业》2017 年第 12 期。

宁立强：《欧债危机背景下的欧元区财政政策协调问题研究》，硕士学位论文，辽宁大学，2013 年。

潘亚玲、妮莎：《“一带一路”背景下中德科技创新合作的机遇与挑战》，《科学管理研究》2018 年第 36 期。

庞德良、边香顺、张佳睿：《我国股票市场监管制度的国际比较研究》，《当代经济研究》2015 年第 9 期。

庞奕奇：《从欧债危机看德国经济增长和发展方向——基于德国经济增长模式和欧洲政策行动逻辑的分析》，《中国市场》2017 年第 26 期。

彭芸：《欧央行非常规货币政策工具组合及其相互关系探讨》，《西南金融》2017 年第 11 期。

乔博、安雅丹：《中国与德国中央银行制度比较分析研究》，《中国商界》2011 年第 10 期。

任超：《德国中央银行法律制度的演变——从央行独立性角度的考察》，《外国法制史研究》2001 年第 1 期。

任九腊、任建华、罗泳泳、李超亚：《德国金融体系发展过程及优缺点》，《青春岁月》2012 年第 10 期。

任康钰、曾辉：《欧元区量化宽松货币政策的演进及探讨》，《南方金融》2015 年第 7 期。

尚亚楠：《欧盟金融监管改革研究》，硕士学位论文，吉林大学，2015 年。

沈惟维、桂俊：《对我国住宅政策性金融机构改革路径的思考——基于新加坡、德国的经验借鉴》，《国际金融》2018 年第 10 期。

盛慕杰：《金融政策》，《四川金融研究》1983 年第 10 期。

史世伟：《德国应对国际金融危机政策评析——特点、成效与退出战略》，《经济社会体制比较》2010 年第 6 期。

史笑艳：《德国的银行体系和资本市场》，《金融论坛》2003 年第 1 期。

宋凌峰、郭亚琳：《德国地方性资本市场发展模式及借鉴》，《证券市场导报》2015 年第 8 期。

宋英杰：《关于国际货币制度改革的思考》，《中小企业管理与科技（上旬刊）》2011 年第 5 期。

苏圣乔：《欧元区的货币金融政策及其前景》，《黑龙江金融》2009 年第 4 期。

苏醒侨、高鼎新：《欧央行货币政策工具主要发展》，《中国金融》2019 年第 5 期。

谈俊、胡华：《欧洲新冠疫情形势研判及中欧合作应对疫情的建议》，《中国发展观察》2020 年第 Z3 期。

唐明义：《德国区域经济政策的启示》，《管理科学》1998 年第 2 期。

田涛、许泱、李敬云：《“浮动恐惧”还是趋势性贬值？——“8·11”汇改以来人民币汇率贬值机制分析》，《商业研究》2020 年第 10 期。

汪利娜：《政策性住宅金融：国际经验与中国借鉴——兼论中国住房公积金改革方案》，《国际经济评论》2016 年第 2 期。

王怀宇：《德国中小企业融资体系的经验借鉴》，《中国经济时报》2014 年第 5 期。

王继平、李岳：《德国中央银行体制分析与借鉴》，《德国研究》1997年第2期。

王琳、葛致壮、唐婧：《欧盟宏观审慎政策框架的经验与启示——以德国金融改革为例》，《清华金融评论》2018年第8期。

王锐：《欧盟共同农业政策的演进、走向与启示——基于区域经济一体化和贸易自由化的博弈》，《国际经贸探索》2012年第28卷第8期。

王姝：《主要发达国家保险监管制度比较研究》，博士学位论文，吉林大学，2013年。

王夏敏：《论德国证券期货监管体系》，《资本市场》2006年第7期。

王晓馨：《德国主动退市制度评析》，《德国研究》2002年第3期。

王信：《西德马克可兑换和国际化历程及其启示》，《中国金融》2009年第16期。

王雪、陈平：《人民币跨境结算模式的比较与选择》，《上海金融》2013年第9期。

王也：《英国脱欧的原因及对世界格局的影响》，《福建论坛》（人文社会科学版）2017年第6期。

王宇：《德国金融体系和监管体系：主要构成与基本特征》，《金融纵横》2016年第2期。

王元凯、常伟：《中央银行支持“三农”的国际比较》，《世界农业》2015年第4期。

王蕴哲：《退市制度的国际经验》，《中国金融》2016年第12期。

魏曼、刘骞文：《1974—1990年德国货币政策独立性与有效性检验》，《北京工商大学学报》（社会科学版）2013年第28期。

魏维、郭红玉、梁斯：《德国复兴信贷银行的发展及对国家开发银行的启示》，《金融理论与实践》2016年第6期。

文娉、王天宇：《德国金融体系和金融监管的概况及特征》，《中国发展观察》2020年第Z3期。

吴琪、任瀚达、于杰民：《德国复兴信贷银行的小微金融》，《中国金融》2020年第5期。

吴淑君、徐小庆：《金融危机背景下德国的金融监管体制及其启示》，《中国行政管理》2009年第2期。

吴婷婷、项如意：《系统性金融风险防控：国别经验与政策启示》，

《金融理论与实践》2020 年第 11 期。

吴晓灵：《中国金融政策报告》，中国金融出版社 2013 年版。

伍海华：《金融区域二元结构及发展对策》，《经济理论与经济管理》2002 年第 8 期。

肖丽平：《美德外汇市场的比较及启示》，《中国农业银行武汉管理干部学院学报》1998 年第 1 期。

肖筱林、舒晓兵：《从“分业监管”到“混业监管”——德国金融监管体制的变迁》，《生产力研究》2008 年第 12 期。

谢明：《公共政策导论》，中国人民大学出版社 2009 年版。

辛琪：《瑞士、英国和德国中央银行干预外汇市场的政策比较》，《世界经济文汇》1993 年第 1 期。

邢莹莹：《欧元区货币政策框架》，《中国金融》2010 年第 2 期。

幸泽林、邱福提：《美国、欧盟和英国宏观审慎框架的比较与启示》，《海南金融》2012 年第 11 期。

徐曼语：《从欧债危机看欧洲央行的独立性》，硕士学位论文，北京外国语大学，2016 年。

徐悦：《德国中低收入家庭住房金融支持及其对中国的启示》，硕士学位论文，西南财经大学，2011 年。

薛宇择、张明源：《我国中小企业融资困境分析及其应对策略——效仿德国中小企业融资框架》，《西南金融》2020 年第 2 期。

闫斐：《欧洲经济复苏任重而道远》，《清华金融评论》2017 年第 9 期。

杨蓓：《浅析欧元区的货币政策和财政政策》，《理论月刊》2002 年第 12 期。

杨荣：《德国市场经济条件下国家对市场的干预》，硕士学位论文，南开大学，2005 年。

杨晓杰：《德国经济发展政策及其对我国的启示》，《新疆财会》2009 年第 1 期。

杨亚琴、高楠：《经济波动下的财政政策和货币政策的理论和实际对比研究——以德国 1990—2012 年实际 GDP 增长情况为例》，《纳税》2017 年第 22 期。

杨长湧：《中德合作现状、展望及建议》，《中国经贸导刊》2017 年第 19 期。

伊莎贝尔·施纳贝尔：《应对新冠肺炎疫情影响欧洲央行采取的措施》,《当代金融家》2020 年第 5 期。

伊莎贝尔·施纳贝尔、徐卫刚、云依：《欧洲央行非常规货币政策评述》,《中国外汇》2020 年第 9 期。

佚名:《德国的新居留法草案向各国科学家发出欢迎信号》,《中国科技信息》2011 年第 10 期。

佚名：《欧洲央行首次将人民币纳入外汇储备货币》，《印刷工业》2017 年第 6 期。

殷醒民、刘婍:《一个目标、两个层级的区域政策——评德国区域平衡发展政策》,《世界经济文汇》2007 年第 3 期。

尹显萍、王志华:《欧洲一体化的基石——欧盟共同农业政策》,《世界经济研究》2004 年第 7 期。

于晓东:《如何保证政策性银行的政策性取向——德国复兴信贷银行的经验及对我国的启示》,《财经科学》2015 年第 9 期。

于扬:《证券市场监管体制比较研究》,《证券时报》2006 年 10 月 18 日第 2 版。

余元堂:《新冠疫情下新一轮欧债危机爆发风险评估及对中欧经贸影响》,《国际贸易》2020 年第 11 期。

禹钟华、祁洞之:《国际货币体系演化的内在逻辑与历史背景——兼论国际货币体系与资本全球化》,《国际金融研究》2012 年第 9 期。

张东明:《经济危机形势下德国联邦政府财政支出状况分析》,《中国财经信息资料》2013 年第 1 期。

张芳、邹俊:《欧债危机下中小外贸企业转型问题的思考》,《对外经贸实务》2012 年第 8 期。

张寒、娄峰:《德国经济从金融危机中快速复苏原因及启示》,《现代经济探讨》2015 年第 5 期。

张怀岭、付媛媛:《德国招股说明书责任改革：动因、内容与启示》,《证券法苑》2020 年第 29 卷第 2 期。

张江涛、闫爽爽:《房价稳定与政策性住房金融体系：德国的启示》,《金融与经济》2017 年第 6 期。

张兰：《货币政策最终目标的演变及我国的选择》，《生产力研究》

2016 年第 2 期。

张留禄、陈福根：《金融危机背景下德国金融监管体制对我国的启示》，《南方金融》2008 年第 12 期。

张梅琳：《中外证券市场监管模式：比较与启示》，《国际商务研究》2006 年第 4 期。

张孟霞：《论欧盟金融监管改革与启示》，《政治与法律》2011 年第 5 期。

张晓朴、朱鸿鸣：《金融的谜题：德国金融体系比较研究》，中信出版社 2021 年版。

张雪春：《危机后的欧元区金融政策》，《中国金融》2015 年第 6 期。

张耀泽：《德国绿色信贷政策介评及借鉴——以德国银行实践政策为视角》，《东方企业文化》2012 年第 5 期。

张跃文：《2009~2010 年债券市场运行分析与展望》，《中国货币市场》2010 年第 1 期。

赵美明：《德国统一后调整东部地区经济政策评析》，硕士学位论文，吉林大学，2014 年。

赵婉妤、王立国：《中国产业结构转型升级与金融支持政策——基于美国和德国的经验借鉴》，《财经问题研究》2016 年第 3 期。

赵振勇：《创新与管理 4.0 德国企业经营及实体经济成功之路》，人民邮电出版社 2019 年版。

郑春荣：《从欧债危机看德国欧洲政策的新变化》，《欧洲研究》2012 年第 5 期。

郑凌云：《德国金融监管体制演变》，《德国研究》2006 年第 4 期。

中国证监会：《借鉴国外证券发行制度》，《资本市场》2015 年第 2 期。

钟伟、唐欣：《重新审视——储备管理的国际比较及对中国的启示》，《国际贸易》2005 年第 5 期。

周建、李晓云：《浅谈德国移民工人就业政策对中国的启示》，《社科纵横》（新理论版）2013 年第 4 期。

周小川：《金融政策对金融危机的响应——宏观审慎政策框架的形成背景，内在逻辑和主要内容》，《金融研究》2011 年第 1 期。

朱民、唐朝、郑重阳：《新冠肺炎疫情下全球经济复苏之路探索——

来自意大利的启迪》，《上海对外经贸大学学报》2020 年第 27 期。

主力军：《德国〈交易所法〉关于上市公司的上市申请材料不实陈述之民事责任介绍》，《比较法研究》2005 年第 6 期。

主力军：《海外上市之德国证券市场股票上市规则研究》，《财贸研究》2006 年第 6 期。

外文文献

Ahearn R J and Belkin P, "The German Economy and US-German Economic relations", *Current Politics & Economics of Europe*, Vol. 21, No. 4, 2010.

Andrews Jr J, "The Contribution of Voluntary Health Insurance: Ⅲ New Protection Against Major Expenses", *Journal of chronic diseases*, Vol. 3, No. 4, 1956.

Baltensperger E, *Fifty Years of the Deutsche Mark: Central Bank and the Currency in Germany since* 1948, Massachusetts: Courier Corporation, 1999.

Bank aus Verantwortung, *Kreditzugang-Stimmung auf dem Kreditmarkt ungebrochen gut*, July, 2018.

Bank aus Verantwortung, *Offenlegungsbericht der KfW für das Gesch? ftsjahr* 2016, June, 2017.

Bank aus Verantwortung, *Offenlegungsbericht der KfW für das Gesch? ftsjahr* 2019, June, 2020.

Barca, Fabrizio, and Marco Becht, eds., "The control of corporate Europe", *OUP Oxford*, 2001.

Bartov E and Goldberg S R, eds., "Comparative Value Relevance Among German, U. S., and International Accounting Standards: A German Stock Market Perspective", *Journal of Accounting, Auditing & Finance*, Vol. 20, No. 1, 2005.

Behr P and Reinhard H. Schmidt, *The German Banking System: Caracteristics and Challenges*, SAFE White Paper, 2015.

Berry-Stölzle and Thomas R, ed., "Regulation, Competition and Cycles: Lessons from the Deregulation of the German Insurance Market", *Journal of Insurance Regulation*, Vol. 29, No. 2, 2010.

Bertoni F and Meoli M, eds., "Board Independence, Ownership Structure and the Valuation of IPOs in Continental Europe", *Corporate Governance: An International Review*, Vol. 22, No. 2, 2014.

Black S W, "Policy Responses to Major Disturbances of the 1970s and Their Transmission through International Goods and Capital Markets", *Review of World Economics*, Vol. 114, No. 4, 1978.

Blanchard O J and Giovanni D, eds., "Rethinking Macroeconomic Policy", *Social Science Electronic Publishing*, Vol. 12, No. 22, 2010.

BMBF, *China-Strategiedes* 2015-2020, 2015.

Boeckx J and Deroose M, eds., "The ECB' s monetary policy response to COVID-19", *Economic Review*, No. 2, 2020.

Börsch-Supan A and Schnabel R, eds., *Micro-Modeling of Retirement Decisions in Germany*, Chicago, Illinois: University of Chicago Press, 2009.

Bundesanstalt für Finanzdienstleistungsaufsicht BGBI. IS. 2010, Juni 21, 2002.

Bundesanstalt für Finanzregulierung BGBI. IS. 1310, April 22, 2002.

Citigroup Corporate and Investment Banking, *The New Financial Markets Competitiveness Discussion*, 2006.

Claassen Emil Maria, "The Optimizing Approach to the Demand for International Reserves", *Review of World Economics*, Vol. 110, No. 3, 1974.

Claeys G, "The European Central Bank in the COVID-19 Crisis: Whatever it takes, within its Mandate", *Bruegel Policy Contribution*, No. 9, 2020.

Cumming D and Peter Groh A, eds., "Same Rules, Different Enforcement: Market Abuse in Europe", *Journal of International Financial Markets, Institutions and Money*, No. 54, 2018.

Cuthbertson K and Nitzsche D, "Performance, Stock Selection and Market Timing of the German Equity Mutual Fund Industry", *Journal of Empirical Finance*, Vol. 21, 2013.

Dauderst? dt M, "Germany' s Socio-economic Model and the Euro Crisis", *Revista De Economia Política*, Vol. 33, No. 1, 2013.

De Gregorio J, "Financial Integration, Financial Development and Economic Growth", *Estudios De Economía*, Vol. 26, No. 2, 2016.

Demirguckunt A, *Financial Structure and Economic Growth: A Cross-*

country Comparison of Banks, Markets, and Development, Princeton, NJ: Princeton MIT Press, 2001.

Dermine P and Markakis M, "The EU Fiscal, Economic and Monetary Policy Response to the COVID-19 Crisis", *EU Law Live, Weekend Edition*, No. 11, 2020.

Detzer D and Dodig N eds, *Studies in Financial Systems No.* 3 *The German Financial System*, Financialisation Economy, Economy, Society & Sustainable Development (FESSUD) Project, 2013.

Detzer D and Dodig N, 2013, "The German Financial System", FESSUD Working Paper, NO. 3.

Detzer D and Dodig N, eds., "The Historical Development of the German Financial System", *The German Financial System and the Financial and Economic Crisis, Berlin*: Springer, Cham, 2017.

Detzer D and Hansj? rg H, 2014, "*Financial Regulation in Germany*", *FESSUD working paper*, No. 55.

Deutsche Bundesbank, *Bargeldsymposium der Deutsche Bundesbank* 2014, May 19, 2014.

Downs D H and Sommer D W, "Monitoring, Ownership, and Risk-taking: the Impact of Guaranty Funds", *Journal of risk and insurance*, Vol. 66, No. 3, 1999.

Duncan M P, 1984, "An Appraisal of Property and Casualty Post-Assessment Guaranty Funds", *Journal of Insurance Regulation*, No. 3.

Easton D, "A Re-assessment of the Concept of Political Support", *British Journal of Political Science*, Vol 5, No. 4, 1975.

Ebbinghaus B, "Eichhorst W. Employment Regulation and Labor Market Policy in Germany, 1991-2005", *Iza Discussion Papers*, Vol. 165, No. 6, 2006.

ECON, The ECB' s Monetary Policy Response to the COVID-19 Crisis, Ph. D. Dissertation, MIT, 2021.

Edmund Dell, "Britain and the Origins of the European Monetary System", *Contemporary European History*, Vol. 3, No. 1, 1994.

Erstes Finanzmarktforderungsgestzt BGBI. IS. 266, February 22, 1990.

European Central Bank (ECB), Annual Report 2007, April 21, 2008.

European Central Bank (ECB), Annual Report 2015, April 7, 2016.

European Central Bank (ECB), Annual Report 2019, May 7, 2020.

European Central Bank (ECB), Annual Report 2021, April 28, 2022.

Fahr S and Motto R, eds., "A Monetary Policy Strategy in Good and Bad Times: Lessons From the Recent Past", *Economic Policy*, Vol. 28, No. 74, 2013.

Financialisation, Economy, Society & Sustainable Development (FESSUD) Project, *Studies in Financial Systems No 3 The German Financial System*, 2013.

Fischer S, "Financial Crises and Reform of the International Financial System", *Review of World Economics*, Vol 139, No. 1, 2003.

Foders F and Vogelsang M M, *Why is Germany' s Manufacturing Industry so Competitive?* Kiel Policy Brief, 2014.

Greenwood J and Sanchez J M, eds., "Quantifying the Impact of Financial Fevelopment on Economic Development", *Review of Economic Dynamics*, Vol. 16, No. 1, 2013.

Haroutunian S and Hauptmeier S, eds., "The COVID-19 Crisis and Its Implications for Fiscal Policies", *Economic Bulletin Boxes*, No. 4, 2020.

Hartmann P and Smets F, "The First Twenty Years of the European Central Bank: Monetary Policy", 2018.

Hetzel R L, "German Monetary History in the Second Half of the Twentieth Century: From the Deutsche Mark to the Euro", *FRB Richmond Economic Quarterly*. Vol. 88, No. 2, 2002.

Hewson J and Sakakibara E, "The Effectiveness of German Controls on Capital Inflow", *Review of World Economics*, Vol. 113, No. 4, 1977.

Horn G A and Joebges H, eds., *From the Financial Crisis to the World Economic Crisis* (Ⅱ). *Global imbalances: Cause of the Crisis and Solution Strategies for Germany*, IMK Policy Brief, 2009.

Howlett M and Giest S, The Policy-making Process. Princeton, NJ: Routledge Handbook of Public Policy, Routledge, 2012.

Hutchinson J and Mee S, "The Impact of the ECB' s Monetary Policy

Measures Taken in Response to the COVID-19 Crisis", *Economic Bulletin Boxes*, No. 5, 2020.

IMF Working Paper, "On the International Use of Currencies: The Case of the Deutsche Mark", No. 90/3, January 1990.

Jackson H, "The International Experience With Negative Policy Rates", Bank of Canada, 2015.

Jacobi L, "Kluve J. Before and After the Hartz Reforms: The Performance of Active Labour Market Policy in Germany", *Rwi Discussion Papers*, Vol. 40, No. 1, 2006.

Jeffrey Frankel, "Internationalization of the RMB and Historical Precedents", *Journal of Economic Integration*, Vol. 27, No. 3, 2012.

Jinjarak Y, and Ahmed R, eds., *Pandemic Shocks and Fiscal-monetary Policies in the Eurozone: COVID-19 Dominance during January-June* 2020, National Bureau of Economic Research, 2020.

Jürgen von hagen, *A New Approach to Monetary Policy* (1971~8) *Deutsche Bundesbank*, *Fifty years of the Deutsche Mark: Central Bank and the Currency in Germany since* 1948, Princeton, NJ: Princeton Oxford University Press, 1999.

Kellermann C, *Disentangling Deutschland AG*, Princeton, NJ: Princeton Springer Press, 2005.

Kagermann H and Anderl R, eds., *Industrie* 4.0 *Im Globalen Kontext: Industrie* 4.0 *Im Globalen Kontext: Strategien Der Zusammenarbeit Mit Internationalen Partnern* (*Acatech STUDIE*), Herbert Utz Verlag, 2016.

Kenen P B, *Trade*, *Speculation*, *and the Forward Exchange Rate*, Princeton, NJ: Princeton University Press, 1965.

Kraus H, "Securities Regulation in Germany Investors´Remedies for Misleading Statements by Issuers", *International Lawyer* (*ABA*), Vol. 18, NO. 1, 1984.

Kyriacos Aristotelous and Stilianos Fountas, "The Impact of the Exchange Rate Regime on Exports: Evidence from Bilateral Exports in the European Monetary System", *Journal of Economic Integration*, Vol. 15, No. 3, 2000.

Laeven L and Levine R, eds., "Financial Innovation and Endogenous

Growth", *Journal of Financial Intermediation*, Vol. 24, No. 1, 2015.

Lasswell H D, "Communications as An Emerging Discipline", *Audio Visual Communication Review*, Vol. 6, No. 4, 1958.

Lasswell H D, *Politics: Who Gets What, When, How. With Postscript*, Princeton, NJ: Pickle Partners Publishing, 2018.

Levine R, "Financial Development and Economic Growth: Views and Agenda", *Journal of Economic Literature*, Vol. 35, No. 2, 1997.

Levine R and Loayza N, eds., "Financial Intermediation and Growth: Causality and Causes", *Journal of Monetary Economics*, Vol. 46, No. 1, 2000.

Levine R and Zervos S, "Stock Markets, Banks, and Economic Growth", *American Economic Review*, Vol. 88, No. 3, 1998.

Lindblom C E and Bimbaum P H, "Politics and Markets: The World' s Political-Economic Systems", *Basic Books*, 1983.

Lindblom, C E, "Who Needs What Social Research for Policymaking?" *Science Communication*, Vol 7, No. 4, 1986.

Ljungqvist A P, "Pricing Initial Public Offerings: Further Evidence from Germany", *European Economic Review*, Vol. 41, No. 7, 1997

Magnus Dahlquist and Stephen F. Gray, "Regime-switching and Interest Rates in the European Monetary System", *Journal of International Economics*, Vol. 50, No. 2, 2000.

Markovits A S and Reich S. "Should Europe Fear the Germans?" *German Politics & Society*, No. 23, 1991.

Martin Schueler, *Integrated Financial Supervision in Germany*, ZEW-Centre for European Economic Research Discussion Paper A/04/035, 2004.

Mayer C, "New issues in corporate finance", *European Economic Review*, Vol. 32, No. 5, 1988.

McKinsey Global Institute, Mapping The Global Capital Market (Third Annual Report), 2007.

Micossi S, "The Monetary Policy of the European Central Bank (2002-2015)", CEPS Special Report, 2015.

Moshirian F, "The Global Financial Crisis and the Evolution of Markets,

Institutions and Regulation", *Journal of Banking & Finance*, Vol. 35, No. 3, 2011.

Myers S C, "Capital Structure", *Journal of Economic Perspectives*, Vol. 15, No. 2, 2001.

National Bureau of Economic Research, Financial Dependence and Growth, 1996.

Pohlmann P, 2012, "Principles-based Insurance Regulation: Lessons to be Learned from a Comparison of the EU and German Law of Risk Management", Research Handbook on International Insurance Law and Regulation, No. 14.

Poole W, "Optimal Choice of Monetary Policy Instruments in a Simple Stochastic Macro Model", *The Quarterly Journal of Economics*, Vol. 84, No. 2, 1970.

Rajan R G and Zingales L, "The Great Reversals: The Politics of Financial Development in the Twentieth Century", *Journal of Financial Economics*, Vol. 69, No. 1, 2003.

Ramkishen S Rajan and Jose Kiran, eds., "The US Dollar and the Euro as International Currencies", *Intereconomics*, Vol. 41, No. 3, 2006.

Schmidt R H, Tyrell M, "Information Theory and the Role of Intermediaries in Corporate Governance", Working Paper Series: Finance & Accounting, No. 142, 2004.

Schrimpf A and Schr? der M, eds., "Cross-sectional Tests of Conditional Asset Pricing Models: Evidence from the German Stock Market", *European Financial Management*, Vol. 13, No. 5, 2007.

Sellon G H, "The Changing US Financial System: Some Implications for the Monetary Transmission Mechanism", *Economic Review - Federal Reserve Bank of Kansas City*, Vol 87, No. 1, 2002.

Shanley T and Anderson D, *Financial System Architecture*, Mindshare Press, 1999.

Smaghi L B, "Conventional and Unconventional Monetary Policy", Speech at the Center for Monetary and Banking Studies, Geneva, Vol. 28, 2009.

Terberger E, "The German Financial System: Great Institutional Change and Little Effect?" *Journal of Institutional and Theoretical Economics* (*JITE*) / *Zeitschrift Für Die Gesamte Staatswissenschaft*, Vol 159, No. 4, 2003.

Thompson P and Cowton C J, "Bringing the Environment into Bank Lending: Implications for Environmental Reporting", *The British Accounting Review*, Vol. 36, No. 2, 2004.

Trichet J C, "The ECB' s Enhanced Credit Support", Cesifo Working Paper, 2009.

Vitols S, "The origins of Bank-based and Market-based Financial Systems: Germany, Japan, and the United States", Wissenschaftszentrum Berlin für Sozialforschung, 2001.

Welter F and May-Strobl E, eds., Mittelstand im Wandel, If M-Materialien, Institut für Mittelstandsforschung (IfM) Bonn, 2014.

Wertpapierhandelsgesetz-WpHG BGBI. IS. 2708, September 9, 1998.

Woodrow Wilson, *School of Public and International Affairs*, *The Political Process and Foreign Policy*, Princeton, NJ: Princeton University Press, 1957.

Zuletzt geandert durch Art. 1 des Gesetzes BGBI. IS. 2630, Oktober 28, 2004.

Zuletzt geandert durch Art. 3 des Gesetzes BGBI. IS. 2630 Oktober 28, 2004.

后　记

本书是教育部国别与区域研究基地项目“德国金融政策研究”的最终成果。作者主要来自四川农业大学经济学院与四川农业大学德国研究中心（Zentrum fuer Deutschlandsforschung，ZDF）。四川农业大学德国研究中心是四川省教育厅和四川省委外事工作委员会办公室联合批准成立的首批12个“四川省区域与国别重点研究基地”之一，也是教育部国别与区域研究备案中心，旨在依托四川农业大学的经济、管理、法学和政治等学科，开展跨学科的德国问题研究。

在前期的研究中，本团队已围绕“德国产业与中德贸易”“德国金融政策”和“德国政府管理”等多个课题展开了系列研究，本书是关于德国问题研究的又一重要成果。

负责本书撰写的研究人员有：蒋远胜教授、肖诗顺教授、王玉峰教授、郭华教授、臧敦刚教授、宋坤副教授、张剑副教授、彭艳玲博士、李佳珈博士和刘丹博士。参与撰写工作的人员有：博士研究生王童、徐丽娟、吴笑语，硕士研究生何汶松、严丹宇、张红兴、黄邂瑶、易美潮、刘家璇和杨玉豪等。对以上人员为保证本书撰写计划如期完成所付出的劳动表示感谢。

在本书的出版过程中，得到了中国社会科学出版社及责任编辑李庆红老师的诸多帮助，其敬业精神给我们留下了深刻的印象，对此致以诚挚的谢意。

蒋远胜

2023年3月于四川成都